股市交易圣典

谢　锐◎编著

中国宇航出版社
·北京·

内 容 简 介

本书全面系统地讲解炒股基础知识、炒股心态、有效交易系统、经典技术理论、超强技术指标、实战建仓和逃顶、牛熊转换规律，并深入分析庄家在各个阶段的操盘手法，帮助市场投资者战胜庄家，具有较强的指导意义。

图书在版编目（CIP）数据

股市交易圣典 / 谢锐编著. -- 北京 : 中国宇航出版社, 2019.6
ISBN 978-7-5159-1634-7

Ⅰ. ①股… Ⅱ. ①谢… Ⅲ. ①股票交易－基本知识 Ⅳ. ①F830.91

中国版本图书馆CIP数据核字(2019)第086734号

策划编辑 田芳卿
责任编辑 白希国　　装帧设计 宇星文化

出版发行 中国宇航出版社
社 址 北京市阜成路8号　邮 编 100830
(010)60286808　(010)68768548
网 址 www.caphbook.com
经 销 新华书店
发行部 (010)60286888　(010)68371900
(010)60286887　(010)60286804(传真)
零售店 读者服务部
(010)68371105
承 印 三河市君旺印务有限公司

版 次 2019年6月第1版
2019年6月第1次印刷
规 格 787×1092
开 本 1/16
印 张 18.5
字 数 320千字
书 号 ISBN 978-7-5159-1634-7
定 价 58.00元

本书如有印装质量问题，可与发行部联系调换

前　　言

在股票市场里，曾经有多少人叱咤风云，实现一夜暴富，又有多少人不停地幻想，不断地徜徉。很多人认为这个市场是制造富人的工厂，是摆脱贫困的天堂。于是，他们怀揣着神往之心踏入这个辉煌的殿堂，从此在这个殿堂中不停地激荡，投入满腔的热情，却依然东游西荡，大有不碰南墙不回头的决绝，奈何风云之后幻想破灭，徒留一声长叹。

随着社会的不断进步，越来越多的人注重生活质量。财富的积累更是很多人竞相追求的，但是在追逐财富的道路上，没有几人能够真正实现财富自由。

股票市场是追寻财富自由快捷的途径之一，很多人前仆后继地进入这个市场，期待能在博弈中胜出。“梦想是美好的，现实是残酷的”，虽然这个市场能快速积累财富，但是更多的人被撞得头破血流，最终竹篮打水一场空，什么也没有得到，反而失去很多东西，或是健康，或是爱情，或是亲情，甚至是生命。

股票市场充满太多的不可预见性，有无限的想象空间，很多人正是看到这一点，才争先恐后地进入其中，并不停地寻找快速积累财富的密码，相信一定有成功的方法。投机也好，投资也罢，至少让他们看到了快速致富的希望。但经过几番拼杀之后，绝大多数人被这个市场无情地淘汰出局。

要想成为一个成功的股市投机者或投资者，就一定要学会“股市造钱术”。只有学会股市造钱的方法，才能让埋下的金钱种子快速生根发芽、开花结果。

“知识改变命运，梦想成就未来。”《股市交易圣典》是一本专门讲述股市投机和投资方法的书，讲述最基础的股票入门知识和各种经典的高级战法，经过了多年实战检验并证明其有效，希望能够帮助那些怀揣梦想进入股市的菜鸟，快速成长为稳健积累财富的交易高手。

股市中没有股神，没有人能做到百分之百的正确，更没有人能做到只赚不亏。在股市交易中，要综合分析，审慎研判，合理布局，高概率取胜。

“只要选对股，没有牛熊市”，在笔者的交易理念中，并没有牛熊市之分。牛市中，绝大多数个股呈上涨趋势，赚钱比较容易；熊市中，绝大多数个股呈下跌趋势，赚钱比较困难，交易者大都在不断亏损或套牢中度过。不可否认，熊市中也有一些绩优股走出上涨行情，创出新高。因此只要选对操作的个股，其实牛熊市并没有那么重要。只不过牛市中选股比较容易，熊市中选股难一些罢了。

笔者始终坚持，永远不要满仓操作，一定要为可能出现的不确定性留有足够资金。很多散户不懂这个道理，总是满仓买进，期待行情上涨后获取更多收益，忽视了市场的变幻莫测，随时面临着风险。

俗话说，“会买的是徒弟，会卖的是师傅，会空仓的才是祖师爷”。实际上，在交易过程中谁都会买、谁都会卖，但是要想真正做好交易，什么时候买、什么时候卖，以及什么点位买、什么点位卖才是致胜的关键，较大风险即将来临时能果断出逃空仓，才能真正保证资金安全。

本书致力于让交易变得更简单，愿有缘人能耐心研读、细心品味、用心感悟，相信会有不错的收获，同时也希望能让更多的投资者少走弯路，少付出不必要的代价，早日成为交易高手。

股海中虽然遍地菜鸟，但也不乏交易高手，在此提醒学有所成的交易者切莫忘记：勿骄纵，敛其形，静其心，悟其道，大道无形，万法自然。

谢　锐

2019 年 5 月

目　　录

第一章　炒股基础入门

股市如同江湖，要想在这一江湖中自如行走，除了要有高超的技艺，还要苦练内功，只有基础扎实才不会外刚内虚。市场上有很多投资者，包括一些入市多年的股民，经常连基础的股票知识都没弄明白，就去背诵各种经典投资理论，以为只要将这些投资理论背得滚瓜烂熟，就能在股市中游刃有余，但他们往往在实战中败多胜少，经常伤痕累累，惨不忍睹。之所以会出现这种情况，是因为他们没有完成系统的修炼。内外兼修方得大道，只有外修于身，内修于心，内外结合，才能制胜于江湖。外修于身，就是要系统地学会各种股市交易知识；内修于心，就是要修炼出一颗强大的内心，即良好的心态。

淘尽黄沙始得金，真正的交易高手无一不是从数次激烈战斗中成长起来的。股市中没有谁能随随便便成功，偶然的成功只是一时运气。若想长期制胜，就要在股海中长期厮杀，在痛苦中实现蜕变，只有历经惨烈厮杀而不倒，并从中悟得大道，方能得见真金。

炒股之前先学习基础知识，就像儿童学习识字前先学拼音和偏旁部首一样。只有将基础知识牢记于心，运用时才能轻松自如。基础不牢，地动山摇，如果在股市交易中连最基本的股票知识都不懂，那就犹如盲人摸象、瞎子点灯。其实，目前市场上很多投资者对股票基本知识并不熟悉，鉴于此，下面系统梳理一下股市中最常用的基础知识，希望能让投资者在交易之前打下坚实的基础。

第一节　股票的概念

股票是股份有限公司在筹集资本时，向出资人发行的证明股东持有股份的凭证，它代表其持有人（即股东）对股份公司资本拥有所有权。这种权利是一种综合权利，持有人可以参加股东大会、投票表决、参与公司重大决策、收取股息或分享红利。

作为一种有价证券，股票是股份公司资本的构成部分，可以转让、买卖，是资本市场主要的长期信用工具。

第二节　股票的特征

1. 收益性

收益性是股票最基本的特征，它是指股东凭其持有的股票，有权从公司领取股息或红利，获取投资收益。股息或红利的大小，主要取决于公司的盈利水平和分配政策。股票的收益性，还表现在投资者可以通过低价买入、高价卖出股票来赚取价差利润。

2. 风险性

股票风险的内涵是指股票投资收益的不确定性。股票在市场上作为交易对象，同商品一样,有自己的市场行情和市场价格。由于股票价格会受到诸如公司经营状况、供求关系、银行利率、大众心理等多种因素的影响，其波动有很大的不确定性。正是这种不确定性，有可能使投资者遭受损失。价格波动的不确定性越大，投资风险就越大。

3. 流通性

流通性是指股票可以依法在不同投资者之间进行转让的可交易性。流通性通常以可流通的股票数量、股票成交量以及股价对交易量的敏感程度来衡量。可流通股数越多，成交量越大，价格对成交量越不敏感，股票的流通性就越好，反之就越差。

4. 参与性

股票持有人有权出席股东大会，选举公司董事会成员，参与公司重大决策。股票持有人的投资意志和享有的经济利益，通常是通过出席股东大会行使股东权益来实现的。股东参与公司决策的权利大小，取决于其持有股份的多少。

5. 永久性

股票载有权利的有效性是始终不变的，因为它是一种无限期的法律凭证。股票的有效期与股份公司的存续期间相联系，二者是并存关系。

第三节　股票的分类

1. A 股、B 股、H 股、N 股和 S 股

按照股票的上市地点和发行对象不同，我国上市公司的股票可以分为 A 股、B 股、H 股、N 股和 S 股。

（1）A 股的正式名称是人民币普通股票。它是由中国境内公司发行，供境内机构、组织或个人（从 2013 年 4 月 1 日起，境内港、澳、台居民均可开立 A 股账户）以人民币认购和交易的普通股股票。A 股不是实物股票，以无纸化电子记账，实行“T+1”交割制度，有涨跌幅（±10%）限制。境外投资者可以通过 QFII（2003 年 7 月 9 日实行）、沪港通（2014 年 11 月 17 日起实行）和深港通（2016 年 12 月 5 日起实行）买卖 A 股。

（2）B 股的正式名称是人民币特种股票。它是中国境内的股份有限公司，在上海证券交易所或深圳证券交易所上市交易的外资股，以人民币为面值，以外币认购和买卖。B 股公司的注册地和上市地都在境内。

（3）H 股（因中国香港的英文名称 Hong Kong 首字母而得名）也称国企股，指注册地在内地、上市地在香港的外资股。H 股为实物股票，与港股相同，也实行“T+0”交割制度，无涨跌幅限制。内地机构可以投资 H 股，实行沪港通和深港通后，达到条件的内地个人投资者也可以通过（上海、深圳）证券交易所买卖 H 股。

（4）N 股指在美国纽约证券交易所上市的外资股票，取纽约（New York）首字母 N 作为名称。在我国股市中，当股票名称前出现 N 字母时，表示这只股票是当日新

上市的股票。

（5）S 股有两种解释：一种是指在我国尚未进行股权分置改革，或已经进入改革程序但尚未实施股权分置改革方案的股票，在名称前加 S。此标记从 2006 年 10 月 9 日起启用，日涨跌幅仍为上下 10%（ST 股为 5%）。从 2007 年 1 月 8 日起，日涨跌幅调整为上下 5%。另一种是指注册地和主要生产或经营等核心业务在中国境内，但是在新加坡交易所上市挂牌的企业股票。

2. 普通股和优先股

按照所代表的股东权利不同，我国上市公司的股票可划分为普通股和优先股。

（1）普通股。

普通股是指在公司经营管理和盈利及财产的分配上享有普通权利的股份，代表满足所有债权偿付要求及优先股东的收益权与求偿权要求后，对企业盈利和剩余财产的索取权，它构成公司资本的基础，是股票的一种基本形式，也是发行量最大、最为重要的股票。目前在上海、深圳证券交易所中交易的股票都是普通股。

普通股股东按其持有股份比例享有以下基本权利。

①公司决策参与权。普通股股东有权参与股东大会，并有建议权、表决权和选举权，还有请求召开临时股东大会的权利，也可以委托他人代表其行使其股东权利。

②参与利润分配权。普通股股东有权从公司利润分配中得到股息。普通股的股息是不固定的，由公司盈利状况及其分配政策决定。普通股股东必须在优先股股东取得固定股息之后才有权享受股息分配权。

③优先认股权。当公司需要扩张而增发普通股股票时，现有普通股股东有权按其持股比例，以低于市价的某一特定价格优先购买一定数量的新发行股票，从而保持其对企业所有权的原有比例。

④剩余资产分配权。当公司出现破产或清算时，在偿还欠债后，如果公司资产还有剩余，其剩余部分要在优先股股东分配完后，普通股股东才能进行分配。

（2）优先股。

优先股是相对普通股而言的，主要是指在利润分红和剩余财产分配方面，优先于普通股。优先股的股东对公司资产、利润分配等享有优先权，其风险较小。

优先股股东主要享有以下基本权利。

①优先分配权。在公司分配利润时，优先股在普通股之前分配，而且能享受固定金额的股息，即优先股的股息率是相对固定的。普通股的红利则不是固定的，它

会根据公司盈利情况而定，公司盈利多就多分，盈利少就少分，不盈利就不分。

②优先求偿权。如果公司出现破产或清算，在分配剩余财产时，优先股在普通股之前分配。

第四节　股票交易基础知识

1. 开盘价

开盘价又称开市价，是指证券交易所每个交易日开市后，某种证券的第一笔买卖成交价。上海、深圳证券交易所在交易日中有集合竞价的个股，大部分是在集合竞价时产生开盘价。如果集合竞价期间某种证券没有产生集合竞价，则以开市后第一笔买卖成交价为开盘价。如果开市后一段时间内某种证券没有买卖或没有成交，则取前一日的收盘价作为当日证券的开盘价。

2. 收盘价

收盘价是指证券交易所一天交易活动结束前，某种证券最后一笔交易的成交价。目前沪市收盘价已经做出调整，与深市收盘价确定方式相同，沪市和深市的收盘价都是通过集合竞价的方式产生。收盘时集合竞价不能产生收盘价的，以当日该证券最后一笔交易前一分钟所有交易的成交量加权平均价（含最后一笔交易）为收盘价。当日无成交的，以前一日收盘价为当日收盘价。

3. 最高价

最高价是指当天某只股票成交价中的最高价格。日最高价可能是开盘价，也可能是收盘价，还可能是股票当日波动的中间价位出现的一个最高点。

4. 最低价

最低价是指当天某只股票成交价中的最低价格。日最低价可能是开盘价，也可能是收盘价，还可能是股票当日波动的中间价位出现的一个最低点。

5. 成交价

成交价是指股票的成交价格，是经由买卖双方充分参与，在一定的撮合交易原则下，由市场供需决定的公平、合理的价格，也是最终完成交易的价格。成交的原则为：

最高的买入申报与最低的卖出申报价位相同。在连续竞价状态，高于卖出价位的买入申报以卖出价位成交，低于买入价格的卖出申报以买入价位成交。

6. 成交量

成交量简称 VOL，是指一个时间单位内成交的股票总手数（1 手 =100 股），是反映股票供需的一种表现。当供不应求时，则市场处于大量买进状态，成交量自然增加；当供大于求时，则反映市场冷清，买卖稀少，成交量必然萎缩。成交量通常用红绿柱来表示，当日或当前时刻收盘价为正则为红柱，为负则为绿柱，平盘也为红柱。成交量能充分反映市场的活跃度和资金参与度，是重要的参考指标之一。

7. 成交额

成交额是指某一特定时期内，在交易所交易市场成交的某种股票的金额。日成交额即为当天已成交股票的金额总数。大盘成交额是指某一特定时期内在证券交易所进行市场交易的所有股票成交的总金额。成交额 = 成交量 × 成交均价。

8. 集合竞价

集合竞价是指对一段时间内接收的买卖申报，一次性集中撮合的竞价方式。

目前，集合竞价时成交价的确定原则是：在有效价格范围内选取成交量最大的价位；高于成交价的买进申报与低于成交价的卖出申报全部成交；与成交价相同的买方或卖方至少一方全部成交。两个以上价位符合上述条件的，上海证券交易所规定使未成交量最小的申报价格为成交价。若仍有两个以上申报符合条件，取其中间价为成交价格。深圳证券交易所取距前收盘价最近的价位为成交价。

集合竞价的所有交易都以同一价格成交。集合竞价未成交的部分，自动进入连续竞价。上海、深圳证券交易所集合竞价的时间为：在正常交易时间周一至周五 9:15—9:20 的竞价阶段，交易主机可接收买卖申报，也可接收撤单申报，即买卖申报完成后可撤回；9:20—9:25、14:57—15:00 的竞价阶段，交易主机只接收买卖申报，不接收撤单申报，即买卖申报完成后不可撤回。

9. 连续竞价

连续竞价是指对买卖申报逐笔连续撮合的竞价方式，是对申报的每笔买卖委托，由电脑交易系统按照“价格优先、时间优先”的原则，确定每笔证券交易的具体成交价。

连续竞价的价格优先原则是：买进申报，较高价格者优先；卖出申报，较低价格者优先。

连续竞价的时间优先原则是:买卖方向和价格相同的,先申报者优先于后申报者。

成交价格的确定原则是：最高买进申报与最低卖出申报价位相同，则该价格即为成交价格；买入申报高于即时揭示的最低卖出申报价格时，以即时揭示的最低卖出申报价格为成交价；卖出申报价格低于即时揭示的最高买入申报价格时，以即时揭示的最高买入申报价格为成交价。

上海、深圳证券交易所连续竞价的时间为：在正常交易时间周一至周五 9:30—11:30、13:00—14:57 接受申报，进行撮合交易。

10. 上涨

上涨是指某只股票或大盘指数价格向上升高。股价上涨一般是因买盘活跃推动所致。通常来说，股价上涨若伴有成交量增加会更加安全，即量价齐升，说明市场买盘踊跃推动股票价格上涨。如果只有价格上升，成交量却并没有上涨，即无量上涨，说明市场买盘冷清，这样的上涨持续性会较差，但缩量涨停的股票除外。

11. 下跌

下跌是指某只股票或大盘指数价格向下走低。股价下跌一般是因卖盘活跃推动所致。通常来说，股价下跌若伴有成交量缩小会比较安全，说明市场惜售不愿意卖出。如果股价下跌，成交量增加，则说明市场抛盘比较活跃，股价可能会持续走弱。

12. 涨跌幅

涨跌幅是指当前交易日最新成交价（或收盘价）与前一交易日收盘价相比较产生的数值，这个数值一般用百分比表示，即涨跌幅 =（当前成交价或收盘价 – 前日收盘价）/ 前日收盘价 ×100%。当日最新成交价（或收盘价）比前一交易日收盘价高为正，比前一交易日收盘价低为负。

13. 振幅

振幅是指当日开盘后的最高价和最低价之差的绝对值与前日收盘价的百分比，它在一定程度上反映股票的活跃程度。目前，我国规定的普通股票涨停板和跌停板幅度都为 10%，因此每天的振幅最大为 20%，即跌停板到涨停板的波动空间。我国规定 ST 类股票涨停板和跌停板幅度都为 5%，因此 ST 类股票每天的振幅最大为 10%，即 ST 类股票涨停板到跌停板的波动空间。

14. 涨停板

涨停板是指交易所规定的股价在一天中相对前一交易日收盘价的最大涨幅，即当日能成交的最高价格，不能超过此限制，否则自动停止交易。目前，我国规定普通股票涨停升幅为 10%，ST 类股票涨停升幅为 5%。

15. 跌停板

跌停板是指交易所规定的股价在一天中相对前一交易日收盘价的最大跌幅，即当日能成交的最低价格，不能超过此限制，否则自动停止交易。目前，我国规定普通股票跌停降幅为 10%，ST 类股票跌停降幅为 5%。

16. 高开

高开是指大盘或某只股票当日开盘价在前一交易日收盘价之上。比如，振芯科技（300101）的股票前一交易日的收盘价为 14.5 元，当日开盘价为 14.74 元，即为高开。

17. 低开

低开是指大盘或某只股票当日开盘价在前一交易日收盘价之下。比如，科大国创（300520）的股票前一交易日的收盘价为 25.55 元，当日开盘价为 24.97 元，即为低开。

18. 平开

平开是指大盘或某只股票的当日开盘价与前一交易日收盘价持平。比如，雄帝科技（300546）的股票前一交易日的收盘价为 19.35 元，当日开盘价也为 19.35 元，即为平开。

19. 现手数

现手数是指当前时刻刚刚成交的一笔交易的手数。

20. 总手数

总手数是指从开盘到当前时刻为止该股的总成交量。

21. 换手率

换手率是指在一定时间内市场中股票转手买卖的频率，是反映股票流通性强弱的指标之一。换手率越高，意味着该只股票的交投活跃度越高，说明市场投资者买卖该只股票的意愿强烈，属于热门股。换手率越低，意味着该只股票的交投活跃度越低，说明市场投资者对该股的买卖意愿不强，属于冷门股。换手率高意味着股票流通性好，进出市场比较容易，不会出现想买买不到，想卖卖不出的现象，具有较强的变现能力。但需要注意的是，换手率高的股票，往往是短线资金追逐的对象，投机性较强，股价波动较大，风险也相对较大。计算公式为：换手率 =（某段时间内的

成交量 / 流通股数）×100%。

22. 委比

委比是衡量某一段时间内，场内买盘和卖盘相对强弱的技术指标。委比取值为 –100% 到 +100%。+100% 代表全部的委托均是买盘，涨停板的股票委比一般是 100%。–100% 代表全部的委托均是卖盘，跌停板的股票委比一般是 –100%。当委比为 0 时，意味着买入托单和卖出压单的数量相等。它的计算公式为：委比 =[（委买手数 – 委卖手数）/（委买手数 + 委卖手数）]×100%。若委比为正值，说明场内买盘较强；委比为负值，则说明市场较弱。

23. 委差

委差是指下方五档委买和上方五档委卖的差值，用以衡量一段时间内买盘和卖盘相对强度的指标，是投资者意愿的体现，一定程度上反映了价格的发展方向。委差为正，说明买盘强于卖盘，价格上涨的可能性更大；委差为负，说明卖盘强于买盘，下跌的可能性更大。它的计算公式为：委差 = 下方五档委买手数 – 上方五档委卖手数。

24. 量比

量比是衡量相对成交量的指标，是指股市开市后平均每分钟的成交量与过去 5 个交易日平均每分钟成交量之比。量比指标反映的是当前盘口的成交力度与最近 5 天成交力度的差别，这个差别值越大说明盘口成交越活跃。量比的数值越大，说明该股当日流入的资金越多，市场活跃度就越高；量比的数值越小，说明该股当日流入的资金越少，市场活跃度越低。其计算公式为：量比 = 现成交总手数 /[过去 5 个交易日平均每分钟成交量 × 当日累计开市时间（分钟）]。

25. 内盘

内盘是指以委托买入价成交的手数，即主动买入。成交价为申买价，说明抛盘比较活跃，内盘很大意味着大多数的买入价都有人愿意卖出，显示股票比较弱势。

26. 外盘

外盘是指以委托卖出价成交的手数，即主动卖出。成交价为申卖价，说明买盘比较积极，外盘很大意味着大多数的卖出价都有人主动接盘，显示股票较为强势。

27. 股本

股本是指根据公司章程授权，代表公司所有权的全部股份，既包括普通股，又包括优先股。股本大小会随着送股和配股而增加，但市值不会因此改变。

28. 流通股

流通股是指上市公司股份中，可以在交易所自由流通交易的股份。

29. 非流通股

非流通股是指暂时不能上市流通的国家股和法人股，其中国家股是在股份公司改制时由国有资产折成的股份，而法人股一部分是成立公司之初由公司发起人出资认购的股份，另一部分是在股份有限公司向社会公开募集股份时，专门向其他法人机构募集而成的股份。

30. 限售股

限售股是指取得流通权后的非流通股，受到流通期限和流通比例的限制。目前国内 A 股市场的限售股由两类构成,一类是股改（股权分置改革）产生的限售股，另一类是新股首次发行上市产生的限售股。由股改前未流通股本在股改后获得流通权，并承诺在一定时期内不上市流通或不完全上市流通的 A 股，称为限售流通 A 股。

限售流通股的抛售条件为：自股改当天或新股上市当天算起，1 年后可抛售 5%，2 年后可抛售 10%，3 年后可全部抛售，部分上市公司对抛售条件另有规定的除外。

31. 股票解禁

股票解禁是指限售股过了限售承诺期，可以在二级市场自由买卖。

32. 净资产

净资产即每股净资产，其公式为：每股净资产 = 公司的净资产 / 公司总股份。净资产是指所有者权益为企业投资人对企业净资产的所有权。企业净资产在数量上等于全部资产减去全部负债后的余额。

33. 收益

收益即每股收益，又称每股税后利润、每股盈余，是指税后利润与股本总数的比率，即普通股股东每持有一股所能享有的企业净利润或需承担的企业净亏损。

每股收益通常被用来反映企业的经营成果，衡量普通股的获利水平及投资风险，是投资者据以评定股票投资价值的重要指标之一，是分析每股价值的一个基础性指标，是综合反映公司获利能力的重要指标。

34. 市盈率

市盈率是指一个考察期（通常为 12 个月）内，股票目前的市场价格除以已知的最近公开的每股收益后的比值。市盈率也称为静态市盈率，即一只股票现在的价格除以按照上一个季度（年度）折算的年收益，其单位是“倍”。

市盈率是一个反映股票收益与风险的重要指标，主要体现的是企业按现在的盈利水平需要花多少年才能收回成本。通常来说，这个值被认为在 10 ~ 20 之间是比较合理的，目前 A 股市场上大多数股票的市盈率偏大。

35. 动态市盈率

动态市盈率是指还没有真正实现的下一年度的预测利润的市盈率。动态市盈率等于股票现价和未来每股收益的预测值的比值，比如下一年度的动态市盈率就是股票的现价除以下一年度每股收益的预测值。

动态市盈率是用来衡量某一阶段该股票的投资价值和风险程度的指标。一般认为动态市盈率越小越好，其小于静态市盈率说明这只股票的成长性较好。

36. 市净率

市净率是指每只股票股价与每股净资产的比率，其计算公式为：市净率 = 每股市价 / 每股净资产。一般来说，市净率较低的股票，相对投资价值较高；相反，市净率较高的股票，则投资价值较低。但是判断股票的投资价值需要综合评定，还需要更多的指标作参考，不能单靠市净率这一项来做决断。市净率一般不适用于短线投资，常作为长期投资的重要参考指标。

37. 跳空

跳空是指股价受到强烈的利多或者利空消息刺激，使得股价开始大幅度跳动。当股价受到利多因素影响时，股价当日的开盘价或最低价高于前一交易日的收盘价，称之为向上跳空，又叫跳空高开。当股价受到利空因素影响时，股价当日的开盘价或最高价低于前一交易日的收盘价，称之为向下跳空，又叫跳空低开。在日内交易中，某些时段股价也会因为受到利多或利空因素的影响，导致股价出现向上跳空或向下跳空，主要表现为向上跳空时的直线拉升和向下跳空时的直线下跌。跳空经常出现在股价大幅变动的开始或者结束前。

38. 股权登记日

股权登记日是指在上市公司分派股利或进行配股时规定的一个日期。在股权登记日当天收盘之前持有股票，就能够得到赠送的分红。股权登记日收盘后，假如第二个交易日卖掉了持股，也能得到赠送的分红。在股权登记日收盘之后再买入股票，将不能得到赠送分红。上市公司在送股、派息、配股或召开股东大会时，需要定出某一天，界定哪些主体可以参加分红、参与配股或具有投票权利，定出的这一天就是股权登记日。也就是说，在股权登记日这一天收盘时仍持有或买进该公司股票的投资者，是可以享有此次分红、参与此次配股或参加此次股东大会的股东，这部分股东名册由证券登记公司统计在案，届时将应送的红股、现金红利或者配股权划到这部分股东的账上。

39. 除权

除权涉及两种情况，一种是指股票的发行公司以一定比例分配股票给股东，作为股票股利，此时增加公司的总股数，还有一种是指股票的发行公司向股东配股。除权是由于公司股本增加，每股股票所代表的企业实际价值（每股净资产）有所减少，需要在出现该事实之后从股票市场价格中剔除这部分因素而形成的剔除行为。

在除权操作上，首先要掌握一个简单公式：$A=[(B+E\times D)/(1+D+C)]$（A 为除权后的市价，B 为除权前一天的收市价，C 为送股率，D 为配股率，E 为配股认购价）。

40. 除权日

除权日是指股权登记日后的第一个交易日，这一天或以后购入该公司股票的股东，不再享有该公司此次分红、配股的权利。除权使转增或者配送股以后市场可流通总股数增加，那么原来的市场价格必须进行除权，不然对后来买股票的人就不公平了，一样的总市值，股数增加了，价格却没降。除权当日股票可以看到 XR 字母开头，例如雏鹰农牧（002477）除权日当天的名称为 XR 雏鹰。

41. 除息

除息是指股票发行企业在发放股息或红利时，需要事先核对股东名册和召开股东大会，因此规定以某日在册股东名单为准，并公告此日以后一段时期为停止股东过户期。停止过户期内，股息红利将发放给已经登记在册的股东，新买进的股票持有者将不能享有领取股息红利的权利。同时，股票买卖价格应扣除这段时期内应发放股息的红利数。其公式为：除息价 = 股息登记日的收盘价 – 每股所分红利的现金额。

42. 除息日

除息日是指当天把红利以现金形式分发到股东账户上，股份开始除息买卖的日期。除息日在股权登记日后的第一个交易日，在这一天或以后购入该公司股票的股东不再享有领取股息红利的权利。除息日当日股票可以看到以 XD 字母开头，例如安硕信息（300380）除息日当天的名称为 XD 安硕。

43. 分时图中的白线

分时图中的白线，在个股中是指当时成交的价格线，代表当前成交的即时价格；在大盘中表示大盘加权指数即时走势。

44. 分时图中的黄线

分时图中的黄线，在个股中是指当日平均成本价格，即按照每笔成交量依据移动加权平均计算出来的价格反应，体现为当日的平均成本。在大盘中表示为不含加权平均的大盘指数，也就是不考虑上市股票的盘子大小，假定所有股票对指数影响是相同的。当指数上涨时，黄线在白线上方，说明小盘股涨幅大于大盘股的涨幅；当黄线在白线下方，说明小盘股涨幅小于大盘股涨幅。当指数下跌时，黄线在白线上方，说明小盘股的跌幅小于大盘股的跌幅；当黄线在白线下方，说明小盘股的跌幅大于大盘股的跌幅。

第五节　股市常用术语

在股市中经常用一些词语来表达各种股市交易关系。这些术语广泛流行于股票交易和市场分析中。在做交易和分析时，投资者要先弄清这些术语代表什么意思，才能更加从容地应对各种交易状况。

1. 多头

多头是指投资者对股票后市看好，先行买入股票，等股价上涨至某个价位时，再卖出股票来赚取差价收益的人。多头通常是指股票交易中看涨的买方，也叫多方。

2. 空头

空头是指投资者认为股价已经上涨到高点，很快便会下跌，或者是股价已经开始下跌，认为还会继续下跌，于是趁高价时把股票卖出的投资者。空头通常是指交易中看跌的卖方，也叫空方。

3. 牛市

牛市是指股票市场上大多数股票长期呈现上涨趋势，也叫多头市场。牛市中市场总体运行趋势是向上的，虽然偶尔会有下跌，但股票向上波动的高点和低点都在逐步抬高。

4. 熊市

熊市是指股票市场上大多数股票长期呈现下跌趋势，也叫空头市场。熊市中市场总体运行趋势是向下的，虽然偶尔会有上涨，但股票向下波动的高点和低点都在逐步下降。

5. 震荡市

震荡市是指股价跌宕起伏，股市前景不明的市场行情。其特征是短线投资增多，市场人气不稳，股价大起大落，短期内很难明确股票的趋势方向。

6. 套牢

套牢是指投资者在进行股票交易时所遭遇的交易风险。例如，投资者预期股价将要上涨，但在买进股票后股价却一直呈现下跌趋势，这种现象称为多头套牢。

7. 踏空

踏空是指投资者在进行股票交易时所错失的交易机会。例如，投资者预计股价将要下跌，在卖出股票后股价却一直呈现上涨趋势。

8. 利多

利多是指致使股票上涨的因素和信息。利多对多头有利，能刺激股价上涨，利多因素有很多，例如公司利润增加、公司经营状况好转、行业或公司利好性政策等。

9. 利空

利空是指能够促使股价下跌的因素和信息。利空对空头有利，能促使股价下跌，利空因素有很多，例如公司经营业绩恶化、经济衰退、天灾人祸等。

10. 作手

作手也称炒手或主力，是指在股市中炒作哄抬股价，用不正当方法把股票炒高后卖掉，然后再设法压低行情，低价补回；或者趁低价买进，然后炒作哄抬股价后，高价卖出。

11. 吃货

吃货也称吸货，是指作手在低价时不动声色地暗中买进股票。

12. 出货

出货是指作手在高价时不动声色地暗中卖出股票。

13. 抬拉

抬拉是指利用资金集中买入的非常态方法，将股价大幅抬起，通常大户在抬拉之后便抛出以牟取暴利。

14. 打压

打压是指将股票集中抛出的非常态方法，将股价大幅压低，通常大户在打压之后便大量买进以牟取暴利。

15. 反弹

反弹是指股价呈不断的下跌趋势，有时会因下跌太快而反转回升到某一价位的调整现象。股票反弹的幅度要比下跌的幅度小，在反弹之后股价又恢复原来的下跌趋势。

16. 回档

回档是指股价呈不断的上涨趋势，有时会因上涨过快而暂时回跌到某一价位的调整现象。股票回档幅度较上涨的幅度小，在回档之后股价又恢复原来的上涨趋势。

17. 反转

反转是指在下跌趋势的后期，股价受到买方支撑而出现上涨的现象，并且股价上涨使得原本的下跌趋势转变为上升趋势；或者在上升趋势的后期，股价受到卖方压力而出现下跌的现象，并且股价下跌使得原本的上涨趋势转变为下跌趋势。

18. 整理

整理也称盘整，是指股价经历一段时间的极速上涨或下跌之后，遇到阻力线和支撑线，因而股价波动幅度开始变小的现象。

19. 止盈

止盈也称停利，是指股价上涨达到投资者预期的目标价位时挂单卖出，将盈利落袋为安。

20. 止损

止损是割肉的一种，是指当某一投资出现的亏损达到预定数额时，投资者选择及时斩仓出局，以避免形成更大的亏损。其目的在于投资失误时把损失限定在较小的范围内。

21. 割肉

割肉是指投资者在高价买进股票后，股票呈现下跌趋势，为避免继续损失，低价赔本卖出股票。

22. 支撑线

股票受利空消息的影响，股价跌至某一价位时，多头的投资者认为有利可图，大量买进股票，致使股价不再下跌，甚至出现回升趋势。阻挡股价下跌时的关卡称为支撑线，又称抵抗线。支撑线起阻止股价继续下跌的作用。

23. 阻力线

股价上涨到达某一价位附近时，投资者大量卖出股票，致使股票价格停止上涨，甚至出现回跌趋势。阻挡股价上涨时的关卡称为阻力线。阻力线起阻止股价继续上涨的作用。

24. 满仓

满仓是指投资者将所有资金都买成了股票，剩余资金不够再买入 100 股当前股票了。满仓操作对个人的判断要求较高，如果对股票市场方向判断错误，可能会让投资者陷入极大的困境。

25. 空仓

空仓是指投资者将所持有的股票全部抛出，手中持有现金而无任何股票的状态。

26. 坐轿子

坐轿子是指有些目光锐利或事先得到信息的投资人，会在大户暗中买进或卖出时，亦或在利多或利空消息公布前，先期买进或卖出股票，待散户大量跟进或跟出，造成股价大幅上涨或下跌时，再卖出或买回，坐享厚利。

27. 抬轿子

抬轿子是指当利多或利空消息公布后，认为股价将大幅度变动，跟着抢进抢出，获利有限，甚至常被套牢的人，在给别人抬轿子。

28. 吸筹

吸筹也称主动吸筹，是指在股市中庄家或主力、大户介入某只个股，在一段时间内不断买入的行为。

被动吸筹是指主力在操作股票的过程中遇到原先没有料到的局面，不得不以大量买入来达到目的的行为。

29. 浮筹

浮筹是指浮动的筹码，表示持股不坚定的散户，一般指散户手中的股票，流动性强，短线投机心态较强，操作时每拉升到一个关键的技术点位，这部分投资者手中的股票容易变现。

30. 对敲

对敲是指庄家或大的机构投资者为了操纵股价，蓄意串通，按照事先约定的方式或价格相互交易买卖的行为，即一方做出交易委托，另一方做出相反的交易委托。

31. 老鼠仓

老鼠仓是指庄家或大的机构投资者在用公有资金拉升股价之前，先用个人（机构负责人、操盘手及其亲属、关系户）的资金在低位建仓，待用公有资金拉升到高位后个人仓位率先卖出获利的行为。

32. 强势股

强势股是指在股市中稳健上涨的股票，它具有上涨幅度大、下跌幅度小的特点。强势股可能是一波行情的龙头，也可能是热点板块中的代表性股票。强势股的涨跌经常会影响同板块股票的涨跌。

33. 弱势股

弱势股是指与大盘走势相比，上涨幅度小、下跌幅度大的股票。其特点是，大盘上涨，个股微涨或者不涨；大盘下跌，个股比大盘跌得更快；大盘止跌，个股继续阴跌；大盘反弹，个股不跟随反弹。

34. 顺势股

顺势股是指个股跟随大盘的上涨而上涨，跟随大盘的下跌而下跌。

35. 逆势股

逆势股是指大盘上涨个股反而下跌，大盘下跌个股反而上涨。

36. 热门股

热门股是指那些在股票市场上交易量大、交易周转率高、股票流通性强、股票价格变动幅度大的股票。

37. 冷门股

冷门股是指那些交易量小、周转率低、流通性差、股价变动幅度小，因而很少有投资者问津的股票，通常以横盘为主，这种股票的上市公司经营业绩往往不佳，投资风险相对较大。

38. 龙头股

龙头股是指某一时期在股票市场的炒作中对同行业板块的其他股票具有影响力

和号召力的股票，它的涨跌往往对其他同行业板块股票的涨跌起引导和示范作用。龙头股并不是一成不变的，它的地位往往只能维持一段时间。

39. 蓝筹股

蓝筹股是指那些在其所属行业内占有重要支配地位、业绩优良、成交活跃、红利优厚且总股本较大的公司股票。蓝筹股通常是经营管理良好、创利能力稳定、连年回报股东的公司股票，在行业景气和不景气时，这类公司都有能力赚取利润，投资风险较小。

40. 白马股

白马股是指长期业绩优良，具有较高的分配能力，能给投资者以稳定的回报，具有较高投资价值的股票。白马股是集高收益、高成长、低风险于一身的股票，具有较高的每股收益、资产净值收益率和每股资产净值。寻找白马股是市场投资者苦苦追求的目标。

41. 黑马股

黑马股是指股价可能脱离过去的价位而在短期内出现大幅上涨的股票。黑马起初并不是股市中的术语，它是指在赛马场上本来不被看好的马匹，却能在比赛中出乎绝大多数人的意料，称为意料之外的获胜者。在股市中是指原本不受投资者关注或走势并不强势的个股，突破异军突起，使得股价强势暴涨的个股。

42. 周期股

周期股是指支付股息非常高，并随着经济周期的盛衰而涨落的股票。很多行业都属于周期性行业（如钢铁、有色金属、化工），这类个股的业绩和股价经常会因经济周期的变化而起落。

43. 成长股

成长股是指发行股票时规模并不大，公司的业务蒸蒸日上，管理良好，利润丰厚，产品在市场上具有较强竞争力，并处于飞速发展阶段的公司所发行的股票。成长股主要指那些虽然不见得立即就能获得高额股利或其他优惠条件，但未来前景看好的股票。

44. 绩优股

绩优股是指那些业绩优良且比较稳定的公司股票。这些公司经过长时间的努力，具有较强的综合竞争力与核心竞争力，在行业内有较高的市场占有率，形成经营规模优势，利润稳步增长。绩优股具有较高的投资价值，其回报率较高且稳定。

45. 垃圾股

垃圾股是指业绩较差、问题很多的股票。这类股票的上市公司，要么行业前景不好，要么经营管理不善，致使公司连续出现亏损。其股票在市场上表现低迷，股价走低，交投不活跃，年终分红也差。

垃圾股一般是指评级为非投资级的股票（BB 以下），不仅指经营出现问题的公司发行的股票，一些新上市的高科技公司，或是一些财务杠杆太大的公司股票，都有可能被评为 BB 级以下。

46. 挂牌

挂牌是指公司已经发行的股票在交易场所可以进行交易，简单地说就是在股票市场上市。挂牌具体是指股份有限公司在一级市场公开发行股票成为上市公司后，在二级市场（上海、深圳）证券交易所上市交易的行为。

47. 停牌

停牌又称“停止证券上市”，股份有限公司的股票在上市后，仍然要接受证券管理机关的管理和监督。证券交易所会对在本所上市的股票进行定期或不定期的审核或复核，如发现某上市公司证券不适宜继续上市，可开具“停止证券上市通知书”暂停其上市，即为停牌。

48. 复牌

复牌是指被停牌的证券恢复交易。股改或者对价后,复牌第一天没有涨跌幅限制。而对于非股改情况下的复牌，是有涨跌幅限制的。

49. 摘牌

摘牌是指股票终止上市，当证券上市期届满或依法不再具备上市条件的，证券交易所要终止其上市交易。被终止上市交易的股票将不能通过证券公司进行股票买卖。

第六节　股市常用指标

在对股票进行分析时，指标是常用的分析工具之一。在流行的股票交易软件上，能看到很多种指标，各种各样的指标让人眼花缭乱，面对如此多的指标，很多人不知如何选择、运用。实际上，大多数指标都是后来者在前期经典技术指标基础上不断研发延伸出来的，前期奉为经典技术指标的就那么几个，如均线、成交量、MACD、KDJ、RSI 和 BOLL 等。

在交易过程中需要将指标作为操作参考，但决不能迷信这些指标，任何指标都不是绝对准确的。在使用过程中，指标只能作为参考工具，要活学活用，最好做到各种指标能相互验证。选择指标贵于精，不在于多，对于经典指标要细心研究。下面简单介绍几种常用的经典指标，本书后面章节会有对这些指标的详细分解和实战运用。

1. 均线指标

均线指标（MA）是移动平均线指标的简称，是对过去某个时间段的收盘价进行的普通平均。MA 是反映价格运行趋势的重要指标，其运行趋势一旦形成，将在一段时间内继续保持。比如，20 日均线是将过去 20 个交易日的收盘价相加除以 20，从而得到一个值；再以昨日向前倒推 20 个交易日，同样的方法计算出另外一个平均值，以此类推，将这些数值用曲线连接起来，就形成了一条 20 日均线。

2. 成交量指标

成交量指标（VOL）是市场供需的直接表现，是指个股或大盘在一个时间单位内对某项交易成交的总手数，在形态上用一根立式的柱子来表示。如果当天收盘价高于或等于前一天的收盘价，成交柱呈红色；如果当天的收盘价低于前一天的收盘价，成交柱呈绿色。

3. 随机指标

随机指标（KDJ）是指通过当日或最近几日的最高价、最低价以及收盘价等价格波动幅度，反映价格趋势的强弱指标。KDJ 是很多投资者非常喜欢并且经常使用的指标，短线交易者经常将其作为重要的参考依据。

4. 指数平滑异同移动平均线指标

指数平滑异同移动平均线指标（MACD）是从双移动平均线发展而来，由快线减去慢线得到。当 MACD 从负数转向正数，是买入信号；当 MACD 从正数转向负数，是卖出信号。当 MACD 以大角度变化，表示快线和慢线之间的距离迅速拉开，代表市场大趋势的转变。

5. 相对强弱指标

相对强弱指标（RSI）是指在某一阶段价格上涨所产生的波动占整个波动的百分比，是以特定时期内价格的变动情况推测价格未来的变动方向，并根据价格涨跌幅度显示市场的强弱。RSI 的变动范围在 0 ~ 100 之间，强弱指标值临界点为 20 和 80。短期 RSI 在 20 以下水平，并由下往上与长期 RSI 交叉，为买进信号；短期 RSI 在 80 以上水平，并由上往下与长期 RSI 交叉，为卖出信号。RSI 处于 50 以上为强势区，处于 50 以下为弱势区。

6. 布林带指标

布林带指标（BOLL）是由三条轨道线组成，其中上下两条线分别看成价格的压力线和支撑线，在两条线之间的一条为价格平均线。一般情况下，震荡行情中价格线会在由上下轨道线组成的带状区间波动，而且随价格的变化而自动调整轨道线的位置和宽度。当上下轨道线收拢变窄时，激烈的价格波动有可能随时产生。如果股价穿越上轨线，说明股价在加速上涨；如果股价穿越下轨线，说明股价在加速下跌。当股价偏离上轨线或下轨线距离过远时，有可能随时会有回档需求。

第七节　宏观经济数据与股市的关系

宏观经济数据是反映一个国家或一个行业，在一定时期内整体经济环境的变化和发展状况。国家或行业相关部门会根据这些数据的变化情况来制定相关的政策，调节市场的平衡，以保证市场经济稳健运行。

宏观经济的向好意味着经济发展良好，经济发展良好会使投资市场变得更好。只有市场经济发展越好，才会有更多的投资者愿意将精力和资金投入到资本市场。因此，良好的经济发展，会促进资本市场的发展，同时也会推动股市向着好的方向运行。

既然好的经济数据会推动股市向好的方向运行，那么投资者就需要知道目前常用的反映宏观经济状况的数据内容，需要在看到数据时能够分析出其对目前股市行情是利好还是利空，从而做出对股市交易策略的调整。

常用的宏观经济数据有以下 8 种。

1. 国内生产总值

国内生产总值（Gross Domestic Product，GDP），是指在一定时期内（一个季度或一个年度），一个国家或地区的经济中所产生出来的全部最终产品和服务的价值总和，常被认为是衡量国家经济状况的最佳指标，是国民经济核算的核心指标。

一般来说，国内生产总值共由 4 个不同的组成部分，即消费、私人投资、政府支出和净出口额。用公式表示为：GDP=CA+I+CB+X（其中，CA 为消费，I 为私人投资，CB 为政府支出，X 为净出口额）。

通常国内生产总值与大盘成正比。国内生产总值增长越大，说明经济运行偏好，大盘持续上涨的可能性会越高；相反，国内生产总值增长越小，说明经济运行偏弱，大盘表现也会相对比较疲弱。

2. 国民生产总值

国民生产总值（Gross National Product，GNP），是指一个国家（或地区）所有国民在一定时期内新生产的产品和服务的价值总和。GNP 是一个国家（或地区）所有常住机构单位，在一定时期内（一个季度或一个年度）收入初次分配的最终成果。

GNP 是按国民原则核算，只要是本国（或地区）居民，无论是否在本国境内（或地区）居住，其生产和经营活动新创造的增加值都应计算在内。GNP 等于 GDP 加上来自本国居民在国外的劳动报酬和财产收入，再减去支付给国外的劳动者报酬和财产收入。

通常国民生产总值也与大盘成正比。如果国民生产总值增长越大，大盘上涨的可能性就越高；相反，如果国民生产总值增长越小，大盘表现也会相对比较疲弱。

3. 居民消费价格指数

居民消费价格指数（Consumer Price Index，CPI），是反映居民家庭一般所购买的消费价格水平变动情况的宏观经济指标。它是反映与居民生活有关的商品及劳务价格统计出来的物价变动指标，通常作为观察通货膨胀水平的重要指标。

一般来说，当 CPI ＞ 3% 的增幅时，我们称之为 Inflation，就是通货膨胀；当 CPI ＞ 5% 的增幅时，我们把它称为 Serious Inflation，就是严重通货膨胀。构成 CPI 指标的主要商品共分为 8 大类，即食品酒和饮品、住宅、服装、教育和通信、交通、医疗健康、娱乐、其他商品及服务。

CPI 通常用来计算通货膨胀率[=（报告期 CPI/ 基期 CPI）–100%]、货币购买力指数[=（1/CPI）× 00%]、实际工资（名义工资 /CPI）等。如果 CPI 上涨，将加大居民消费成本，从而打击或削弱居民消费信心，这也会使得家庭投资更谨慎、更理性，从而不利于股市的发展；反之，如果 CPI 下降，居民消费成本降低，居民将有更多的资金可用于分配，会更加容易刺激消费者投资，从而有利于股市向好的方向发展。

4. 生产价格指数

生产价格指数（Product Price Index，PPI），是衡量工业企业产品出厂价格变动趋势和变动程度的指数，是反映某一时期生产领域价格变动情况的重要经济指标。它是反映全部工业产品出厂价格总水平的变动趋势和程度的相对数，包括工业企业售给本企业以外所有单位的各种产品和直接售给居民用于生活消费的产品。

企业生产的产品最终要把它们的生产费用以更高的价格形式转移给消费者。如果 PPI 上涨，将加大企业采购成本，在原材料价格上涨不能有效转嫁给消费者的前提下，企业利润就会减少甚至出现亏损。对上市公司而言，公司利润减少，业绩明显下降，对股东回报也会相应减少。一方面，上市公司投资价值下降，股价重心便会下移；另一方面，投资回报率预期降低，会弱化投资者信心，导致股市投资人气涣散，从而不利于股市的发展。反之，如果 PPI 下降，则企业采购成本下降，在对市场价格变动的情况下，对上市公司而言，公司利润增加，对股东回报也相应增加，投资者信心增强，从而导致股市投资人气高涨。

5. 消费者信心指数

消费者信心指数（Consumer Confidence Index，CCI），是反映消费者信心强弱的指标，是综合反映并量化消费者对当前经济形式评价和对经济前景、收入水平、收入预期以及消费心理状态的主观感受，对就业、收入、物价、利率等问题的综合判断后得出的一种看法和预期。

CCI 主要是为了了解消费者对经济环境的信心强弱程度，反映消费者对经济的看法以及购买意向。当经济环境能确保带来更多的就业机会、更高的工资和较低的利率时，消费者的信心和购买力就会增加。通常 CCI 与股市成正比，CCI 越高，说明消费者的购买意愿和购买力越强，股市行情越向好；相反，CCI 越低，说明消费者购买意愿和购买力减弱，股市行情越容易疲弱。

6. 采购经理人指数

采购经理人指数（Purchasing Manager's Index，PMI），是一个综合指数，其概括了整个制造业状况、就业以及物价表现，是一项全面的经济预测前瞻性指标。按照国际上的通用做法，由 5 个扩散指数即新订单指数（简称订单）、生产指数（简称生产）、从业人员指数（简称雇员）、供应商配送时间指数（简称配送）、主要原材料库存指数（简称存货）加权而成。其计算公式为：PMI= 订单 ×30%+ 生产 ×25%+ 雇员 ×20%+ 配送 ×15%+ 存货 ×10%。

PMI 是以百分比来表示，常以 50 作为经济强弱的分界点，即当指数高于 50% 时，通常被认为是经济扩张的信号；当指数低于 50%，尤其是非常接近 40% 时，则有经济萧条的忧虑。PMI 与 GDP 具有高度相关性，且其转折点往往领先于 GDP 几个月。采购经理人指数也同股市成正比，采购经理人指数越高，说明经济发展的预期越好，股市也将走好;反之，采购经理人指数越低，说明市场经济衰退，则不利于股市走好。

7. 外商直接投资

外商直接投资（Foreign Direct Investment，FDI），也叫国际直接投资（International Direct Investment），它以控制经营管理权为核心，以获取利润为目的，是与国际间接投资相对应的一种国际投资基本形式。它是指外国企业、经济组织或个人按照我国有关政策、法规，以其有形资产（资金、设备等）或无形资产（知识、技术、软件、工业产权、商标等）作为资本，在我国境内直接创办的独资企业，与我国境内企业或经济组织共同创办的合资企业、合作经营企业或合作开发资源的投资，外商本人或委托代理人参与经营管理、分红和分担风险。

通常来说，如果 FDI 提高，说明国际市场看好本国经济发展，愿意在本国境内发展企业，有利于股市发展；反之，如果 FDI 减少，说明国际市场对本国未来经济的发展并不看好，从而不利于股市发展。

8. 失业率

失业率（Unemployment Rate），是指失业人口占劳动人口的比例，即一定时期满足全部就业条件的就业人口中仍未有工作的劳动力数字，旨在衡量闲置中的劳动产能，是反映一个国家或地区失业状况的主要指标。

失业率上升是经济疲软的信号，容易导致政府放松银根，刺激经济增长，从而促进就业。失业率下降，容易形成通货膨胀，导致央行收紧银根，减少货币投放，从而稳定市场经济。失业率越低，说明居民生活越稳定，消费和投资意愿越强烈，对股市发展越有利。失业率高不仅会影响居民生活，还会影响消费和投资，进而影响股市发展。

第八节 货币供应量与股市的关系

货币本质上是市场相互交换所有权的契约凭证，它只充当价值尺度和流通手段，起到一般等价物职能。货币供应量是指货币作为某一时段为社会经济运转服务的货币存量，它由包括中央银行在内的金融机构供应的存款货币和现金货币两部分构成。现行货币统计制度将货币供应量分为 3 个层次，即流通中现金（M_0）、狭义货币供应量（M_1）和广义货币供应量（M_2）。

货币供应量的调控机制是我国重要的政策性调控手段之一。中央银行根据宏观监测和宏观调控的需要，根据市场的流动性情况，通过调节发行的货币量来影响货币市场的供求变化，调节市场货币供应量的平衡关系，从而达到稳定市场的作用。货币市场的稳定对股市将有直接影响，因此只有了解货币供应量与股市之间的关系，才能在股市出现变化时游刃有余。

1. 流通中现金

流通中现金（M_0），是指银行体系以外的机关、团体、部队、企业、事业单位等的库存现金和居民手持现金之和。

2. 狭义货币供应量

狭义货币供应量（M_1），是指 M_0 加上企业、机关、团体、部队和学校等单位在银行的活期存款。

3. 广义货币供应量

广义货币供应量（M_2），是指 M_1 加上企业、机关、团体、部队、学校等单位在银行的定期存款和城乡居民个人在银行的各项储蓄存款以及证券客户保证金。

货币供应量直接影响到货币的流动性，直接影响到股市的活跃程度。也就是说，货币供应量越大，市场货币流动性越强，股市上涨的幅度也越大；反之，货币供应量越小，市场货币流动性越弱，股市上涨的压力也就越大。

4. 通货膨胀

通货膨胀（Inflation）是指在纸币流通条件下，因货币供给大于实际需求，即现实购买力大于产出供给，导致货币贬值，而引起的一段时间内物价持续普遍上涨现象。通货膨胀是纸币的发行量超过流通中纸币所需要的数量，从而引起货币贬值，物价上涨的经济现象。其实质是社会总需求大于社会总供给，即供小于求。通货膨胀并不是指一种或者几种商品的物价上涨，也不是指物价水平短时期的上涨，而是指物价水平在一定时期内出现持续普遍的上升过程，使得整体物价总水平的上升。

通货膨胀加剧会使货币贬值，在居民收入没有变化的情况下，生活水平会下降，从而造成社会经济生活秩序混乱，不利于经济发展。同时，通货膨胀加剧会使政府相关部门出台加息等宏观调控手段，实施适度从紧的货币政策或财政政策。货币供应量增加引起通货膨胀，会使社会购买力增强，使部分投资者将资金投资于股市，从而推动股价上涨。但是，通货膨胀加剧到一定程度，会使政府相关部门做出宏观调控政策，从而抑制股价上涨。

5. 通货紧缩

通货紧缩（Deflation）是指货币供应量出现持续下降，市场需求不足，导致物价出现普遍持续下降。当市场上流通货币减少，人们所能获得的货币随之减少，其购买力下降，致使物价持续下跌，造成通货紧缩。

通货紧缩是经济衰退的货币表现，是通货膨胀的反现象。通货紧缩会抑制投资和生产活动，使企业利润减少、生产停滞，从而导致失业率升高和经济衰退。

通货紧缩致使大多数居民情绪低落，对经济和生活产生悲观情绪，对未来经济的发展丧失信心。他们更愿意持有较多的货币，以至于社会购买力减弱，市场资金紧张。投资者很少将太多的闲余资金用于投资股市，因此不利于股市的发展。

6. 存款准备金率

存款准备金率（Deposit-reserve Ratio）是指中央银行要求的存款准备金占其存款总额的比例。存款准备金是指金融机构为保证客户提取存款和资金清算需要而准备的在中央银行的存款。存款准备金是指金融机构不能将其吸收的存款全部用于发放贷款，必须保留一定的资金，以备客户提款时能及时支付。存款准备金有利于保证金融机构对客户提取存款时的正常支付。中央银行可以通过调整存款准备金率来调节市场流动性。

经济增长过快，市场流动性过于宽松，容易导致物价上涨，经济出现通货膨胀。为了维持市场经济稳定发展，防止经济过热，中央银行通常会选择提高存款准备金率，来抑制市场经济过快上涨。上调存款准备金率会降低市场货币的供应量，从而抑制市场流动性，使之不至于太过宽松。同时，货币供应减少，市场投资者可用于投资股市的资金就会随之减少，从而阻碍股市发展。

经济增长过慢甚至出现滞涨，市场流动性收紧，容易导致物价下跌，经济出现通货紧缩。为了维持经济稳定发展，防止经济萧条，中央银行通常会选择降低存款准备金率，来促进经济增长。下调存款准备金率会增加市场货币供应量，从而增加市场流动性。市场流动性增加，市场投资者可用于投资股市的资金就会增加，从而促进股市发展。

7. 利率

利率（Interest Rate）又称利息率，表示一定时期内利息额与借贷资金额即本金的比率。利率是决定企业资金成本高低的主要因素，同时也是企业筹资、投资的决定性因素。利率通常以一年期利息与本金的百分比计算，即：利率 = 一年期利息 / 本金 ×100%。利率是条件货币政策的重要工具，当前各个国家经常通过调节利率来实施宏观调控政策，各国央行通过调节利率来控制市场货币的供求，进而调节并维持经济的稳定。

当市场经济出现过热或通货膨胀上升时，为了抑制经济过热和物价上涨，中央银行通常会采取提高利率、收紧银行信贷、减少货币供应，来降低市场流动性。提高利率会导致市场流动性降低，市场资金表现收紧，从而使得进入股市的资金变少，不利于股市的发展。

当市场经济出现萧条或通货紧缩加剧时，为了刺激经济的发展，促进市场消费，中央银行通常会采取降低利率、放松银行信贷、扩大货币供应的方式，来增加市场流动性。降低利率会促使市场流动性增加，市场资金表现宽松，从而会有更多的资金进入股市，有利于股市的发展。

8. 货币乘数

货币乘数（Money Multiplier）又称货币扩张系数或货币扩张乘数，是银行体系用每一单位原始存款所引起的货币供给量。也即在基础货币（高能货币）的基础上，通过商业银行的创造存款货币功能产生派生存款的作用，货币供给量产生的信用扩张倍数，是货币供给扩张的倍数。简单地说，就是银行提供的货币和贷款会通过市场数次存款、贷款等行为产生出数倍于它的存款，即通常所说的派生存款。

例如：假设银行存款准备金率为 10%，也就是说，当银行收到 100 元存款时，必须留存10元作为存款准备金，只能向外贷出90元，假设每次银行贷款都足额将剩余资金贷出。现在李某向银行存入100元，银行留存10元作为存款准备金，将其余90元放贷给刘某，如果刘某再将贷款来的90元全部存入银行，银行再留存9元作为存款准备金，将其余81元放贷给周某，周某又将贷款来的81元全部存入银行，银行再留存8.1元作为存款准备金，然后将其余72.9元全部放贷给王某，以此类推，市场实际形成货币派生存款金额为（100+90+81+72.9+…）元。最初，中央银行只在市场上投放了100元，但经过多次存款和贷款行为，市场实际货币量出现放大。

流通中的现金存款比率越高，货币乘数就越小；流通中的现金存款比率越低，货币乘数就越大。存款准备金率越高，货币乘数越小；存款准备金率越低，货币乘数越大。货币乘数的大小决定了货币供给扩张能力的大小。货币乘数越大，则货币创造能力越强，市场资金的流动性越强，越有利于股市的发展;反之，货币乘数越小，则货币创造能力越弱，市场资金的流动性越弱，不利于股市的发展。

9. 系统性风险

系统性风险（Systematic Risk）即市场风险，是指金融机构从事金融活动，或交易所的整个系统因外部因素的冲击或内部因素的牵连而发生剧烈的波动、危机或瘫痪，导致单个金融机构不能幸免，从而遭受经济损失的可能性。系统性风险是指由整体政治、经济、社会等环境因素对证券价格所造成的影响。

系统性风险包括政策风险、经济周期性波动风险、利率风险、购买力风险、汇率风险等。这种风险不能通过分散投资加以消除，因此又被称为不可分散风险。系统性风险出现时，会对整个股票市场或绝大多数股票产生不利影响，其表现为绝大多数股票普遍下跌，很难通过购买其他股票进行保值。在出现系统性风险时，绝大多数投资者容易遭受很大的损失。

系统性风险可以用贝塔系数来衡量：贝塔值越高，意味着股票相对于业绩评价基准的波动性越大；贝塔值越低，则意味着股票相对于业绩评价基准的波动性越小。

10. 非系统性风险

非系统性风险（Non-Systematic Risk），又称非市场风险或可分散风险，是指对某个行业或个别证券产生影响的风险。通常来说，非系统性风险是由某一特殊因素引起的，如企业的管理问题、上市公司的重大决策问题、上市公司的财务问题等。非系统性风险是某一企业或行业特有的风险，与整个证券市场的价格不存在系统的全面联系，而只对个别或少数证券的收益产生影响，可以通过分散投资加以消除。

第九节 股市交易黄金法则

在股市交易中流行着这样的说法，即“七亏二平一盈”，意思是说在股市中有70% 的投资者处于亏损状态，有 20% 的投资者处于不亏不赚状态，只有 10% 的投资者能够盈利。

笔者并不认同以上说法，其实最准确的说法应该用一个赌博中的词汇即“十赌九输”来表达。在股市交易中，只要参与了交易就很难出现不亏不赚的状态，所以二平之说并不合理。绝大多数投资者，其投资行为充满盲目性，因此可以说有 90% 的市场投资者处于亏损状态。要想改变这种状况，投资者就必须“先学习，后交易”，即先把投资必备知识弄明白，再进行实战交易，在交易实战中加以检验，并不断修正，这样持续下去，以便提高交易成功率。

很多投资者在千方百计地寻找炒股绝招，总希望能找到一种致胜的法宝，以便在股市交易中百战百胜。其实，绝大多数人会以赔钱离场，但他们仍然不肯放弃，坚信自己不属于那部分人，能够脱颖而出。

聪明的投资者肯定是理性投资者。股票交易犹如走钢丝，随时面临跌落的风险，因此在操作过程中一定要慎重。正因如此，投资者一定要时刻保持谨慎，加强学习和领悟，练就能在股市中立足的本领。如果还没有这样的本领，一定要谨记以下信条。

（1）大多数股票在股价上涨前会出现一个重要特征，那就是成交量会有变化，股价未涨量先涨。持续放量是股价加速上涨的重要条件，都说量比价先行，实际上交易量的增加，说明个股成交活跃度在增加，这对股价上涨是有利条件。但是并不代表所有的交易量增加都会导致股价上涨，尤其是当股价已经上涨过一段周期后再放量，往往会成为股价下跌前的征兆。

（2）个股在上涨途中第一次出现缩量涨停时是最安全的，说明前期进入的主力资金并没有逃离。尤其对强势大涨或涨停的个股，后市的持续性会更强，当股价上涨并站在 5 日均线上方偏离 5 日均线不远时，容易出现急速拉升。

当股价出现连续涨停板后放大量时，会出现两种情况：一种是换手足够充分但主力资金没有出场，这是为了洗掉前期散户获利盘而制造的放量震仓行为，主要是为后市能够更好地拉升股价创造条件，这种强势震仓情形容易制造妖股。另一种是股价连续涨停后，主力资金获利出逃形成放大量。因此，当股价出现连续涨停板后放大量时，前期有持仓的投资者需要做减仓操作，没有持仓的投资者想要建仓的，尽量在当天回调比较充分时小资金建仓博弈后市行情，谨防出现主力资金出逃后被埋的情况。

（3）当快速放量涨停的股票出现停滞或涨速跟不上，并且快速开板时，需要小心出现风险，应该果断了结，就算不全部了结，也应该适当减仓操作。盘中经常会出现一些个股快速放量拉升冲击涨停的情况，但很快便会打开涨停板，随后股价逐步回落，当日很难再次涨停封板。尤其是股价在高位放量拉升，而且均线出现死叉时，通常是主力通过用几笔大买单快速拉升股价来吸引市场投资者跟风买入，而他们可以趁市场投资者争相买入时出货，出现这种情况时说明主力资金在逃离，后市股价可能出现持续下跌，因此出货方为上策。

（4）短时间内投资者最好不要参与大幅爆炒过的股票。因为这些股票获利盘较多，尤其是主力机构深度介入，要想将获利筹码抛售出局需要时间，这样会形成高位震荡回落现象。在回落过程中，股价经常会出现涨少跌多，每次上涨其幅度都不是很大，随后的跌幅则会大于前面的涨幅，使得在股价上涨时买入股票的投资者基本上得不到获利出局的机会。

主力还经常在盘中拉升股价来吸引投资者买入股票，尾盘又将股价压低走弱，当日就将买入的投资者套住，有些不愿割肉的投资者在接完筹码被套后不抛盘，主力筹码也就顺势降低。

以上两种情况下投资者买入的数量有限，为了吸引更多的投资者买入股票，主力常常会制造双顶或头肩顶结构，使股价出现一段时间的上涨周期，主力会在这段上涨周期中一边拉升股价一边出货。当市场投资者出现获利盘开始抛盘时，主力会在他们抛货前快速地抛出手中筹码来压低股价，如此一来，那些要抛盘的普通投资者很难很好地获利卖出，往往是持仓时看着获利颇丰，实际卖出时获利却极少，那些不愿卖出的投资者就只能等着被套了。因此，股价在短期内出现爆炒的妖股时，在高位操作风险性较大，不建议在此阶段操作。

（5）在股价经过三波明显上涨后，要坚决出局，不要再追高买入，因为三波明显的上涨意味着行情 5 浪结束，个股容易走出大幅回调或反转行情。很多投资者对技术分析知之甚少，甚至根本就不懂技术分析，所以不知道如何判断股票的买卖时机。但是股价出现的三波上涨走势是很容易判断的，当出现明显的三波上涨后，只要看其历史走势图就能识别出，操作这类股票风险较大，要尽量避开。在操作股票追逐利润时，主要是以高概率取胜，操作风险较大，宁可不操作，也不去追逐高风险的股票。

（6）底部一字涨停不放量，持续上涨有希望：当股价经过一段时间的下跌后，某日出现一字涨停板，并且当天股价呈缩量涨停状态，股价后市持续上涨的概率较大。底部放量涨停，快速介入有机会：当个股股价持续下跌后，经过一段时间的盘整，或者出现持续快速下跌后，某日股价出现底部放量涨停，可以快速介入，股价底部异动放量说明有明显的资金进入操作，后市看涨。

（7）当股价经过一段时间的连续下跌后，如果某日出现一根“长下影小实体”的K线，同时伴随成交量的明显增加，要多加注意，这属于“单针探底”形态，下影线越长越有效，实体收阳更加可靠。该形态表现的是比较明显的买入信号，说明行情极有可能反转或反弹。如果第二个交易日股价守住前一天“单针探底”实体部分的底部上方，股价后市看涨效果会更加明显。如果股价出现高开高走，看涨的情绪会更加高涨。

（8）当股价经过一段时间的连续上涨后，如果某日出现一根“长上影小实体”的K线，同时伴随成交量的明显增加，要引起警惕，这属于“一针推顶”形态，上影线越长越有效，实体收阴更加可靠。该形态表现的是比较明显的卖出信号，说明行情极有可能走弱。如果第二个交易日股价在收盘时无法守住前一天“一针推顶”实体部分的上方，股价后市看跌效果会更加明显。如果股价出现低开低走，看跌的情绪会更加浓厚。

（9）当股价经过一段时间的连续下跌后，如果某日股价出现一根实体大阳线吞没前一根阴K线，同时伴随着成交量的明显增加，要加倍关注这类股票，这属于“一阳定底”形态，实体阳K线越长越好，出现光头光脚大阳线会更好，这是非常明显的买入信号，说明行情极有可能反转或反弹。底部出现光头光脚大阳线后，第二个交易日如果股价出现下探，通常下探低点不会低于前一根大阳线的1/2位置，因此可以在第二个交易日出现回落时从容低吸。

（10）当股价经过一段时间连续上涨后，如果某日出现一根实体大阴线吞没前一根阳K线，同时伴随成交量的明显放大，要特别警惕这类股票，这属于“断头铡刀”

形态，实体阴线越长越有效，尤其是光头光脚大阴线，这种高位阴包阳走势是一种见顶信号，高位放量收阴，需要果断离场观望。

顶部出现光头光脚大阴线后，如果第二个交易日股价出现反弹，通常反弹高点不会高于前一根大阴线的 1/2 位置，因此第一个交易日股价下跌时没有卖出的投资者，可以在第二个交易日出现反弹时择机卖出。如果股价在第二个交易日出现低开低走，则应及时卖出手中筹码。在高位出现大阴线下跌后，股价偶尔会在第二个交易日出现大阳线反包的情况，但这种行情不是普通投资者所能把握的，因此不建议大家涉足这样的行情。

（11）很多投资者喜欢用 5 日均线来判断短期行情的走势，当股价沿着 5 日均线上涨或下跌时，如果出现小阳小阴 K 线组合交替的情况，投资者要特别注意，出现这种情况意味着行情即将加速，不是大涨就是大跌。

股价沿着 5 日均线上涨是一种比较健康的上涨走势，在这种上涨过程中，股价连续出现阴阳 K 线交替，可能是主力资金在做股价拉升前的洗盘动作，后市股价通常会加速上涨，也可能是主力通过阴阳交替手法出货离场。如果股价连续出现阴阳 K 线交替后向上运行，可以顺势加仓；如果股价连续出现阴阳 K 线交替后向下运行，应及时卖出手中筹码出局。

股价沿着 5 日均线下跌是一种持续性的下跌走势，在这种下跌走势中，股价连续出现阴阳 K 线交替，可能是主力资金在利用阴阳 K 线交替的横盘动作继续出货，后市股价通常会加速下跌，也可能是主力资金在做洗盘动作，为后市能够稳健的拉升收集筹码。如果股价连续出现阴阳 K 线交替后向下运行，应及时卖出手中筹码；如果股价连续出现阴阳 K 线交替后向上运行，可以轻仓买入来博弈行情的反弹或反转，因为股价毕竟处于下跌趋势中，以轻仓博弈为宜。

（12）个股跳空上涨是股票强势的一种表现，向上跳空越大说明看涨意愿越强，涨停速度也越快，缺口不回补，开盘后直接拉升涨停，这样的个股就越强势。

每天出现跳空高开的个股非常多，但并不代表所有跳空高开的股票都非常强势，有些跳空高开的个股属于伪强势股，这些伪强势股大都是主力为了诱导投资者买入筹码故意操作的跳空高开。有些伪强势股被主力故意竞价高开，高开后再顺势拉高吸引投资者跟风买入，主力则趁机抛出手中筹码，随后股价又出现快速回落，将追涨买入的投资者成功套牢。

还有一些跳空高开的强势股，是主力为了洗盘故意制造的。通常股价开盘后，主力资金先快速砸盘，制造股价高开低走快速下跌的假象，使意志不坚定的投资者卖出手中筹码，主力则趁机买入。之后股价快速拉升，当投资者反应过来时，股价早已涨过他们之前卖出时的价位，如果再去追涨买入只会垫高持仓成本。

（13）个股跳空下跌是股票弱势的一种表现，向下跳空越大说明股票看弱意愿越强，跌停速度也越快，缺口不回补，开盘直接下跌至跌停，这样的个股就越弱势。

每天出现跳空下跌的股票也非常多，但并不代表所有跳空下跌的股票都非常弱势，有些跳空低开的个股属于伪弱势股，这些伪弱势股大都是主力为了诱导投资者卖出手中筹码故意制造的跳空低开。伪弱势股被主力故意操作低开，开盘后股价通常会顺势快速下跌，制造主力资金大量抛盘的假象，引起投资者的恐慌，以至于大多数投资者跟风卖出，主力则趁机买入。待抛盘稀少后，主力快速拉升股价，让之前卖出股票的投资者后悔不已。这种情况经常出现在持续强势上涨的股票中。

还有一些跳空低开的弱势股是主力为了出货故意制造的跳空低开。通常股价在开盘后跳空低开，主力资金会快速拉升股价，制造股价低开高走的假象，吸引投资者跟风买入，当投资者买入时，主力趁机将手中筹码抛售给投资者。之后股价再次回落，并持续走低，当先前买入股票的投资者反应过来时，因当日无法卖出只能眼看着手中买入的筹码被套牢。

（14）短线操作强势股时可以依托 5 日均线进行持股，当行情站上 5 日均线时买入持仓，当行情破位 5 日均线时选择离场，只要行情没破位 5 日均线，均可持仓。

大多数强势股一般都在 5 日均线上方运行，越是强势个股，5 日均线的斜率会越大，其个股涨势也越好。当股价偏离 5 日均线过远时风险越大，通常会有股价回归均线的需求，也就是股价会回撤，因此需要减仓操作。

（15）操作中线趋势股时可以依托 10 日均线进行持股，当行情进入上涨趋势时买入持有，当行情转弱并出现 5 日均线与 10 日均线高位死叉时卖出离场。

在股票交易中，10 日均线是强势上涨趋势股票的重要支撑，大多数强势上涨趋势股票在上涨过程中回撤时，通常在受到 10 日均线支撑后再次上涨，因此有些中期趋势投资者将 10 日均线作为持仓依据。股价在上涨趋势中出现短暂下跌，只要不破位 10 日均线，投资者都会坚持持股，直到股价开始走弱并跌破 10 日均线，5 日均线自上而下穿越 10 日均线出现死叉时才离场出局。

（16）寻找突破的个股作为短线跟踪的对象。突破重要阻力位进入上升轨道的股票有快速获利的可能。特别是经过连续下跌通道后多次突破压力位的股票，以及经过长期横盘整理的股票，向上破位时要重点关注，向上破位上涨是买入信号。当股价突破重要压力位进入上升通道时，说明开始形成股价的上升趋势，股价将沿着这一趋势运行，此时可以适当买入股票并持有。

（17）强势牛股的第一次回调是介入的机会，市场上总会不间断地出现强势牛股，这些强势牛股大都是由市场人气和资金的合力造就的。人气高的强势股总是易涨难跌，每次只要稍有回调就会被其他资金买入，从而推动股价继续上涨，所以强势牛股在出现回撤时是很好的买入机会。

在强势牛股回撤时买入，要重点关注买入时机。强势牛股均线买点一般出现在5日均线或10日均线上，但凡人气高的强势牛股是很难出现大幅下跌的，因此，强势牛股通常回撤到5日均线或10日均线位置时会出现大量的合力资金买入，再次推升股价，这样便形成了强势牛股回撤时的均线买点机会。由于强势牛股回撤时股价已有一段较大的涨幅，股价大都处于高位状态，因此在强势牛股回撤的均线买点买入时要控制好仓位，尽量以小资金轻仓参与博弈后市可能的上涨行情，切莫大资金重仓参与。否则，一旦股价破位均线下行，就会被套造成严重损失。

当强势牛股回撤时，股价向下破位10日均线说明强势牛股开始转弱，需要更多的时间休整，因此股价跌破10日均线时不要买入股票。如果已在均线买点买入股票，则要减仓或清仓出局。

（18）“不涨停，不停涨”，即从来不会涨停，却一直在不停地往上涨，即使偶尔出现冲击涨停也会很快回落，这样的个股一般都是有主力机构运作的慢牛股。这类股票的特征通常是：缓慢爬升，阴阳互现，阳长阴短。

慢牛股的K线通常会以30°左右的斜率进行爬升，到行情的末端时才会加速拉升。短线投资者对这样的慢牛股又爱又恨，这些股票风险较小，获利却很慢。短线投资者追求短期获利，持有这样的慢牛票，他们会备受煎熬。因此，对短线投资者来说，慢牛股不是理想的投资标的。

中长线投资者对慢牛股则爱不释手，他们在买入后就可以坐享其缓慢上涨带来的红利。中长线投资者通常比较有耐心，就算股价在上涨过程中出现短暂回落，他们也不会改变持股决心，会持股至达到既定价位才抛出筹码获利出局。如此一来，他们既能省下很多精力，又能获利颇丰。

慢牛股比较适合大中型资金，是中长线投资者的理想选择。操作慢牛股，一般在股价加速上涨时就要控制风险。当行情变为疯牛走势时，说明股价已经走到上升趋势的末端，主力利用快速拉升股价吸引投资者疯狂涌入，他们则趁机出货。所以，当股价从慢牛开始加速上涨时，投资者就要做好准备，随时减仓或出局。

（19）多条均线黏合是最重要的技术参考方法之一，均线黏合意味着即将启动较大级别的行情。如果行情启动上涨，均线将会多头发散推动行情在一段时间内持续上涨，均线黏合后的多头发散也被称为金叉，是看涨买入信号。在多条均线黏合后出现金叉时，如果股价在金叉均线上方运行，那么买入股票的安全性会很高，因为下方所有的均线都将成为股价回落的支撑。在均线黏合出现金叉后，股价上涨比下跌更容易，买入的机会大于风险，可以参与博弈。

如果开启下跌行情，均线将会空头发散推动行情在一段时间内持续下跌，均线黏合后的空头发散也被称为死叉，是看跌出局信号。在多条均线黏合后出现死叉时，如果股价在死叉均线下方运行，那么买入风险大于机会，因为上方所有的均线都将成为股价上涨的压力。在多条均线黏合出现死叉后，股价下跌比上涨更容易，应空仓出局，离场观望。

（20）在经过长时间的持续下跌或横盘震荡后，个股突然在短期内连续出现大涨大跌这种上蹿下跳的现象，投资者需要重点关注。这种大涨大跌意味着主力在做最后的洗盘震仓，一旦洗盘完成就会开启上涨趋势，后市行情将出现一波不小的涨幅。

（21）持续弱势下跌的个股，又称“跌跌不休”的个股，投资者应远离这类个股，不要参与这类个股的反弹行情，在没有明确看涨信号的情况下不要盲目抄底，尤其是那些不明原因股价暴跌的个股，千万不要轻易去抢反弹。

市场上经常出现一些弱势下跌的个股，其走势一直处于缓慢下跌的状态，既不大跌也不大涨，总是阳少阴多。这种股票的参与价值较低，主力在前期大都深度介入其中，并且他们在股价顶部没有完成出货。为了能够持续出货，他们将股价做出缓慢下跌的状态，虽然看着跌速很慢，但其能够带来盈利的可能性极低。

还有一种属于强势暴跌的股票，这类股票通常是因基本面出现利空消息或慢牛股见顶后主力暴力出货造成的。这类股票一旦下跌，短期内很难出现上涨走势，即使在下跌途中出现小幅反弹，通常是为了吸引更多投资者接盘，以便更轻松地出货，主力特意为之。

（22）“边拉边洗”的个股，即“一边拉升股价，一边洗盘”的个股，容易走出强势大牛股。一边拉升股价，一边洗盘，说明主力机构控盘较强，同时看好个股后续走势，他们既不愿让其他资金低位抢筹，也不愿让低位买入的投资者坐享更多红利，因此他们在股价上涨途中不断洗盘，将所有意志不坚定的投资者清洗出局，如此一来，拉升股价就会更加轻松。

此类个股的K线一般呈60°左右斜率上涨，短线交易容易快速获利。然而，在股价上涨过程中主力不断洗盘，盘中往往会出现大幅波动，这种波动会增加散户的心理压力，一般散户会被清洗出局。

（23）低位异动股是指经历长时间的低位盘整，突然某一天出现快速大幅下探，然后又快速拉升收回跌幅并逐步走高的个股。这种个股快速大幅下探时，下跌幅度会达到8%～10%，经常会伴随着送礼信号，这种信号预示着该股后市要逐步走强。

低位异动股时常出现在股市中，但很难第一时间在现有的3000多只股票中发现，通常是股价的快速下探已经结束且成功收回跌幅后，才会受到部分投资者的关注。在快速下探的最底部，这类个股通常会有一笔大单被瞬间吃掉，然后股价快速回升到下跌前的位置，甚至回升得比下跌前价位还高。这种走势就相当于主力给最底部的那笔大单送礼，即所谓的送礼信号。当个股出现这样的行情时，投资者可以适当参与博弈后市行情。

以上是股市交易中比较常见的走势现象和操作方法，只要投资者能够熟悉这些走势现象并掌握相应的操作方法，就能增加其在股市中获利的概率。

当然，投资者还要学习和实践更多的操作技巧和方法。比如，利用股市板块、题材或某类具有同质性个股之间的联动效应来交易股票，通常也能取得很好的效果。如果投资者能灵活运用热点联动效应，就能在出现市场热点时联想到其他相关题材，有些个股具备联动效应的也要及时想到，通过热点联动或个股联动时间差效应来布局操作，也是一种不错的选择。

在交易过程中，投资者不要孤立地看待一只股票的走势，一定要注意观察板块的联动效应，同时要关注大盘走势。当板块联动时，板块上涨，板块下大多数个股都会上涨；板块下跌，板块下大多数个股都会下跌。大盘上涨，大多数板块或个股会跟随上涨；大盘下跌，大多数板块或个股会跟随下跌。因此，要注意板块联动效应和大盘走势给个股带来的影响，从而根据板块和大盘的走势来调整交易策略。

第二章　炒股心态

在股市博弈中，投资者总会伴随思想、心理和情绪的变化，既有获得收益后的兴奋和喜悦，也有投资失利后的伤心和难过。在同一证券市场中，面对同一家上市公司的股票，不同的投资者其投资结果不同，有的可能获利丰厚，有的可能亏损严重。造成这种差异的主要原因是，投资者具有不同的心理素质和心态，不同的判断标准和操作技巧。

是否参与股票交易，以及如何参与，对股票的这种投资决策属于投资者的主观行为。投资者的主观判断将影响其交易结果，而这种判断在很大程度上又受到其心理因素的影响。很多投资者常常凭着感觉去操作股票，市场上一有风吹草动，就会捕风捉影，闻风而动，从而大量抛售或买入某只股票。

在股票交易中，有很多投资者没有掌握市场运行的规律，把握不好买入和卖出股票的时机，经常在股票下跌前买入，在股票上涨前卖出。他们总觉得市场主力紧紧盯住其账户和操作，在其买入股票时拉低股价，在其卖出股票时抬高股价。其实这些都是投资者的心理错觉，为其错误操作寻找外在的理由罢了。

在股市交易中，是否进行操作和如何操作，主要凭借投资者的主观判断，这种主观判断影响其交易决策。而在进行主观判断时，大多数投资者会陷入交易误区，所有投资者需要了解并规避这些误区，以便能在后续交易中少犯错误，多获收益。

第一节　散户常见交易误区

很多散户投资者进入股市都带有一定的盲目性和趋利性，他们抱着能捡到金元宝的心态盲目入市，幻想着一蹴而就、大赚特赚。他们不懂得如何选择好的股票，对于什么股票才算是好的股票也不花心思去学习和研究。市场是无情的，总会给他们以沉重打击。

初入股市的散户投资者往往喜欢四处查看股评，打探消息，哪里有消息就往哪里跑，哪里有研报就往哪里钻。他们从来不去甄别这些股评或研报中的个股是否具有投资价值，是否具有上涨基础，只是看到推荐的人多，就盲目地跟风买入。

散户投资者主要存在以下 6 个常见交易误区。

（1）便宜货是很多散户投资者的“最爱”。很多散户不知道该买什么样的股票，往往买入一些弱势不入流的股票，买入后迟迟见不到效果。还有很多散户喜欢买便宜股票，他们认为购买便宜股票花钱少，风险低，实际上便宜股票并不一定是好的投资标的，买入后才发现这类股票其股价很长时间不上涨，往往下跌倒很快。

便宜股票往往质地不是很好（除权后价格低的除外）。比如，前几年的钢铁和煤炭行业，在去产能和供给侧改革的影响下，其整体市场环境很差，因此大多数钢铁股和煤炭股表现一般，只有在季节性需求或护盘时才有短时的较好表现。或许有人会说，有些钢铁股和煤炭股就表现不错，即使这样，在配置时也只能持有一部分，绝不能大量配置。

（2）追涨杀跌是大多数散户投资者的通病。散户常常看着股价上涨就追着买，看着股价下跌就追着卖。股价上涨时，散户认为股价上涨那么快，估计涨上去就不会跌回来了，害怕错过机会，就直接追涨买进。股价下跌时，散户对行情没有预判性，面对行情的下跌总是惊慌失措，急于追着卖出，这就是下跌时为什么跌速会越来越快的原因。

抄底追高也是散户投资者的通病。众所周知，在下跌过程中买入股票是最容易赔钱的，而很多散户却喜欢买下跌的股票，殊不知“抄底底无尽，追高高到头”。这样的交易方式，往往让很多散户连续失利，从而导致本金不断减少，直至全部输光。

很多散户投资者常说“买跌不买涨，卖涨不卖跌”，其实这种说法是非常错误的。股票一旦形成下跌趋势，很难判断其底部位置，如果在下跌时买入，通常被套其中，很难从中获利。对于上涨趋势的股票，如果上涨就卖出手中的股票，就会错过后面很大一段利润。

（3）盲目听取消息是很多散户投资者成为接盘侠的主要原因之一。许多散户喜欢根据内幕、小道消息和某些顾问公司提供的建议购买股票。在购买股票前，他们从来不去分析要买入的股票是否安全，是否有买入的价值。他们只要一听说是内幕票或消息票就立马买入，毫不顾忌其可能会带来风险，也不分析其是否具有可操作性。

实际上，大部分小道消息是假的，即使是真的，也是一些机构为了成功出货故意放出的，以便让散户出来接盘。

还有一些消息票属于机构已经提前买入的股票，由于本身资金不足以拉升行情让其成功出货，因此会通过放出一些消息让散户来为他们抬轿子，以便获利出场。这种机构通常会选择操作成交量不活跃，连续成交量稀少，并且价格处于低位状态的股票，这样的股票只需要较少的资金就能够拉升股价，容易起到四两拨千斤的作用。

很多散户投资者相信小道消息票偶尔也会赚钱，但持续时间长了，就会被套和亏损离场。如果耐心跟踪，就会发现大多数黑嘴消息票的上涨都是昙花一现，短时上涨后就是一地鸡毛。很多散户会发现，到了最后自己不知不觉成了接盘侠。

（4）很多散户投资者喜欢买熟不买生。分析家大都提倡并建议散户投资者采用买熟不买生这种操作方式，他们认为做自己熟悉的股票更能了解其股性和特点，因此操作起来盈利的成功率会高很多。市场上，很多散户喜欢买自己对上市公司名字比较熟悉的股票，或者喜欢买自己能经常看到的公司名称的股票，比如美邦服饰（002269），很多人因为去商场买衣服时经常看到这个牌子，对其名字很熟悉，所以心里更倾向于操作这种股票。

散户大都不喜欢去研究和买入自己不熟悉的股票。由于受到买熟不买生思想的影响，很多散户觉得操作其他股票风险会很大。实际上，往往很多好的股票公司的名字，大多数散户平时可能从未听说过，但仔细研究就会发现，这些股票中可能有很多都是优质票。所以，在操作股票时不应执迷于买熟不买生，应多花心思研究质地优良的股票。

（5）在散户投资者中，死抱死守属于普遍现象。死抱死守很容易造成亏损，起初损失较小时，都不愿意砍仓割肉离场，一味地死抱着不放，期望行情能够很快转好，当亏损不断扩大时，却又舍不得割肉，导致越亏越多，越套越深。

也有很多散户看到自己买进的股票有些小盈时就很快兑现利润，这是因为他们时常面临亏损，只要一有获利就生怕行情反转将获利再次吞噬。这样操作容易出现赚少亏多，不符合稳定获利操作策略。

与小盈离场相反，有许多散户在获利可观后依然不舍得卖出，总是期待行情涨得更高，带来更多回报，这种情况大都出现在牛市中。当行情出现回落时，他们总在心里自我安慰，认为行情只是上涨途中的短暂回调，等行情回调完成后肯定会继续上涨。但他们等来的结果往往是行情出现反转，看着自己的盈利被慢慢吞噬，虽然心里后悔没有早点平仓出局，依然舍不得卖出，直至套牢才忍痛割肉出局。

下面举一个真实的案例。

2015 年年底，在重庆的一场投资者交流会上，一位 50 多岁的老股民跟笔者聊了他的经历。他用 42 万元资金买入一只股票后，这只股票持续上涨，他的资金很快达到了 65 万多元，他却舍不得获利卖出，依然期待行情继续上涨，以便获取更多利润。

但是，随着市场环境的变化行情出现反转，他没有意识到危机来临，仍然坚定地持股，相信股价能涨上去。在股价回落过程中，他眼看着原有的获利被逐步吞噬，虽然心里有些着急，但依然对行情抱有希望。

随后行情出现暴跌，很快就打回原形，股价回到成本线，可是他并没有选择平仓出局,而是心里想着,行情已经跌了那么多,肯定就要上涨了。因此他选择一直持股，之后行情再度暴跌，亏损越来越多，这时他有些后悔和着急了，但是不愿意就此割肉离场。

他心想，之前赚了那么多都没走，现在亏了这么多，很不甘心，始终期待行情能够触底反弹。但事与愿违，之后这只个股一直不温不火地缓慢下跌，最终他因为家里有事急需资金强行平仓出局。当他平仓出局的时候，他持仓的资金已是不足 15 万元。

在股市中，像这样获利不卖最终亏损割肉出局的例子不占少数，相信很多散户投资者都有过这样的经历。

（6）在交易时，很多散户投资者过分计较价格。经常会听到散户投资者说，他在交易的时候，看着行情上涨时总喜欢再等会儿，等回调一点再进，当行情回调一点的时候，又对自己说可能还会多回调一点，再等等，之后行情反而涨上去了，又后悔刚才没有买进。相反，在行情下跌需要卖出的时候，很多散户总想着等行情反弹一点再卖出，当行情反弹一点后，又希望行情反弹更多，当行情再度下跌后又后悔没有早点卖出，总是重复这样一个过程。其实，很多散户只盯着股价当前的变化，总喜欢在几分钱上计较高低，而忽略了股票的整体大走势。

如果散户投资者总喜欢盯着分时线看，或者过分计较价格，那么通常其心态容易起伏不定。因为投资者一直盯着价格变动时，其心态总会随着价格的变动而波动，尤其是短线投资者。很多人都会觉得自己的心态很好，不会随着价格的变动而起伏不定，实际上，绝大多数投资者只要盯着价格实时的变动，其心态就会随价格波动而变化。越是紧盯价格实时的变化心态反而越容易变差，并且经常会做出错误的操作。原本看好后市想多拿两天的股票，可能会因为当天价格一波快速上涨之后的回落，就立即抛出所有筹码，鸣金收兵。

第二节　保持良好的心态

在股市交易中每一次的操作是否成功，既取决于投资者掌握的知识，也取决于投资者的心态。投资者可以通过学习各种投资书获得要掌握的知识，但心态的练就则要到实际交易中去磨炼。因为投资者大都对股票基础知识有所了解，所以相对要掌握的知识，其心态的磨炼就显得更为重要。

面对小幅盈利或亏损，有些投资者能保持正常的心态，但大多数投资者做不到这一点，要么盈利了喜形于色，要么亏损了心急如焚。当他们情绪过于激烈时，容易犯疏忽大意的错误。在股市交易中，很多失误或亏损都是因为没有调整好心态造成的。因此，参与股市交易时一定要保持良好的心态。

1. 严格自律

很多投资者在股市里不停地重复犯错，其原因就是没有严格的自我控制力，容易被各种假象迷惑，最终一败涂地。投资者通常难以控制自己的情绪，热衷于追涨杀跌，看到上涨就想买，看到下跌就想卖。如果投资者控制不好自己的情绪，那么其交易往往是亏多赚少。因此在股市交易中，投资者一定要严格要求自己，培养自律意识。

2. 心态平和

在股市交易中，投资者心态平和是非常重要的，如果不能保持心态平和就会十分危险。只有充满精气神儿，保持轻松状态，才能判断准确。股市涨跌和资金盈亏都是很平常的事儿，只要投资者进行股市交易，就要坦然面对，这样才能处变不惊，增加获胜概率。股市投资中一定要保持心态平和，没机会时不做单，看不懂时不做单，宁可不做，切莫做错。

3. 坚定果断

坚定果断是投资者成功交易的关键。很多投资者把握不好出入场的时机，除了不熟悉交易技术外，不够坚定果断是重要原因。他们在行情刚上升时不愿追涨买入，眼睁睁地看着股价大涨特涨，到最后实在忍不住时才迷迷糊糊地入场，结果却因追高被套牢，真是叫苦不迭。

投资者的心中应该悬着一把“利剑”，用这把利剑时刻提醒自己该买时就按照市价买入，该卖时就按照市价卖出。只要交易完成就不要犹豫和后悔，要根据行情的变化调整交易策略。

4. 谦逊

股市中不缺乏交易高手，但绝大多数投资者是不懂交易的，有些只是略知一二就开始自满自得。在一次分析师面试中，笔者碰到一位投资者，他夸夸其谈地炫耀其分析本领，他说自己对行情的判断有多么神准，能够非常准确地判断出第二天的行情会怎么走。笔者听着既震惊又痛心，不知该赞扬他，还是该打击他，至少当时笔者的想法是，“你都能看到行情第二天的走势了，还来这里面试干什么，真这么厉害，恐怕很快世界首富就得易主了”。

笔者对那次面试印象十分深刻，同时也开始反思起来，现在很多投资者学了一点点技术，就开始自负满满，把自己捧上神坛。同时也警示大家在交易中不要过于自负，千万不要认为自己了解任何行情，实际上，没有人能做到这一点，能控盘的庄家也做不到。

股市中的任何价格变化，都会反映到市场中。在股市中，没有绝对的赢家，也没有百分之百的输家。20 世纪 90 年代，曾在股市中叱咤风云的第一批吃到螃蟹的投资大佬，现如今能在股市中翻江倒海的还剩几人？寥寥无几，大都半途沉船或者选择退出市场。因此，投资者要懂得骄兵必败的道理。

5. 知错能改

知错能改，善莫大焉。在交易中，犯错是不可避免的，任何投资者都有犯错的时候，因此有错就认错，有错就改错。一旦市场走势证明自己判断失误，就应该尽快修正错误，及时止损离场，保障资金安全，然后再伺机进入。不要因为好强一错再错，如果损失掉自己的资金，要想东山再起就更难了。

笔者曾跟一位入市多年的投资者交流，他说之前操作过一只股票，在得知这只股票有大机构资金参与后，他就非常坚定地持有这只股票。即使行情在不断下跌，他依然坚定持有，并且不停地补仓，最终补至全仓买进。可是行情还在持续下跌，他眼看着自己的资金不断被吞噬，虽然很着急，也多次犹豫和怀疑，但是他想到大机构有那么多资金在里面，他们不怕，我怕什么，坚信大机构能把股价拉上去。他苦苦等了将近一年，等得有些焦急难耐，好不容易等到年报出来，他才发现那个大机构资金早就撤出了，最终他不得不忍痛割肉离场。

其实在交易过程中，有大机构参与未必就安全，要时时刻刻确保资金安全。投资者一定要有认错的勇气，意识到错误就要果断离场，正所谓“留得青山在，不愁没柴烧”，只要资金还在，大不了从头再来。

6. 独立意识

在交易过程中盲从是非常危险的，要想成为交易高手，就要时刻保持思维独立。就像上面的例子，那位投资者缺乏独立意识，在外界因素的干扰下造成灾难性亏损。其实，刚入市的投资者大都是盲从者，他们经常在网上关注操作分析，寻找消息票、跟庄票和千人建仓票，但紧跟这些股票炒股的投资者往往不会有什么好结果，偶尔可能会获得利润，大多数时候往往都是陷阱。

在做交易时，投资者可以试着把自己当成主力或庄家，用他们的思维去分析行情走势，往往会有很好的效果。真正能成为巨富的人，其投资计划通常是特立独行的，敢做别人不敢做的决定，并默默地贯彻到底。

一定要记住，在股市中求人不如求己，路需要自己去探索，不能指望别人给你指路，要保持思维和交易的独立性。从世界各国成名的基金经理来看，他们都有成功的经验和失败的教训，虽然他们资金运作的方法不同，但有一点则是相同的：从来不会轻信股评家之言，也不会轻信任何股票分析师的分析，他们只相信自己的分析和判断，很少优柔寡断。

7. 悟性

并不是人人都适合交易股票，也不是人人都能成为交易高手，股市中的高手常常能够通过观察股票走势预测行情发展走向，这就是所谓的盘感。这种盘感是投资者不断学习知识、积累经验，并深入观察、研究行情走势培养起来的，是不断总结修正从而达到的一种预测股市短期走势的能力。

由于长期研究 K 线图或技术指标，有些投资者具备良好的盘感，对盘面走势产生“心有灵犀一点通”的感觉，能够很好地把握股市的行情走势。股市中，投资者只有用心研究行情走势才能真正领悟其运行规律。很多投资者对交易技术的理解只停留于表面，以为只要将那些经典理论烂熟于心就能在股市中所向披靡，实际上在千变万化的市场中，没有任何一种理论是万能的，只有活学活用才能事半功倍，准确把握行情波动的脉络。

8. 胆大心细

股市中很多投资者有一个共同的特点，就是前怕狼后怕虎，总是犹犹豫豫。经常有投资者这样说，每次看到走势很好的股票，想要下单时总会犹豫半天，生怕买进后行情会下跌，经常是行情开始往上拉时不买，上涨一大截后又忍不住内心的冲动追涨买入，结果常常被套高点，被套后就更加恐惧，形成恶性循环。这样的投资者注定难以成为股市赢家。

买卖股票不外乎两种情况，一种是赚，一种是赔。大多数投资者一方面怕亏钱，另一方面又嫌赚得太少，担心获利回吐。如果以这样的心态参与操作，就很难在交易中成功获利。投资者必须要做到胆大心细，在系统指标没有提示进场或出场时要细心观察，走势或指标提示可以进场时要大胆买入，行情走势提示需要离场时要果断卖出。

9. 买卖不悔

市场总是变幻无常的，投资者要把输赢看成兵家常事。只要是按照规则进行交易，对设立的获利点和停损点，投资者一定要坚守，不管别人如何说，都应置之不理，对最终能赚钱还是赔钱也不应看得太重，这就是不悔的真正意义。

实际上，股市中很多投资者不能坚守交易规则，常常受到外界干扰。经常听到有人抱怨说，他们买的股票股价不断下跌，因市场上有人说还会继续下跌，于是忍痛割肉，结果这头刚割完，行情就涨起来了。

有些投资者是在其股票被套后，听市场上有人评论说行情很快就要反转向上，于是就信以为真，抱着股票不放，结果越套越深，忍痛割肉时已经损失惨重，悔之晚矣。

有些投资者买入的股票，其股价在稳步上涨，但他们听到市场上对这只股票有负面评论，立即不分青红皂白地把手中持有的股票全卖了，结果刚卖出，股价就立马大幅上涨。

还有一种情况是，有的投资者买入股票后获利颇多，但听市场上有人评论说继续看好手中个股，就不顾股价已经走到高点继续持仓，结果行情很快反转下跌，不断吞噬原有获利。

以上是散户投资者常见的交易心理，其实这些投资者事后都会后悔不已，却无济于事。要想在股市中获得成功，投资者就要学会在亏损时保持情绪稳定，在盈利时不骄不燥，只有这样才能走得更远。

10. 戒贪

贪欲是绝大多数投资者具有的心理状态，相信很多人有过因贪婪而得不偿失的经历。投资者切记不能贪得无厌，否则会黄粱一梦终成空，在交易过程中要时刻谨记以下要点。

（1）不要贪图便宜购买一大堆股票。很多投资者买入一些便宜股票，认为持有这些股票会增加获利机会，但这些股票经常一年半载都不涨，持有这些股票不仅难以盈利，反而会出现持续亏损。人的精力是有限的，一个人很难照顾到过多的股票，尤其在瞬息万变的市场中，每只个股都有不同走势，如果持有数量过多，很难静下心来分析和观察这些股票，结果往往是顾此失彼。

（2）不要贪图抄底逃顶。股市中，投资者大都希望买入股票时能买在行情的最低点，卖出时又能卖到行情的最高点。不过，这种情况是极小概率事件，投资者不要苛求买到最低点或卖到最高点。在交易时，只要达到期望的目标价位，或者盘面技术信号提示应该买入或卖出，就要果断交易，不要贪图一点点的差价，正所谓"行情只赚八分饱，轻松赚钱赚到老"。

（3）量力而为，不要超出自己的资金能力。现在市场上有很多股票配资公司，尤其在牛市行情中股票配资更为普遍。在股市行情好的时候，很多投资者会进行配资交易，而且有些投资者本身没有多少资金，但认为股市赚钱快，经常举债或贷款到股市中交易，往往很少有人能安全撤离。

这里讲述一则让人痛心的真实故事，以期各位投资者引以为戒。在 2015 年上半年的牛市行情中，有一位投资者用 500 多万元的资金，通过加杠杆配资到 1000 万元，短短两个多月资金就增长到 1600 多万元。成功的喜悦让他更加大胆，他不断进行满仓交易，最终在牛市转熊后，其利润被快速吞噬，他始终认为行情会走好，拒绝退出。但事与愿违，行情持续大跌，他持有杠杆配资的个股很快就达到了平仓线，后续行情继续暴跌，最终打破平仓线导致其爆仓出局，不但所有获利化为乌有，还为了偿还配资资金卖掉了自己的房产。

11. 莫把股场当赌场

有些人认为炒股跟赌博是一样的，其实不然。赌博胜负概率都是 50%，很难有规律可循，而炒股则可以通过研究交易规律或分析方法来提高获胜的概率，从而使得胜率大于赔率，这也是投资者花精力研究股市的原因。

在股市中，具有赌博心理的投资者，总是希望能够一朝发迹。他们总想买到能够持续上涨的股票，希望通过投资一只或几只这样的股票，让自己一本万利。他们一旦在股市投资中获利，很容易被胜利冲昏头脑，像赌徒一样不断地加注，甚至把全部家当都押到股市中去，直到输个精光依然认为还能赚回来。

当这些投资者在股市中失利时，常常不惜背水一战，把全部资金都押上去，幻想着能够重新崛起，但他们多半会落得个倾家荡产的下场。所以，股场不是赌场，投资股票不要赌气，要分析风险，建立投资计划，做一个头脑清晰的投资者。

下面举一个真实的案例，以期警示各位投资者，投资股市千万不要有赌博心态。

有一位投资者是在 2014 年入市的，可以说正好赶上牛市的起点。他入市时的资金只有 15 万元，随着牛市行情逐步走强，他感受到了在股市中赚钱的乐趣。为了赚取更多利润，他将房子抵押贷款，还向父母借了 10 万元，把凑齐的 100 万元资金全部投入股市。截至 2015 年 3 月，他的资金达到了 148 万元，短短半年多的时间让他赚了近 50 万元，相当于他工作五六年的收入，这让他异常兴奋，于是辞掉工作专心在家炒股。

可是好景不长，2015 年下半年股市暴跌，他没有及时出局。由于之前从来没有经历过这种状况，在股市暴跌时他手足无措，没想到股市赚钱快、亏钱更快，他焦急万分又不甘心先前的利润被吞噬殆尽，决计死扛到底，结果由盈利变为亏损，他晚上失眠，心情极度低落。2016 年元旦后的几天，他实在熬不住了，选择平仓出局，此时手中的资金只剩 30 多万元，不但房子没法赎回，还让家庭矛盾冲突不断。

在交流过程中，他多次提到如果能重新来过，他坚决不会进入股市。实际上，时光一过难回头，所以投资者要苦修内功，练就自身本领，才能在股市中游刃有余。

第三节　股市交易禁忌

很多投资者认为，从事股票交易，既要敢勒马走悬崖，又要能弯弓射明月。就是说，投资者既要敢于在市场最恐怖的时候买进股票，也要抓住市场上最主要的上涨交易日。

其实，股市中并不是人有多大胆，地就会有多大产。很多投资者没有认真研究投资知识和交易规则，只是凭借主观判断进行交易，其结果常常是亏多赚少。因此，投资者要想在股市中稳定获利，就要了解股市交易中的禁忌，克服人性的弱点。

佛教中有五毒心之说，即贪、嗔、痴、慢、疑五种心态，其实这五种心态在很多投资者身上表现得淋漓尽致，正是这些病毒式的心态，让投资者在股市交易中苦不堪言。

1. 贪得无厌

不少人难以克服人性之恶——贪婪，见到有利可图就贪心四起，无法抑制内心的平静，从小贪逐步变到贪得无厌。股市中，投资者想要获取投资收益是理所当然的，在安全范围内追求高收益是可以的，但风险加大时再去追逐高收益就十分危险了。

在股票市场上，这种贪心的投机者十分常见，不管是新股民还是老股民都普遍存在。他们不是不想控制自己的贪欲，而是根本无法控制。因为贪心造成亏损时，他们也会后悔不已，并且反复告诫自己以后多加注意，但再次面临同样情况时，早把对自己的告诫抛诸脑后。

当股价上涨到顶部区域时，很多投资者不肯果断抛出手中筹码，总想坚持到最后一刻，贪求更多盈利，结果错过了最佳的获利离场时机。反之，当股价下跌到底部区域时，很多投资者又迟迟不肯买进，总想等到股价跌到最低时杀入，结果在他们等待更低价位时，股价触底反弹，他们又错过了最佳的入场时机。

与追涨杀跌的投资者相比，这些贪心的投资者虽然表现形式不同，但有一点是相同的，即不能把控自己，总想贪图更多收益。这种无止境的贪欲，反使本已到手的获利最终消失殆尽。他们只想到高风险中有高收益，却忽视了高收益中伴有高风险。因此说，“上涨和下跌都能赚钱，唯有贪心不能赚钱”“多头和空头都可以在华尔街股票市场发大财，只有贪得无厌的人是例外”。鉴于此，奉劝各位投资者切莫贪心，不要总是羡慕他人的幸运，应根据对宏观经济和行情大势的分析和判断采取行动。

2. 急躁不安

“嗔”在佛教中是指生气、易怒、埋怨，在股市交易中主要是说心情急躁、易冲动、喜怒无常。这种情绪是股市交易的一大禁忌，很容易让投资者失去理智，做出错误的决策和操作。

急躁是大多数散户投资者的通病。急躁必败，越是着急慌乱，就越容易影响对行情的判断，从而造成不必要的损失。只要看到某只个股出现异动，很多投资者就会争先恐后，迫不及待地追涨杀跌。

追涨杀跌大都是因为心里急躁引起的，很多投资者一看到某只股票快速上涨，就急冲冲地追着买进，生怕赶不上车。等他们买进后才发现，股价的一波拉升已经接近尾声，很快就开始转头回落。细心的投资者会发现，大多数异动快速拉升的股票，当散户追进去时，股价基本已经处于高位区域。

如果投资者遇到大震荡的回落行情，股价在冲高后很快就会跌下去，一旦股价跌下去，短时间内很难再爬起来，因此很多投资者会被深套在追高的云端。

当投资者买入的个股被套出现亏损，尤其是出现严重亏损时，他们就会忧心忡忡，情绪低落，手足无措，不知道如何是好。面对这种情况，他们总是病急乱投医，四处寻求帮助，希望有人能把他们带出困境，但往往是得不偿失，亏损更加严重。

在股市交易中，面对任何行情，投资者都要保持情绪稳定，切忌心浮气躁。其实投资者需要清楚一点，股市行情总是变幻不定的。今天有好的行情，不代表明天还会有，同样，今天出现坏的行情，不代表明天就不会有好行情。所以，不要因为股票的一时涨跌乱了心态，要从容面对市场风云变幻。

3. 痴迷一技

在股市交易中，“痴”主要是指投资者痴迷于研究某项或某类技术。很多投资者热衷于寻找一种技术或方法，追求长期致胜、一劳永逸，他们固执地认为总有那么一种技术或方法能使其长期获利。其实，学习和研究股市交易的技术和方法并没有错，但过度痴迷于一种技术或方法，则是十分危险的。

痴迷一技的投资者执念于“一技在手，万物我有”。他们认为只要学到一种技术，就能超越绝大多数投资者，成为股票市场上的交易高手。他们对技术分析充满崇拜和敬畏，却忽视了股票市场变幻莫测，不随个人意志而改变，不能用某种技术去死搬硬套。如果非要用所学的技术机械地分析行情走势，最终受伤的肯定是投资者自己。

在股市交易中，技术是死的，市场是活的，幻想用一种技术准确分析所有行情是不现实的。熟练掌握分析技术只是增加获胜的概率，不是致胜的法宝。投资者应将技术分析和市场运行状态相结合，活学活用，严格按照市场运行的规律进行交易，才能提高获胜的概率。

因此，投资者一定要记住：“技术不是万能的，但不会技术是万万不能的，因此投资者需要学会技术，但不能痴迷于技术”。

4. 拖延与傲慢

“慢”是很多投资者的通病，在股市交易中，“慢”主要有两种情况：一种是有些投资者在交易时反应迟钝，喜欢拖延；一种是有些投资者学了一点分析技术，就表现出傲慢与偏见。

反应迟钝的慢主要体现在，很多投资者在做交易时总是比市场变化慢一步甚至几步。市场上绝大多数投资者属于后知后觉，当他们发现股价出现异动时，总会拿不定主意，选择等待。

这些投资者在交易时之所以总会慢半拍，主要是因为他们根本不懂技术分析和市场分析，并且没有交易思路，也不懂交易规则。当出现机会时，他们不能确定机会是否真的到来，需要对机会进行确认，这样很容易错过最佳时机。他们由于无法及时地洞悉市场变化，无法准确判断行情的发展走势，总是花费更高的代价买入或卖出股票。

傲慢主要来自一些股市老手，这些股市老手经历市场挫折后，慢慢地学会一些技术分析方法，他们总喜欢把自己标榜为股市高手，认为自己很厉害，觉得自己在股市中无所不能。实际上，他们在股市中不会生存长久，短期内可能有所成就，但时间长了定会以惨败告终。

5. 犹豫不决

很多投资者之所以会犹豫不决，主要是因为他们对交易决策有所怀疑。在做交易决策时，他们很容易受到外界因素的干扰，从而怀疑决策的正确性，这使得他们在交易时举棋不定，不知如何是好。

很多投资者原本已经制定好自己的投资计划和策略，但真正步入现实的股票市场时，他们会被外界的环境和心理状态所左右。例如，有些投资者眼看着股价升至止盈点，正准备卖出手中持股时，听到其他人你一言我一语说股价还会继续上涨，于是改变主意继续持股，从而错过抛售股票离场的大好时机。

有些投资者看到某只股票价格很低，适合低价买入，并准备趁低吸纳。但是当他们要买入时，见到个股出现大量抛出股票的卖盘，市场纷纷抛售股票，他们又临阵退缩，放弃入市，从而失去了一次抄底入市的良机。

也有些投资者根本没打算进入股市，当他们看到身边许多人纷纷入市时，不免心里发痒，经不住诱惑，从而做出不理智的投资决策。例如，2007 年和 2015 年的大牛市期间，街头巷尾都在谈论股市，于是很多投资者经不住诱惑选择入市，其结果可想而知。

还有一些投资者想买便宜股票，希望股价越低越好，于是他们坐等股价下跌。但经常出现的情况是，股价越等越高，越等越不敢入市。他们由于错误地估计了形势，直接导致坐失良机。

政治和经济形势的变化、企业的经营状况，都会对股市造成影响。投资者进入股市时，不能只看股市动态，还要密切关注政经形势和企业经营动向，这样才能准确捕捉到买入或卖出信号。在操作时，该买时买，该卖时卖，一定要果断，切莫犹豫不决。

6. 盲目跟风

在股市交易中，盲目跟风的现象普遍存在，尤其是刚进入股市的投资者，绝大多数都是盲目跟风交易。很多投资者并不了解股市，也不去学习相关的知识和技法，总是跟着一些所谓的牛人操作，期望通过这种方式获取良好收益。但往往事与愿违，他们通常会输得很惨。

那些盲目跟风的投资者，只要看见他人纷纷买进股票，就生怕错过机会，在不了解股市行情和上市公司经营业绩的情况下，跟风买入股票。有时，他们看到别人抛售股票，也不弄清人家抛售的原因，只是认为别人都在抛售，股价后市肯定会下跌，就稀里糊涂地抛出手中持有的同类股票，岂不知这些股票具有很好的发展潜力。

股市中存在各种各样的虚假信息，很多投资者无法辨别这些信息的真伪，经常会被牵着鼻子走。投资者大都存在跟风心理，他们看到利空消息就会盲目地跟风抛售，看到利好消息也会盲目地跟风买入。他们的盲目跟风，经常致使股市大幅波动，供求失衡。

很多投资机构会利用投资者的这种跟风心理进行投机获利。在股市交易中，盲目跟风的投资者经常会上当受骗，手中的资金会被逐步蚕食。因此，投资者一定要有独立意识，不能盲目跟风。

7. 赌博心理

股票投资充满了不确定性，正因如此，一批又一批的投资者才会前仆后继地进入股市，他们都希望博出一个美好的未来，但大多数人很难如愿。

有人说股票市场如同赌场，其实二者有很大区别，不过股市中确实有太多太多的人具有赌博心理。他们总幻想着通过一只或几只股票，让自己实现一本万利，从而笑傲江湖。他们一旦在股市中获利，多半会被胜利冲昏头脑，像赌徒一样不断地加注，直至输个精光。在股市失利时，他们常常不惜背水一战，把资金全部投入，甚至不惜四处举债，这类人大都会落得倾家荡产。

股票市场不是赌场，投资股票千万不要赌气。投资者要学会分析风险，建立有效的投资计划，拟定投资的资金比例，并且严格按照这个比例执行，从而减少风险。

8. 一味追求便宜

现在股市中有 3000 多只股票，价格低的不到 1 元，价格高的达到 800 多元。很多投资者不敢购买价格高的股票，认为高价入市风险较大。有些投资者痴迷于买进低价股，他们认为价格低，就算股价下跌也跌不了多少。但是购买低价股不见的就是明智的选择，俗话说“便宜没好货”，虽然也有例外，但很多低价股都是垃圾股，难以支撑价格上涨，如果只想买进这些便宜的股票，而不实际分析哪些股票具有上涨空间，结果往往是手中持有的低价股，其股价不仅不会上涨，反而会下跌。

9. 频繁交易

很多投资者习惯于频繁交易，每天都想操作一下手中的股票，如果不操作心里就不舒服。其实，频繁交易是一种非常不好的习惯，尤其对新入市的投资者来说，更是一场难以苏醒的噩梦。

股市中的涨跌起伏是很正常的，如果投资者总盯着股票盘面，其思绪就会随行情的涨跌而时刻波动。股价上涨时，投资者会获利了结；股价下跌时，他们又会割肉出局或不断补仓。

其实投资者过分盯盘，会影响他们对整体大势的判断。比如，有时本来看涨某只股票，只是看着股价即时下跌就急冲冲地卖出，从而失去未来很大的利润空间。这些问题就是因为投资者习惯频繁交易造成的。

频繁交易不同于超短线投资。超短线投资需要投资者具有非常精湛的技术，同时他们在交易时至少是有意而为之。频繁交易则不同，频繁交易者往往不会有计划地进行交易，他们只是手痒心痒，不交易就难受，哪怕买入一只股票 100 股也乐意，至少交易了一次，过了过手瘾。

投资者进行频繁交易，其心态会受到实时行情的影响，从而不利于对行情进行准确判断。再说进行频繁交易，他们通常只能赚些小利，很难获得较大收益，其实获得的小利也会因后续的错误操作被吞噬殆尽。因此，投资者尽量不要频繁交易。

10. 漠不关心

与频繁交易相反，对买入的股票漠不关心也是十分危险的。有些投资者买入股票后，就不闻不问，听其自然发展，他们认为既然是长线投资，就没必要经常关注买入的个股,因此将之抛诸脑后。也有些投资者将股票委托给亲朋好友或经纪人操作，自己很少介入，也很少关注。在股市处于大势的情况下，这样做可以赚点钱，如果在下跌趋势中，必然会血本无归。

2015 年牛市转为熊市前，市场走势表现强劲，有些投资者买入股票后一直持有，他们看到股市一直在向好的方向运行，就高枕无忧地出国旅游了。当股市转为熊市后，他们还在国外无忧无虑地享受旅途中的美好时光，却不知道自己持有的股票情况如何，等他们回国后再看自己的账户时才发现，原本获利丰厚的股票，最后却亏损严重。

因此，只要投资者买入股票，就是股市中的一员，应时刻关注股市动态，关注自己的股票，要根据市场行情适时做出调整。

11. 举债入市

股市有风险，入市需谨慎，这是各大券商和机构经常提示的警示标语。虽然很多投资者知道股市有风险，但是他们始终认为富贵险中求，有风险才会有利润，正因如此，他们会前仆后继地进入股市。

如果手中有闲置资金，进入股市博弈更多收益，属于正常的投资行为。但是有些投资者并没有闲置资金，只是受了诱惑便进入股市操作，他们不惜举债入市，四处借钱，贷款，甚至套现信用卡。

记得 2016 年在济南的一场投资者交流会上，笔者问有没有朋友是举债入市的，当时就得到不少人的回应，有自己举债入市的，也有身边朋友举债入市的。当问到为何会举债入市时，他们都说去年（2015 年）上半年股市那么好，市场上的人都说股市能赚钱，他们也想在股市中捞一把，结果没想到成了股票高位的接盘侠。

在私下交流时，有位投资者告诉笔者，他一直靠透支信用卡在交易股票。到还款期时他不得不把持有的股票卖了来还款，还完款后再提现信用卡资金来操作股票。他几张信用卡加起来透支资金超过 10 万元，可是手中持有的股票资金只剩不到 5 万元，相当于折损资金超过一半。其实，这样通过拆东墙补西墙集聚资金来进行股票交易，是注定会失败的。

举债入市是非常危险的，相比利用闲置资金入市的投资者，举债入市的投资者承受的压力要大得多。一旦他们的账户出现亏损，他们就会坐卧难安，生怕自己举债的资金被市场吞噬殆尽。他们越有这种心理，在交易时就越容易出错，经常在账户出现浮亏后割肉出局，生怕扩大资金亏损。然而，行情经常在他们割肉出局后出现反转，从而让他们的亏损变为事实。

举债入市的资金一旦出现大量亏损，投资者短期内很难翻身。当他们需要归还举债资金时，往往迫于无资金偿还，不得不扩大举债，从而让他们的资金状况更加恶化。他们通常会选择背水一战，再赌一把，希望能在股市中翻身，其结局往往会更糟。为了偿还资金，有些人会铤而走险，做一些危害社会的事情。所以，举债入市的危害是非常大的，希望能够引起投资者的警惕。

12. 无谓的恐慌

买入的股票股价涨了就喜形于色，跌了就忧心忡忡，这是大多数投资者的真实表现。有些投资者因受到环境因素和“马路消息”的影响，对股市或某些股票的前途失去信心，顿时感到恐慌，于是拼命抛售手中的股票。其实经验表明，不必要的恐慌往往只是虚惊一场。当然，如果发生在战争、经济危机等非常时期，是可以理解的。

一般情况下，不少抛售风往往是一些大户或其他人故意放出的。他们放出不利消息，迫使不坚定的投资者抛售股票，其目的是压低股价，然后趁机买进或套现。

在市场出现利空行情时，很多投资者会产生悲观情绪，当持有股票的股价持续下跌时，他们的悲观情绪就会加剧，他们会产生不必要的恐慌，大量抛出持有的股票。但是行情走势通常会在他们恐慌抛售后企稳反弹，甚至是报复性反弹，从而让他们在恐慌性抛售中遭受损失，这种损失往往会非常惨重。

出现不利消息时，投资者要保持镇定，仔细分析消息的可靠性，以及行情趋势的变化。如果经过仔细分析证明利空消息属实,或行情走势确实朝着不好的方向发展，那么就要看这种消息产生的影响是长久的还是暂时的，趋势的转变是长期的还是短期的。如果利空或趋势变坏具有持续性，就要果断抛出手中持股。如果利空或趋势变坏只是短暂的，那么就没必要抛出手中的股票。

13. 行情好时不敢赢

股票市场总是变化无常的，投资者都想在股市中获取收益，但真正能够获利出局的却寥寥无几，绝大多数投资者都是亏损连连。投资者一定要记住，在股市中输赢是平常事儿，要平常心看待，输时要调整心态，赢时也不要太过亢奋。当行情不好时果断离场，行情好时就乘胜追击。

股市中，很多投资者买进股票，股价刚上涨一段空间，就迫不及待地卖出获利，落袋为安。理论上讲这样做是对的，只有将钱装进自己的口袋才是自己的，否则只是随时可变的数字。可是他们却忽视了股票的合理价值，一般说来，股票的市场价格不一定能完全反映其真实价值。很多投资者卖出股票后，股价依然持续上涨，而且上涨幅度比卖出前要大，上涨速度比卖出前要快。尤其是新发行的原始股票，按照国内次新股的炒作惯例，经常会上涨数倍。因此，买入股票后也不能见好就收，见涨就卖，要以市场价值为基准加以判断。

大多数投资者在股价刚上涨一段空间就立即卖出，却在高位被套牢时坚持死守。很多人投资股票，往往赚钱非常少，亏损却非常多。其中一个重要原因就是，他们不敢赢的心理在作怪，行情好时不敢大胆博弈，行情差时又不果断离场。

14. 惧怕亏损

股市中的投资者，只有极少数人能获利，绝大多数人输多赢少。在充满风险的股市里，既没有常胜的将军，也没有常败的士兵。投资股票总是胜败无常，要随股市行情的变化，采取灵活的应对策略。当股市大势下跌或发行股票的公司受利空因素影响时，投资者要当机立断，忍痛割爱，果断离场，否则亏损会更加严重。

市场上总有一些投资者存在“卖涨不卖跌”的心理。买入的股票价格上升，赚一点差价，他们就会兴高采烈。一旦股价下跌，他们就会异常紧张，不肯割肉出局，总盼望着股价再次涨起来。他们从不分析股票的大势和上市公司的经营状况，这样他们很难提高投资水平。

第四节　树立正确的交易理念

投资与投机，二者虽然只有一字之差，却是两种截然不同的交易方式，很难说孰优孰劣。

投资需要非常大的耐心，投机则需要眼快、手快、脑子快、应变能力强。投资需要更多地研究上市公司的价值，分析上市公司的基本面，要求投资者具有更广的知识面；投机则偏向于分析股票走势和技术面。投资需要投资者长期持股，面对时常出现的浮亏，承受更大的心理压力；投机则更多地享受短时交易的快感，满足赌博心理。总体来说，长期投资稳定性较好，投机虽然短期赚钱的概率较高，但稳定性偏差。

目前，国内股市具备长期投资价值的上市公司不是太多，同时大多数游资或机构在进行短期投机交易，导致市场跟随短期投机资金进出造成波动频率过快，从而让真正的投资交易很难进行。因此，很多投资者只能选择投机交易。

既然目前国内股市价值投资者较少，投机交易者占多，那就需要研究一种新的投资方式，将价值投资与短线投机有效结合，从而创造更高的效益，这就是后续要讲的高效投机交易。所谓高效投机交易，是指以长期投资的心态和研究方法买进股票，同时加入短线投机交易标准，然后再以短线投机的方式卖出股票，不管是赚钱或亏损，都严格执行投机卖出策略。简单说就是，以投资思维买进，以投机策略卖出。

不做股市的赌徒，要做股市的赢家。不论是长期投资，还是短期投机，赚钱才是最终目的。股市中很多投资者就像一个赌徒，他们刚进入股市时，各种投资理念、思维和心理都不成熟，在交易时总是被动交易或跟随交易。在经历连续失败和受挫之后，他们才慢慢建立起主动投资理念和学习意识。在投资交易中，只有树立正确的投资交易理念才能从容面对各种股市行情。

1. 股票投资本身就是一项风险投资

在交易股票时，不但要总结成功的经验，更要研究失败的教训。避免失败是投资致胜的关键，千万次的成功通常抵不过一次严重的失败。比如曾经的英国巴林银行首席交易员里森，作为一位杰出的投机专家，他曾经创造出连续 17 年盈利的神话，是很多投资者崇拜的偶像，但是在一次熊市抄底日经指数期货时一败涂地，导致巴林银行因为出现债务危机而破产，他本人也锒铛入狱。其实，这样的例子在国内也不胜枚举。

股市中，很多投资者在经历短暂风光后一败涂地，因为不懂控制风险而一夜返贫。甚至有不少投资者因为损失严重，不堪重负而失去宝贵的生命。因此，从事投资交易一定要下大气力学习成功经验，并在失败案例中吸取教训，注意规避各种风险，确保投资安全。

2. 用心研究，寻找适合自己的方法

只要决定进入股市，就要全身心投入，用实际行动去刻苦钻研。每个投资者都渴望成功，都想找到能够快速成功的捷径，但是很多人不去实际行动，不去学习，不去钻研，只想着天上掉馅饼。其实，股市中没有捷径可走，要想得到多大的收获，就要付出多大的努力，要想更快地成功，就要加倍努力。股市中有很多成功人士，但大多数投资者只看到他们在人前的风光，忽视了他们在背后的努力。

股市中的投资方法各不相同，可谓是“千人千法”，每个投资者都应该寻找适合自己的投资方法，只有这样才能摆脱外在依赖性，免受各种信息误导。一旦找到适合自己的方法，就要坚持下去，不要轻易改变，并且在实践中不断完善、不断改进。

“纸上得来终觉浅，绝知此事要躬行。”在学习钻研他人经验的同时，还要将其运用到实际操作中。实践是检验真理的唯一标准，只有通过实践才能检验自己的研究方法是否适合自己，是否能够帮助自己在股市中稳定获利。

3. 保障资金安全为第一要务

在股票投资市场中，控制风险永远是第一要务，其次才考虑如何实现稳定盈利。如果不能控制风险，出现资金大幅亏损，那么要想赚回亏损的资金就要付出很大的努力。比如，价格 10 元的股票，上涨 10% 变成 11 元，而再下跌 10%，价格变为 9.9 元，同样的幅度却产生不同的价格，说明亏损比赚钱更容易。

很多投资者都想一夜暴富，都想买到的股票能够暴涨，其结果往往会让他们失望。投资股市需要稳扎稳打，首先要确保资金安全，宁肯错过，也不要做错。买入个股前一定要认真分析后再进行操作，一旦发现判断失误，就要果断止损出局，切莫让亏损扩大化，切莫存在侥幸心理，以免造成不可挽回的严重后果。投资市场上没有谁能做到百分之百正确，发现失误就要及时止损，如果能做好这一点，就能增加稳定盈利的机会。

4. 基本面分析和技术面分析同样重要

股市中的分析人士都有倾向性，有的人偏向基本面分析，有的人则侧重技术面分析。偏向基本面分析的人，统称为“基本面派”，他们认为基本面是主宰市场价格最重要的因素，不愿意深入研究技术方面的内容。侧重技术面分析的人，统称为“技术派”，他们认为市场走势跟基本面关系不大，其决定因素是技术走势，因此更注重研究技术内容，很少关注基本面的情况。

其实，股市中并没有单一的影响因素，以上两种倾向都有片面性。笔者认为将基本面和技术面相结合进行综合分析，更符合正确的投资理念，实战交易的成功率会更高。不过，股市中进行综合分析的投资者却极少。

基本面派并不认同综合分析的方法，他们认为基本面是决定股价的唯一因素，只有基本面好的股票才会上涨。但是细心的投资者会发现，不论国内股市还是国际股市，很多基本面一般的股票往往上涨良好，而一些基本面非常好的个股却死活不涨。这说明，基本面向好是推动股价上涨的重要因素，却不是唯一因素。

技术派也不认同综合分析的方法，他们执念于技术分析，认为技术分析是推动股价上涨的唯一因素。技术分析确实非常重要，能够向投资者提示行情的启动时间，并且预判可能的启动空间，还能提示买入或卖出的时机。不过有很多个股，技术走势提示该上涨了，但是股价始终不涨，这样的股票就要考虑基本面是否存在问题。

因此，在股票投资市场中，投资者既要重视基本面分析，也要重视技术面分析，应将两者相结合进行综合判断。

5. 以投资理念做投机交易

要想在股票市场尤其是国内股市中稳定获利，投资者就要掌握一些方法或技巧。从资金安全的角度考虑，投资者要以投资的理念，买入并持有价值评估比较优质的个股。尽管行情会出现短期下行，但优质个股能够较快地从下跌困境中走出来。其实，股市中能持续盈利的个人投资者或机构，大都将炒股看成一种价值投资，以投资理念买入个股，然后耐心等待。他们一般会把资金分成两部分，一部分是投资为主，一部分则是跟随热点进行投机交易。

除非基本面、股票内在价值和市场平均利润率等发生变化，引起了投资价值标准发生变化，投资者买入股票后，即使其股价立马下跌也不必慌乱，大可坦然处之。如果大盘和股价已经连续上涨了相当的幅度，预期下跌幅度大于10%，可以考虑投机性抛出，待其下跌一定幅度后重新买进，如此高抛低吸可以有效降低成本。

但是如果基本面发生了变化，长期投资的个股失去了投资价值，就应果断抛出。此时不应考虑成本是多少，不能因为亏损而心存侥幸，更不能指望其反弹保本再抛出。当然有可能抛出之后股价马上反弹，即使这样也没必要为此后悔。长期投资的核心要素是股票的内在价值，是内在价值和市场价格的差价。如果内在价值发生较大变化，则需要对个股重新进行评估，判断是否需要即刻抛出。

6. 合理分配长线和短线的持仓比例

减少短线操作的资金比例和频率，增加长线持股的仓位和时间，以操作长期趋势为主，短期趋势为辅。股市投资最好将资金进行分配，60% ~ 70%用于中长线投资，20% ~ 30%用于短线投机，10% 作为安全调控资金。中长线投资能得到稳定收益，短线投资则能培养市场感觉，为长线服务。

有人认为中国股市是政策市场、投机市场，其实这种观点是片面的。虽然中国股市投机现象严重，但也有很多上市公司具备价值投资的特质，尤其是中国股市逐步走向国际化，价值投资会越来越受到资金青睐。

就目前中国股市来看，虽然存在政策性引导现象，但起主导作用的仍然是市场。某个行业产品价格上涨，就会相应地带动其板块走强。比如，锂电池属于新能源，处于快速上升周期，不仅政策上有很多优惠，而且市场需求容量也很大，能够推动市场快速发展，公司盈利相应增加，从而吸引更多资金，推动股价持续上涨。

中长期投资注重基本面分析，短线投资则偏向技术分析。做短线交易主要是为了培养市场感觉，学习和运用技术分析，加深对技术的理解，增加对趋势的把握，了解自己对市场的切合度，了解自己的心理状态。做短线交易不单单是为了赚钱，更是为长线交易做技术上的准备。不过，做短线交易不能频繁操作，要考虑公司的基本面情况。

先学习后交易是炒股成功的基础。即使做中长线，也不能一概而论，并非一定获利，经常出现亏损的情况。如果发现上市公司的基本面出现状况，就应该果断抛出。因为今年业绩和经营很好，并不等于明年也会很好。所以，无论中长线交易还是短线交易，只要基本面出现问题就要坚决离场。

7. 树立独立判断意识

进行股票投资一定要选择合适的投资方法，结合一些优质的股评仔细研究。进入股市的首要任务是学习，通过学习提高自己的知识和能力，理解和熟悉股票市场，优化自己的实际操作。任何股票操作理论都有缺点，投资者使用时要扬长避短。股市中存在一个有趣的现象：绝大多数人看好时股价就下跌，看淡时股价就上升。这就是著名的相反理论。

进行股票交易一定要根据自己的判断来操作，世界上没有哪个人是靠别人的指导成功的。当然，靠自己不等于忽视别人的观点，要多听取他人的意见。孔子说：三人行，必有我师。投资者要善于分析经典交易案例，从中获取经验并吸取教训。然后选择正确的投资理念，选择适合自己的投资方法，进行实战操作。

投资者一定要充分认识自己，进行选股时要考虑到自己的性格和习惯，确定某种方法后尽量不要经常更换。只要坚持使用，任何一种正确的投资方法都能赚钱，切忌朝三暮四。选择投资方法后，就应结合股评进行分析研究，然后根据得出的结论，决定应该如何操作。

8. 坚持以理性分析做决策

投资者一定要重视理性分析，控制内心的贪婪和恐惧，培养耐性，注重细水长流。虽然股市中充满非理性的因素，具有极大的不确定性，但投资者必须以理性处之。再者说，正因为市场具有非理性，理性的投资者才有追逐高利润的机会，才能获取高于平均利润率的收益。

贪婪和恐惧，人性的这两个弱点始终困扰着各位投资者。浮躁冒进的投资者通常会成为“贪婪”的牺牲品，看到好消息就怦然心动的投资者容易掉进“恐惧”的陷阱。从理性的角度看，得不喜、失不忧、宠不惊、辱不惧，才是投资者追求的最高境界。

耐性是投资者交易成功必备的素质，股市中流传着这样一句话：看一个人炒股是否成功，不是看谁赚得更多，而是看谁能在股市中活得更久。因此投资者追求的不是一夜暴富，而是细水长流。多年在股市中博弈的经验说明：心胸开阔的人坚信自己的选择，常常能笑到最后；心胸狭窄的人即使所选的路没有错，因为他们不够坚定，往往会投资失败。

9. 买卖交易要果断

买入股票尤其是高比例资金买入股票前，一定要进行多方分析，认真推敲研究，看涨因素起主导力量时果断买进，并且要以价值投资为理念买入。然后耐心持有，等待合适时机卖出。卖出股票时也要果断，不能拖泥带水，不论是基本面发生变化还是盈利达到预期目标，只要认为行情不利于持股，就要坚决卖出，不要犹豫，否则盈利就会被吞噬，或股票被套牢。

笔者并不认同“买阴不买阳，卖阳不卖阴”的说法。其实在上涨趋势中，常常是阳线比阴线多，买阳比买阴成功率更高，并且获利率也高很多，尤其是在关键位置强势破位上涨时，无论阴阳，越早买入机会越大。在下跌趋势中，经常是阴线比阳线多，只要股价被确定为处于下跌趋势，无论是阴线还是阳线，越早卖出风险越小。

在股市交易中，投资者要警惕大盘走势无理性疯狂上涨时存在的潜在风险。在大多数个股出现普遍上涨时，大盘也会持续上涨，很难判断出大盘是否接近顶部，不过从市场反应能大致判断大盘所处的状态。当大盘走出大牛市后，会吸引很多投资者参与股市交易，就像 2007 年和 2015 年的大牛市一样，全国各地的大街小巷、公交车上、地铁里、商场或公园里到处都在谈论股市行情，大盘到了非常疯狂的程度，随时会面临反转的风险。越是这样投资者越要保持冷静，不能被市场的疯狂冲昏头脑，要警惕风险的来临，当投资者大都沉浸在收获的喜悦中时，往往恶魔也在悄悄临近。

第三章　有效交易系统

什么是交易系统？交易系统是一套完整的交易规则体系。为什么要建立交易系统？因为有一套完整的交易系统会让交易有规则可寻，能让交易变得更简单、更理性，同时也更容易实现稳定获利。

一套设计良好的交易系统，必须串联整个投资过程的所有环节，并且对投资决策的各个相关环节做出明确的规定。这种规定必须是客观的、唯一的，不允许有任何不同的解释。而且一套设计良好的交易系统，必须符合使用者的心理特征、投资理念、操作方法，投资对象的基本特征和技术特征，以及投资资金的风险偏好。

建立交易系统的重要性在于，能够帮助投资者无论何时何环境都能做出理性判断，指引他们完成操作。在济南一场投资者交流会上，笔者曾跟一位老股民交流，他说其对整体行情的判断比较准确，能够较准确地预测价格波动的高低点，但在实际交易过程中成绩并不理想。通过深入交流发现，虽然他在技术分析和盘感方面都不错，但在具体交易过程中存在很大问题。

当参与股票交易时，他不知道应该投入多少资金，不清楚何时应该加仓或何时应该获利了结，也不知道判断失误了应该怎么处理。当出现亏损时，他不知道何时应该补仓，不知道能够接受的最大亏损范围是多少，不知道什么情况下应该及时清仓出局。他没有设置预期的收益目标，也没有明确当市场出现变化时的应对办法，不知道应该如何修正自己的交易计划，甚至压根就没有计划。上述这些原因导致他最终操作结果并不理想。

一套完整的交易系统，可以说也是一套系统的交易方法，只有一套构建完善的交易系统才能让投资者在交易中稳定获利。不论投资者还是投机者，都应该建立一套适合自身交易特点的、成熟完整的交易系统，并坚信自己的交易系统。

投资者要知道自己的交易系统是在什么样的环境下构建的，也就是构建起来的交易系统，具体到什么情况可以买入，应该买入多少仓位，什么情况可以加仓，加仓比例多少，什么情况可以减仓，什么情况应该止盈出局，什么情况可能产生亏损，什么情况应该补仓，什么情况应该割肉离场，这一整套交易系统需要有完整的说明。这套交易系统就像一本说明书，告诉投资者什么情况应该去操作，只要有了一套完整的交易系统，在市场发生各种变化时，投资者就不会产生恐惧。

实际上，实现成功交易的一个秘密就是，找到一套适合投资者自身交易特点的交易系统。这套交易系统是非机械的，适合自己个性的，有完善的交易理念、细致的市场分析和整体操作方案。

既然交易系统如此重要，那么如何建立完整的交易系统呢？这里的交易系统主要包括6个方面，即基本面信息系统、技术指标系统、交易系统、资金控制系统、交易心理系统和风险控制系统。

第一节　基本面信息系统

基本面信息系统，是指无论新进投资者还是老投资者，都要从基本面着手来判断行情走势，也就是从各种利好或利空消息来预判行情的动向。基本面信息系统分为两种情况，一种是长期影响信息，另一种是短期影响信息。

长期影响信息是指利好或利空信息会对行情未来很长一段时间的走势产生较大影响。比如，行业不景气会相当长时间影响上市公司盈利，从而使得股价难以上涨，就像近几年的钢铁行业一样。

短期影响信息是指利好或利空信息只能短暂影响行情走势，待信息冷却后行情又会恢复原状。比如，每年到了高送转炒作的时候，很多利好或利空的个股都会来一波短期的剧烈行情波动。

第二节　技术指标系统

技术指标系统，是指运用多种技术指标进行组合分析，综合判断行情走势的发展，以及确定买入或卖出的时机和点位。这里最重要的是构建组合技术指标系统，其次是灵活运用这个系统。投资者将设定的技术指标组合后，一定要严格按照这个系统进行交易。这个系统是多种指标的组合，而指标的组合可以根据个人特点和交易习惯以及交易理念来调整,并不是一成不变的。关键是使用的指标组合要经过验证,确实对交易行之有效才行。股市中经常运用的经典指标一般有均线、成交量、BOLL、MACD、KDJ 和 RSI 等。

当技术指标系统搭建完成后，在综合运用组合指标时，如果指标系统均提示一个方向而形成合力，则对后市判断的可信度较高。如果指标系统中各指标产生分歧或冲突（比如 KDJ 指标金叉显示股价可能会上涨，而 MACD 却出现死叉显示股价可能会下跌），就要根据当时行情的具体环境（大盘和大多数个股的表现）和其他指标的指向，以大概率做出综合判断。

运用技术指标系统时要注意，市场是瞬息万变的，投资者一定要跟随系统灵活判断。技术指标系统能够提高投资者取胜的概率，其本身没有好坏之分，只是每位投资者的交易风格有所不同，因此交易系统要因人而异。同时，在实战中也要跟随市场变化不停地调整和完善系统。如果投资者能够完善好系统并成功驾驭，那么必定在市场中能够获得较好的收益。

第三节　交易系统

交易系统是指实战交易过程中的买入、卖出、止盈、止损，其中止盈和止损属于卖出的两种方式。交易系统对成功获利出局非常重要，很多投资者知道怎么买进，却不知道怎么卖出。有些投资者仅有一点点获利就赶紧止盈，放弃了后市很大空间的利润;也有些投资者出现了亏损却不知道如何操作，死抱着苦等，结果被深深套牢。交易系统看起来很简单，但实际操作时很难严格执行。

1. 买入交易

构建交易系统，买入时可以参考以下几点。

（1）在上升趋势中买进股票，股价持续上涨的概率较高，股票的安全性也较好，并且盈利机会也较大。

（2）上升趋势回调时，在支撑位买入持股。股价的上涨很少是单边持续上涨的，大多数走势是按波段运行的，股价上涨一段时间后通常会回调，当回调到支撑位时通常会再度上涨。因此，可在股价回调时的支撑位买入股票，其安全性相对较好。

（3）在股价破位前期高点或形态向上破位时买入持股。股价向上破位前期高点时，上方几乎没有多少压力，拉升起来比较容易，股价也容易上涨。形态向上破位说明股价上涨意愿强烈，做多动能较强，通常形态向上破位，后市还有一段上涨空间。因此，在股价破位前期高点或形态向上破位时进行买入，其安全性也相对较好。

（4）行情经过长期下跌趋势，盘整后开始拐头向上时买入持股。股价经历下跌趋势后行情趋于稳定，横盘整理的过程就是股价修正技术指标阶段，主力会乘机进入并洗掉浮筹。当股价开始拐头向上时，说明股价下跌趋势已经结束，上升趋势将要开启，此时买入持股意味着处于抄底阶段，是很好的建仓时机。

（5）当指标系统形成合力提示股价即将进入上涨行情时买入持股。指标的运行状态是股价运行状态的另一种表现形式，当构建指标系统的所有指标都提示股价即将上涨时，未来行情大概率会上涨。因此，在指标系统合力提示股价即将上涨时买入持股，其安全性较好。

2. 卖出交易

构建交易系统，卖出时可以参考以下几点。

（1）在上升趋势开始钝化转向时卖出股票。股价经过一段时间上涨后，各种指标都开始走上高位，当指标出现高位钝化并且股价上涨明显放缓时，是股价即将见顶的信号，此时要果断卖出。

（2）在上升趋势中均线系统死叉，技术指标高位背离时卖出股票。股价在上升趋势中，均线系统通常是排列向上运行，当短期均线高位出现死叉下行，同时其他技术指标出现高位背离时，说明股价即将开启下跌行情，应及时卖出。

（3）在上升趋势中，遇到上方重要压力位或套牢盘筹码集中区时卖出股票。股价上升趋势中，遇到重要压力位通常会引起前期获利盘集中抛售，从而打压股价，导致股价转弱下跌。股价上涨遇到套牢盘密集区时，往往会引起前期套牢盘的集中抛售，如果主力无法承接套牢盘的集中抛售，股价则会因套牢盘集中抛售或主力主动抛售转为下跌。

（4）在上升趋势中，遇到技术指标或走势形态计算出的重要压力位时卖出股票。股票上涨或下跌过程中，经常会有各种点位的计算方法，比如形态破位后的等量升幅法、黄金分割率等。当股价上涨过程中遇到技术指标或走势形态计算出的重要压力位时，市场心理普遍认为股价想要破位上涨的压力较大。因此，大多数主力或投资者会选择到达重要压力位时卖出，从而导致股价下跌。

（5）当股价由上升趋势转为下跌趋势时，应无条件卖出股票。在股市中，股价趋势一旦形成就会沿着既定的趋势运行。既然股价已经由上升趋势转为下跌趋势，那么可以预见未来一段时间股价将会走出下跌趋势，因此要无条件地离场观望。

（6）当股价跌破止损线时，应及时卖出股票。止损线是投资者设置的可接受亏损比例的安全线，需要严格遵守。股价一旦跌破止损线，必须无条件卖出止损，绝不能随便移动止损线。

（7）当股价下跌出现形态向下破位时，应及时卖出股票。股市中各种形态下方的支撑位通常为股价形态的防守支撑位，一旦股价下破形态的防守支撑位，行情就会加速下跌。因此，当股价破位形态下跌时，应及时出局，不要留恋。

第四节 资金控制系统

资金控制系统又称仓位管理系统，是指对交易的资金比例进行调控，这对控制风险、扩大盈利非常关键。很多投资者就是因为没有调控好交易资金，造成出现一次大亏就再也无法挽回的地步。平时小赚再多次也抵不过大亏一次，因此资金管理非常重要。

对买入股票的资金管理，直观地反映在对买入股票的仓位管理方面，而对买入股票的仓位管理即是对买入股票数量的调控。

对买入的股票进行仓位管理，首先要确定买入中长线股票和短线股票的资金比例。前面说过在实战交易中，中长线资金一般控制在60% ~ 70%，短线资金一般控制在20% ~ 30%，安全调控资金一般控制在10% ~ 20%。笔者向来反对满仓交易，任何时候做交易都要为可能出现的不确定情况预留一定比例的资金。这样的资金控制会使股票交易安全很多。

风险偏好较高的投资者，可以适当调低中长线投资的资金比例，调高短线投资的资金比例，但必须要留有一定比例的安全调控资金。

牛市行情中，可以适当调低安全调控资金的比例，但必须留有安全调控资金。熊市行情中，需要适当调高安全调控资金的比例，因为不确定性因素增加会导致股价随时可能因风险而下跌，因此需要更多的安全调控资金来应对风险因素对股价的冲击。

买入股票时的资金管理也是至关重要的。在买入某只股票时，很多投资者喜欢一步到位，实际上这是非常危险的，尤其对大资金而言，这样操作风险更大。如果一步到位买进股票，一旦行情出现反常变动就没法补救。因此，在买入股票时要控制资金比例，最好分批次建仓，按照金字塔建仓原理进行建仓。

第五节　交易心理系统

交易心理系统是指在交易过程中投资者心理和思想的控制，这是交易能否取得成功的核心内容，甚至比技术分析和资金控制更重要。交易心理系统是最难控制和调节的，因为每个人的行为习惯不同，并且就算同一个人，在不同的时间或环境其心理和思想也不同。人的思想和心理时刻都在变化，不同的交易主体千差万别，因此构建交易心理系统时，一定要顾及自己的思维习惯，千万不要死搬硬套别人的方法。

交易心理系统的重点在于，要有正确的投资心理，在实战操作过程中要保持冷静，要处乱不惊。市场强势走好时不得意忘形，惨淡时不过度悲伤，坦然面对股市中的盈亏，否则迟早会投资失败，黯然离场。

投资者要清楚地认识自己的弱点和毛病，在交易过程中要努力战胜自己，克服这些不利因素。只做自己有把握的操作，如果没有把握，宁可离场观望也不抱有赌博心理参与交易。其实，交易股票不用想得过于复杂，简单有效就行。根据自身特点找到合适的方法，就能在市场中活得长久，遵守纪律并保持平和心态比提高技术更重要。

很多投资者清楚自己的弱点和毛病，但在实战中难以克服。其中，有些人在交易前还不断地提醒自己要规避这些缺点和毛病，在真正交易时又将这些提醒忘得一干二净，最终无法取得良好效果。

通常来说，耐心坚持 21 天就能将一种行为转变为一种习惯。投资者在培养良好的交易心理时，首先要将自己的弱点和毛病以文字形式记录下来（很多投资者喜欢用脑子记，这并不是一种好方法，很容易遗忘），然后每次交易前看一遍，强迫自己在交易时加以规避。交易心理系统就是要投资者培养良好的交易习惯和交易心理，并坚持按照这些交易习惯和交易心理去执行，如此反复，就能产生良好效果。

第六节　风险控制系统

风险控制系统是投资者在完成交易过程中能够确保稳定获利的关键。风险控制系统的核心是以小风险博大盈利，也就是说一定要把亏损控制在很小的范围内，绝对不能扩大风险，尤其不能任风险恣意蔓延。

风险控制系统设置后并不是一成不变的，要根据每位投资者对风险的偏好和操作个股的情况来决定。有的人喜欢将亏损临界点设置为6%，有的人设置为8%或10%，有的人甚至设置得更高。在设置风控临界点时，可以根据牛市、熊市或震荡市分别设置不同的风控比例。

在牛市行情中，大盘处于上涨行情，大多数个股也呈上涨趋势，就算途中有些个股出现短期回撤，但风险仍然会比下跌趋势小很多。所以，在牛市行情中设置风控比例时，可以适当设置得高一些。

在熊市行情中，大盘处于下跌行情，大多数个股也呈下跌趋势，即使途中有些个股出现短暂反弹，但是下跌风险仍然高于上涨。因此，在熊市行情中要把风控比例设置得低一些，这样更容易保障资金安全。

在震荡行情中，上涨和下跌反复交替出现，这种牛皮市既可以说比较安全，也可以说比较危险。之所以说比较安全，是因为在这种行情中股票下跌通常不会让投资者亏损太严重，当持股达到一定亏损后，行情又很快出现上涨，将亏损降低甚至转亏为盈。之所以说比较危险，是因为很多盲目的投资者由于行情下跌造成亏损时，内心难以承受而选择割肉离场，每次刚割完肉行情又涨上去了，看到行情涨上去后又追高买进，结果买进去后行情又开始反转下跌，从而总是出现追高买入、低点割肉的现象。因此，在震荡行情时，可以把风控比例设置在适中位置。

通常情况下，一旦设置好风控线就不要轻易变动。除非在风控线附近正好遇到重要支撑位，可以放宽风控线至重要支撑位，因为行情走势容易在重要支撑位出现反弹或反转。为了避免止损在行情走势的最低位置，可以根据当前行情的实际走势适当做一些调整，但是当行情一旦跌破重要支撑位就要严格执行风控操作。

第七节 检验交易系统的有效性

既然是建立有效的交易系统，那么构建完成交易系统后，就要确认交易系统的有效性。交易系统的有效性需要在实战过程中去检验，检验交易系统是否有效的核心在于成功率和获利率。按照交易系统操作，成功率和获利率越高，交易系统有效性就越高，反之有效性就越低。

成功率是指在既定的交易次数中，获利次数除以总交易次数的比例，获利次数越多说明成功率越高。比如，在 10 次交易中，7 次获利，3 次亏损，则成功率为 70%。这里一定要分清一点，成功率高不代表获利率高。

获利率是指在既定的交易次数中，获利金额除以成本金额的比例，获利率越高说明盈利效果越好，获利率越低说明盈利效果越差，获利率为负数则说明亏损，负值越大说明亏损越多。

成功率越高，获利率越大，则说明交易系统越有效。

在实战交易过程中，交易规则比市场预测更重要，控制风险是投资成功的法宝。

交易不仅要求投资者学习知识，通过实战操作获取收益，同时也要修炼人性，人性的一切弱点在这里都会暴露无遗。成功的交易者能将技术、方法、资金调控、风险控制和心态有效地统一起来。成功的交易者永远都能客观地判断市场信息和行情走势，能在实战交易中不断地修正自己的观点和方法。

建立起行之有效的交易系统，按照交易系统的提示把握出入市场的时机，让每一步交易都有规可寻，有理可依，有据可查。在投资市场中，任何情况下都不能贪婪和得意忘形，要摒弃内心的恐惧，将一切交易透过行之有效的交易系统来完成。

大道至简，成功其实就是简单的事情不断重复去做，但是重复去做的一定是正确的事情，正确的事情不断重复去做，最终会有好的结果。在不同的市场环境下，采取不同的战略战术才能取得成功。任何时候，机遇只会留给那些有优秀品格、有思想准备、目光远大且肯下苦功夫的人。

第四章　经典技术理论

技术分析是指通过图表或技术指标的记录，研究过去以及现在市场行为的反应，从而对未来价格的变动趋势进行预测。其与基本面分析有很大的区别，基本面分析侧重分析上市公司所处的行业经济环境、行业政策和公司经营管理状况等，以此来研究股票的内在价值与股价的关系。基本面分析一般通过分析影响供需关系的各种因素来预测股价的走势，而技术分析则抛开政治、经济和公司环境方面的因素，纯粹将分析集中到图表结构上来，通过研究股价本身和成交量的变化来判断现行股价是否合理，并且以此预期股价未来的发展方向。

如今市场普遍认同的技术分析理论，是基于符合市场变动规律的三大假设，即市场行为包容消化一切信息，市场价格运行沿着趋势方式演变，历史会重演。

技术分析由来已久，自从技术分析规律被发现，就有很多研究者潜心研究这些规律。他们研究市场变动的规律，把这些规律总结成一套理论，并且将其与实践相结合，证明有效后形成各种不同的技术分析理论。其中，很多经典理论成为现行股票市场实用的技术分析方法。

第一节　K线理论

K线图最早源于日本，当时日本米市的商人用其记录米市的行情与价格波动，因其细腻独到的标画方式，后来被引入到股票和期货市场。目前，K线图分析法在各国都很流行。由于用这种方法绘制出来的图表形状颇似一根根蜡烛，所以又叫蜡烛图，这些蜡烛有黑白之分，因而也叫阴阳线。通过K线图能够把每日或某一周期的市场状况完全记录下来，并且可以根据这些记录看出市场行情的走势。

随着K线图的流行以及被引入股票和期货市场，很快就吸引了一大批人对其进行研究，他们发现K线图存在很多规律。这些规律一旦被市场接受，就会形成合力，致使规律更加明显，最终发展为后续各大经典理论的开端。

通过研究K线图可以掌握当前股市多空力量的对比状况，并进一步判断出市场多空双方究竟哪一方更占优势，从而可以根据多空双方力量对比来预测未来的市场价格走势。

1. 常见的 K 线形态

随着不同时刻的市场表现，K 线会形成各种形态，有些属于普通形态，它们不能反映市场情况，有些则能很好地预示市场的价格变化。在这里，笔者主要讲解 K 线图在股市中的运用方法，重点介绍 K 线在技术运用中比较重要的一些启动形态、中继形态和终结形态。

（1）光头光脚中阳线或大阳线。

光头光脚中阳线或大阳线是指最高价与收盘价相同、最低价与开盘价一样、上下没有影线的 K 线形态。从一开盘，买方就积极进攻，中间可能出现买方与卖方的斗争，但买方发挥最大力量，一直到收盘，买方始终占主导优势，使价格一路上扬，直至最终以最高价收盘。表示强烈的涨势，股市呈现高潮，买方疯狂涌进，不限价格地买进。持有股票者，因看到买气的旺盛，不愿抛售，市场出现供不应求的状况，这种情况的 K 线通常出现在强势市场中，是强烈看涨信号。

图 4–1 框内所示的 K 线均属于光头光脚中阳线或大阳线。当股价走势出现光头光脚中阳线或大阳线时，预示着市场表现强势，后市看涨概率较高。

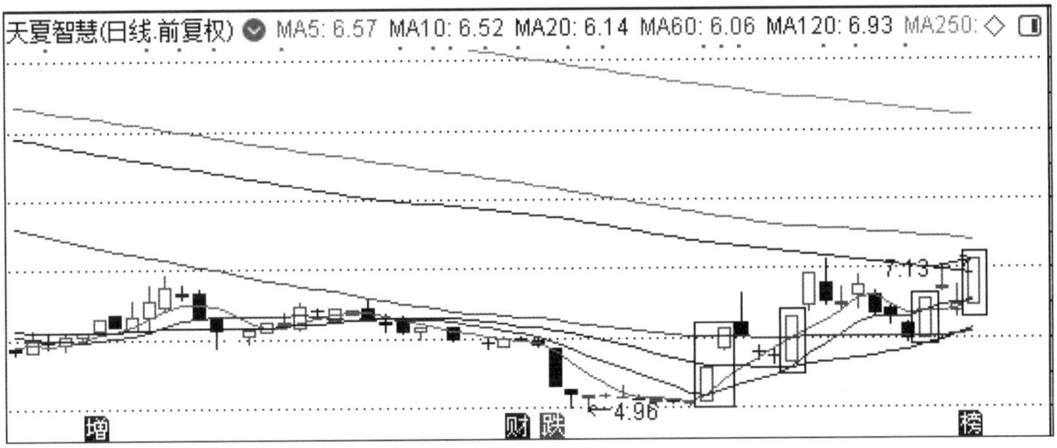

图 4–1

（2）光头光脚中阴线或大阴线。

光头光脚中阴线或大阴线是指最高价与开盘价相同、最低价与收盘价一样、上下没有影线的K线形态。从一开始，卖方就占主导优势，股市处于低潮，买方买入意愿低迷，持有股票者不限价格地疯狂抛出，造成市场恐慌心理，使得市场呈一面倒的下跌走势。直到收盘时，股价始终处于持续下跌状态，且最终以最低价收盘。这种情况的K线通常出现在极度弱势市场中，是强烈的看跌信号。

图4–2框内所示的K线均属于光头光脚中阴线或大阴线。当股票走势出现光头光脚中阴线或大阴线时，预示着市场表现弱势，后市看跌的概率较高。

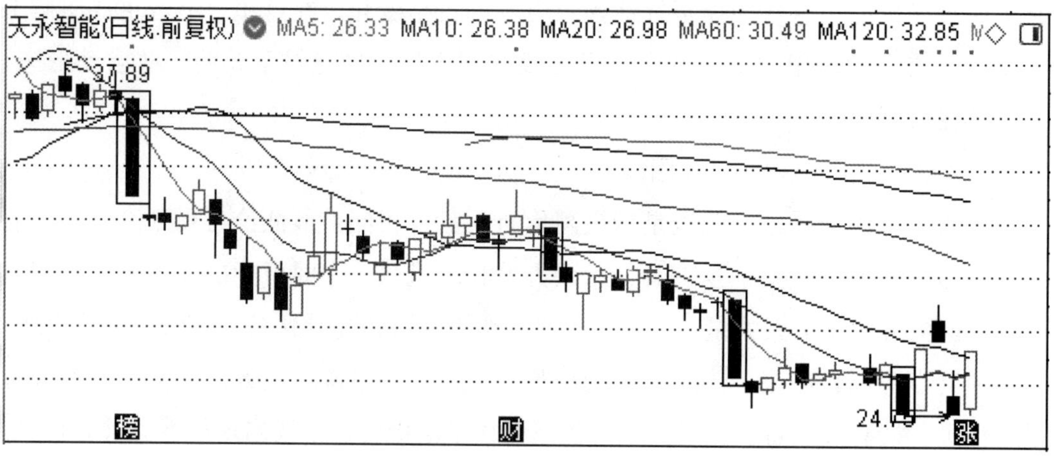

图4–2

（3）带下影线光头阳线。

带下影线的光头阳线是一种带下影线的红实体，最高价与收盘价相同。股票在开盘后，卖方力量较强，导致股价下跌。当下跌到低价位上时股价得到买方的支撑，买盘开始积极买入，并且很快占据主导位置，使得股价向上推过开盘价一路上扬，直至收盘，股价收在最高价上。这种先跌后涨的走势，显示买方力量较强，同样有看涨信号，但没有光头光脚阳线看涨强烈。

图4–3框内所示的K线均属于带下影线的光头阳线。当股票走势出现带下影线的光头阳线时，说明当天行情经过短时间的弱势后买盘开始转强，股价强势上涨，最终以当日最高点收盘。

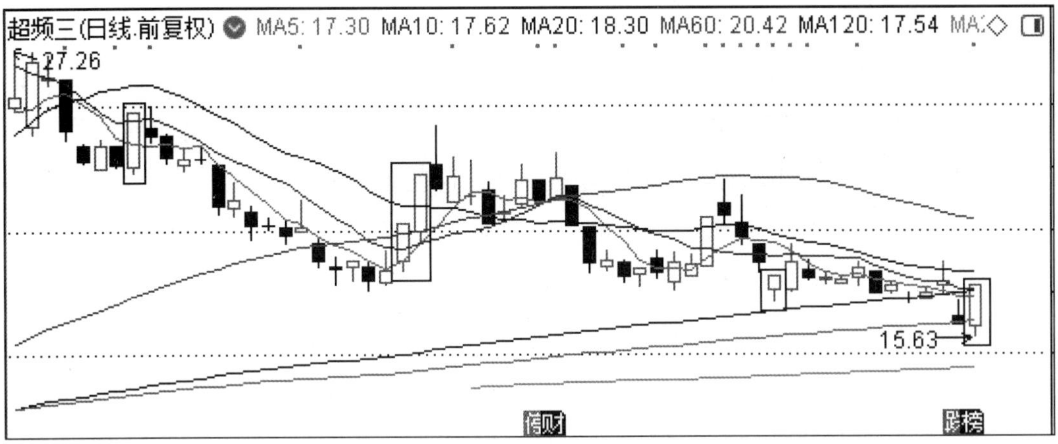

图 4–3

（4）带上影线光脚阳线。

带上影线的光脚阳线是一种带上影线的红实体，开盘价与最低价相同。股票在开盘后买方强势，推动价格一路上涨，当股价上升到高位时遇卖方抛盘压力，使股价上升受阻回落，最终买方力量稍强于卖方力量。这种情况说明买卖双方有分歧，上影线越长说明上涨后卖方力量越强、看跌信号越强，上影线越短说明买方力量越强、看涨信号越强。

图 4–4 框内所示的 K 线均属于带上影线的光脚阳线。当股票走势出现带上影线的光脚阳线时，说明当日股票在开盘后因买盘积极刺激股价强势上涨，但当股价冲高后抛压增加导致股价出现部分回落。

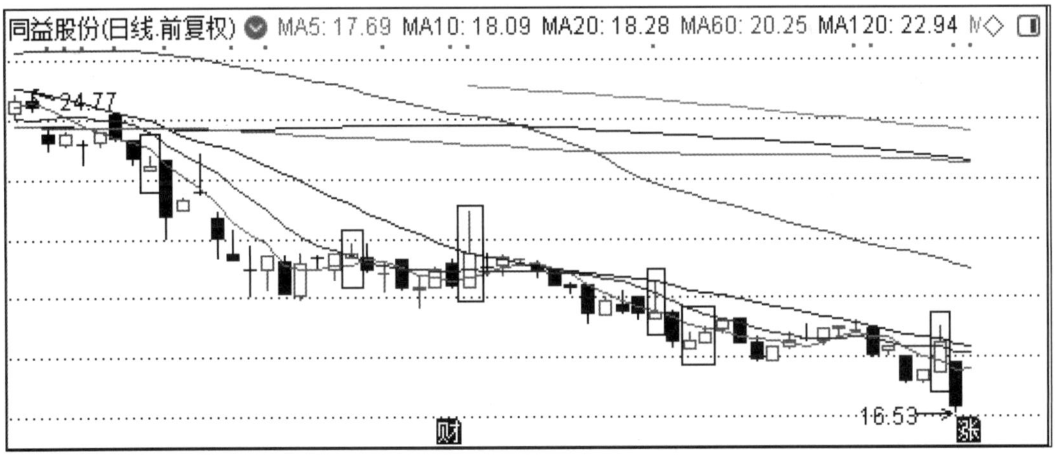

图 4–4

（5）带下影线光头阴线。

带下影线光头阴线是一种带下影线的黑实体，开盘价与最高价一样。股票在开盘后卖方力量表现得特别强大，导致股价逐步走低。当股价下跌到低价位时遇到买方的支撑，买方力量增加推动行情出现反弹，但是最终卖方力量稍强于买方力量，直至收盘价没能推升至开盘价。这种情况说明买卖双方有分歧，下影线越长说明下跌后的买方力量越强、看涨信号越强，下影线越短说明卖方力量越强、看跌信号越强。

图 4–5 框内所示的 K 线均属于带下影线的光头阴线。当股票走势出现带下影线的光头阴线时，说明当天开盘后表现弱势，抛盘严重导致股价下跌。当股价下跌一定幅度后买方力量逐渐增强，导致股价只是稍微有所回升，这种 K 线形态是股价弱势的表现。

图 4–5

（6）带上影线光脚阴线。

带上影线光脚阴线是一种带上影线的黑实体，最低价与收盘价相同。股票在开盘后买方力量表现强劲，推动股价上涨。但当股价冲至高位后受到卖方打压，卖盘积极，使得价格回落下跌，并跌破开盘价，直至收盘，股价收在最低位。这种先涨后跌走势，显示卖方力量较强，同样有看跌信号，但没有光头光脚阴线看跌强烈。

图 4–6 框内所示的 K 线均属于带上影线的光脚阴线。当股票走势出现带上影线的光脚阴线时，说明当日股票在开盘经过短暂的上涨后受市场抛压影响出现下跌行情，股价开始持续走低，最终以当日最低价收盘。

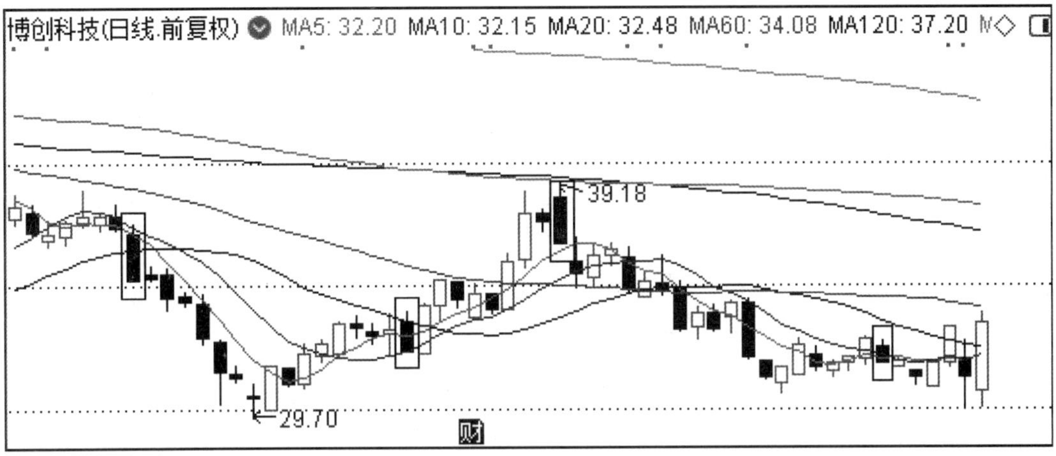

图 4-6

（7）十字星线。

十字星线上下都带影线，收盘价比开盘价高一点叫阳十字星，收盘价比开盘价低一点叫阴十字星，收盘价与开盘价相同叫十字星。开盘后股价受到买方和卖方的激烈争斗，上拉下砸力量较为均衡，收盘时没有分出明显的胜负，因此收盘在开盘价附近。十字星线经常会是一种明显的反转信号，具体是什么样的反转信号要看十字星线出现的位置。

如果十字星线出现在连续上涨之后，是一个明显的高位预警，如伴随成交量大增，后市行情可能会反转下跌，高位十字星上影线越长越有效，这样的十字星又叫“黄昏十字星”或“单针推顶”。

如果十字星线出现在连续下跌之后，是一个明显的低位触底预警，如伴随成交量放大，后市行情可能会触底反弹，低位十字星下影线越长越有效，这样的十字星又叫“启明十字星”或“单针探底”。

图 4-7 框内所示的 K 线均属于十字星线，大都属于普通的十字星线。当股票走势出现十字星线时，说明股票在开盘后多空力量胶着，多方力量和空方力量最终势均力敌，截至收盘时，在开盘价或开盘价附近收盘。

（8）启明之星。

启明之星是十字星线的一种反转类型，是指股价经过一段时间下跌后，某一天股价继续下跌收出一根实体较长的阴 K 线，第二天股价跳空低开，多空双方经过剧烈斗争，收盘时形成一根带上下影线的十字星线，星线可以是小阳线、小阴线或十字星。第三天股价上涨形成一根阳 K 线，并且阳 K 线的实体需进入第一根阴 K 线的

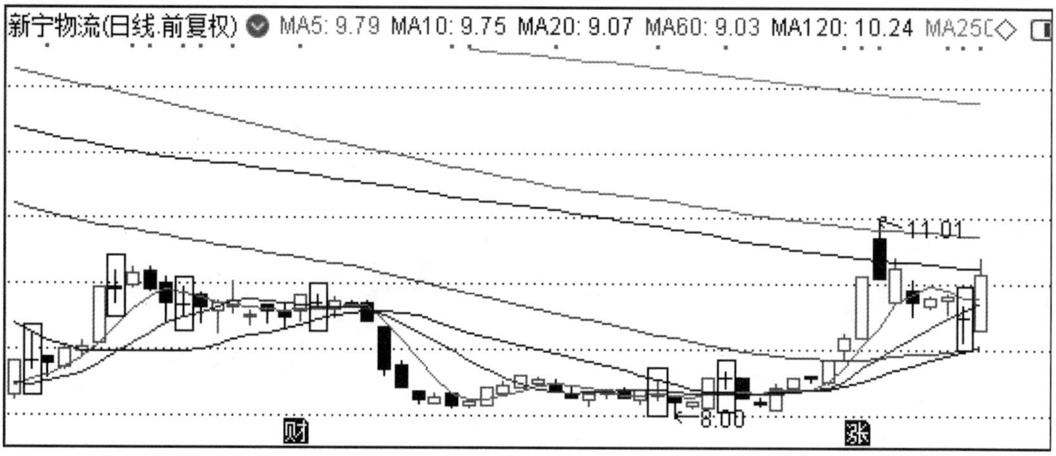

图 4-7

实体之内。

出现启明之星代表着股价在低位多空力量发生转换，并且行情开始由空方主导行情逐渐转变为多方主导行情，是下跌趋势中行情出现反转时重要的买入信号。

如图 4-8 所示，2016 年 12 月 13 日，中路股份（600818）出现的十字星即为启明之星。第二个交易日即 12 月 14 日，该股继续上涨，收盘价进入第一天 K 线实体之中，其后短期内该股出现上涨走势。

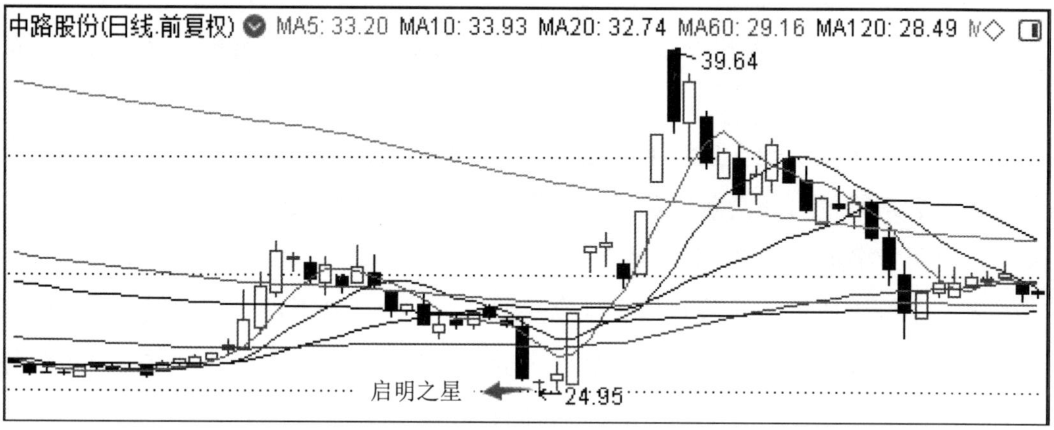

图 4-8

（9）黄昏之星。

黄昏之星也是十字星线的一种反转类型，是指股价经过一段时间上涨后，某一天股价继续上涨收出一根实体较长的阳 K 线，第二天股价跳空高开，多空双方展开剧烈争夺，最终收盘时形成一根带上下影线的十字星线，星线可以是小阳线、小阴线或十字星。第三天股价下跌形成一根阴 K 线，并且阴 K 线的实体需进入第一根阳 K 线实体之内。

出现黄昏之星代表着股价在高位多空力量发生转换，并且行情开始由多方主导行情逐渐转变为由空方主导行情，是上涨趋势中行情反转时重要的卖出信号。

如图 4–9 所示，2017 年 12 月 4 日，上柴股份（600841）出现的十字星即为黄昏之星。第二个交易日即 12 月 5 日，该股呈下跌走势，收盘价越过第一天 K 线实体，其后该股走出一段时间的调整走势。

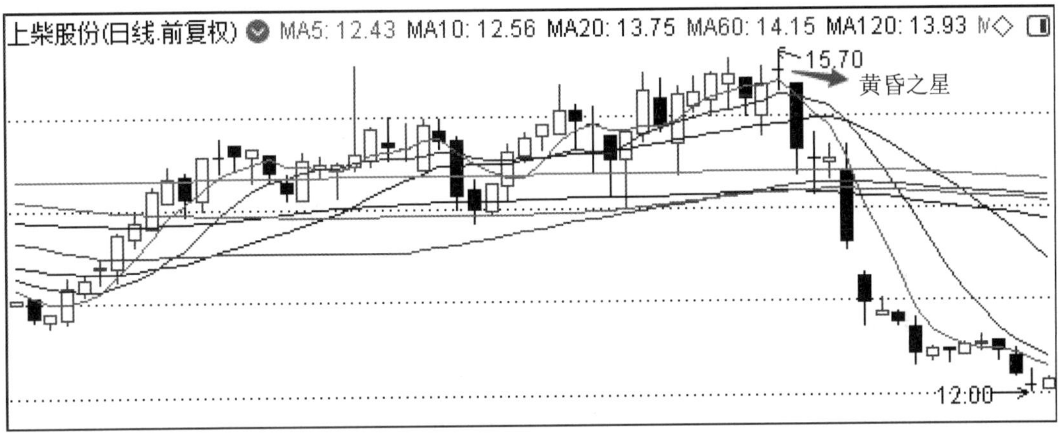

图 4–9

（10）T 形线。

T 形线是一种下方带影线上方不带影线，光头不光脚，同时收盘价接近开盘价的一种形态。股票开盘后在强大的卖方力量下将股价拉低，当股价下跌到低价位时，市场买方力量开始强劲，推动行情开始上攻，直至最终收盘买盘都表现强势，卖方无法压制住买方的力量，这是一种强烈的看涨信号。如果此种 K 线出现在股价连续下跌的底部，同时伴随量能大增，说明行情可能见底，后市反弹上涨的概率较大，是明显的反转看涨信号。如果此种 K 线出现在股价上涨的途中，说明多方依然处于强势，后市行情可能会继续上涨。

图 4–10 框内所示的 K 线属于 T 形线。当股票走势出现 T 形线时，说明股票开盘后空方力量较强，导致股票出现下跌，随后买盘开始活跃，多方力量开始增强，使得股价逐步回升，截止收盘时股价回升到开盘价附近，下方形成一根长下影线。

图 4–10

（11）倒 T 形线。

倒 T 形线是一种上方带影线下方不带影线，光脚不光头，同时收盘价接近于开盘价的一种形态。开盘后强大的买方力量推动行情上涨，涨到一定高位时受到卖盘的强势打压，导致价格回落，直至最终卖盘表现强势，买方无法支撑卖方的力量，这是一种强烈的见顶和看跌信号。如果伴随着量能大增，则后市下跌概率较大。如果出现在行情连续上涨的顶部，说明行情可能见顶，即将转向下跌。如果出现在下跌中途，说明行情将进一步下跌。

图 4–11 框内所示的 K 线便是倒 T 形线。当股价走势出现倒 T 形线时，说明股价在开盘后买盘活跃，多方力量强势，推动价格上涨，随后市场抛压增加，使得空头力量增加，导致股价逐步回落，截至收盘时股价回落至开盘价附近，上方形成一根长上影线。

图 4–11

（12）一字线。

一字线是一种不常见的图形，即开盘价、收盘价、最高价、最低价在同一价位。出现这样的情况时，说明行情交易非常冷清，全天交易只有一档价位成交。一字线属于冷门股，不被市场关注，或者是完全控盘股，庄家刻意为之。尤其在行情比较冷淡时，此种个股要么被市场抛弃，要么基本面可能存在某种猫腻，就像国城矿业（000688）出现连续几个星期横着运行一样。

图 4–12 框内所示的 K 线多日出现的全天横盘就是一字线。当股价走势出现一字线时，说明股票的买卖十分冷清，成交清淡，导致股价全天一直维持平盘走势。

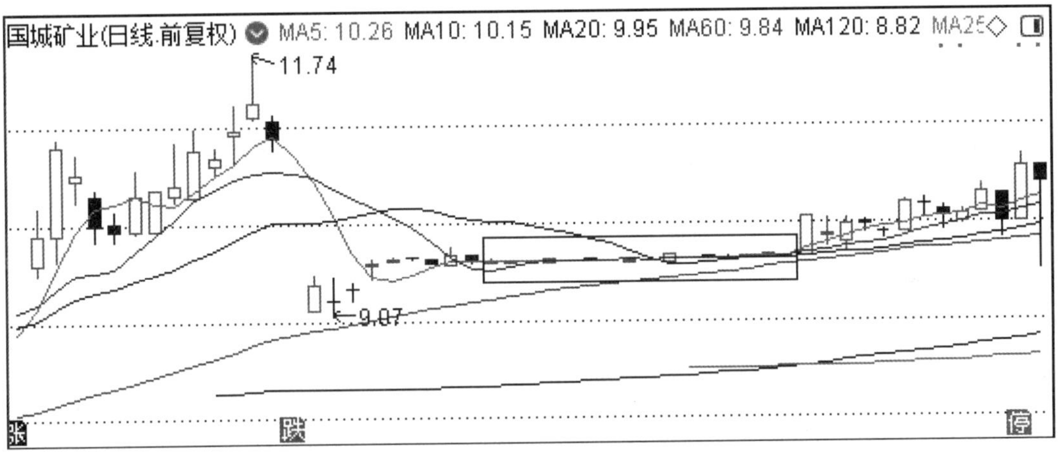

图 4–12

（13）流星线。

流星线通常也被称为射击之星，是指股价经过一段时间的连续上涨后，某一天跳空高开，股价受买盘强势拉升而上涨，随后卖盘增加，导致股价持续回落。最后收盘时 K 线为小实体（小实体可以是阴线，也可以是阳线），下影线没有或者很短，长上影线至少是实体部分的 2 倍以上。

出现流星线说明股价上涨力量受到压制，空方力量在逐步增强。如果 K 线出现在股价持续上涨后的高位，该 K 线可能是上涨趋势即将反转的卖出信号。流星线的反转信号通常没有黄昏之星强烈。

如图 4–13 所示，2017 年 9 月 7 日，东软载波（300183）出现的 K 线即为流星线，其后该股在短期内股价出现持续下跌走势。

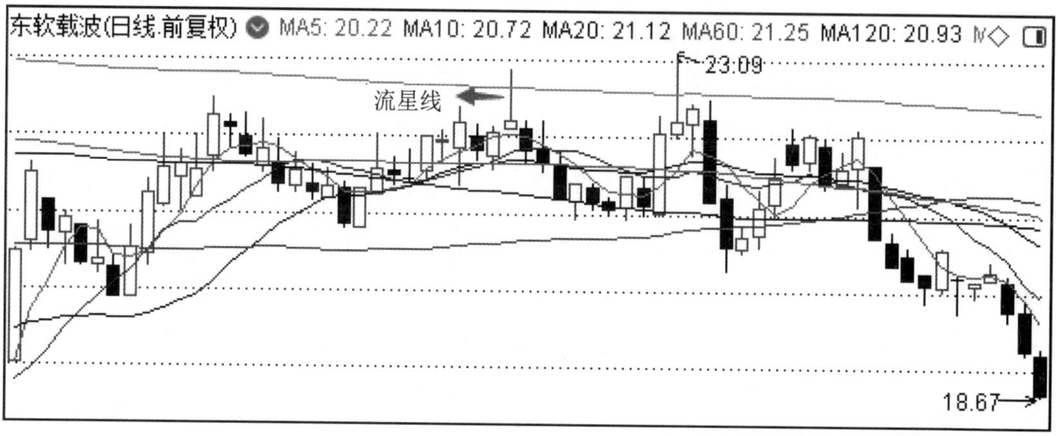

图 4-13

（14）上吊线。

上吊线是指股价经过一段时间上涨后，某一天股票开盘后市场受空头打压一度急剧下跌，随后股价逐步回升，直至收盘时股价接近或者就是当日的最高价。其 K 线实体部分较短（实体可以是阴线，也可以是阳线），上影线没有或者很短，下影线较长，下影线的长度至少是实体部分的 2 倍以上。

出现上吊线说明股价在上涨趋势中，多空力量开始产生分歧，空方力量在逐步增强，但还未占据主导优势。就单独一根上吊线来说，反映出的市场可能看涨，也可能看跌，具体趋向要看其在趋势中所处的位置决定。如果上吊线出现在持续上涨后的高位，该 K 线可能是上涨趋势即将反转的卖出信号。

如图 4-14 所示，2018 年 1 月 10 日，鸿特科技（300176，现为“派生科技”）出现的 K 线即为上吊线，第二天股价下跌收阴线，其后该股股价在短期内出现持续下跌走势。

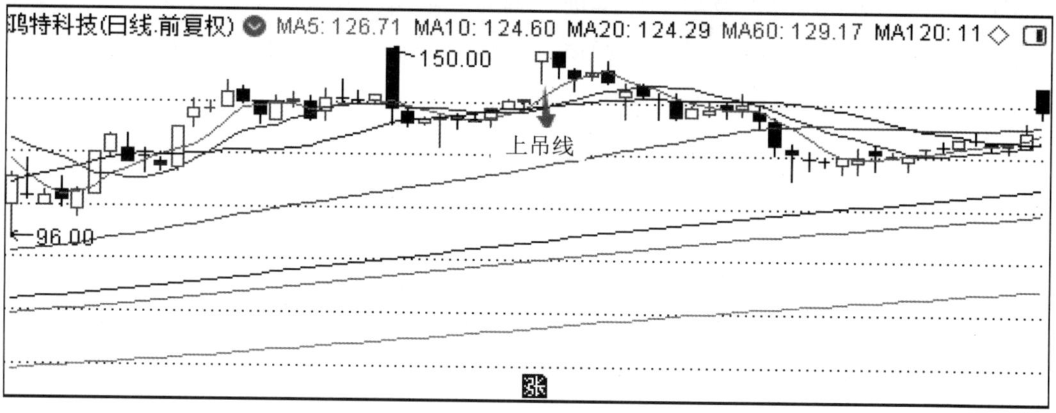

图 4-14

（15）锤子线。

锤子线是指股价经过一段时间下跌后，某一天股票开盘后市场受空头打压一度急剧下跌，随后股价逐步回升，直至收盘时股价接近或者就是当日的最高价。其K线实体部分较短（实体可以是阴线，也可以是阳线），上影线没有或者很短，下影线较长，下影线的长度至少是实体部分的2倍以上。

锤子线和上吊线的K线形态基本相同，只是上吊线通常是股票在上涨趋势中股价即将见顶的信号，而锤子线则是股票在下跌趋势中股价即将见底的信号。

出现锤子线说明股价在下跌趋势中，多空力量开始产生分歧，多方力量在逐步增强。就单独一根锤子线来说，反映出的市场同样可能看涨，也可能看跌，具体趋向需要看它在趋势中所处的位置。如果K线出现在持续下跌后的低位，该K线则可能是下跌趋势即将反转的买入信号。

如图4–15所示，2018年5月3日，可立克（002782）出现的K线即为锤子线，其后该股在短期内出现连续上涨走势。

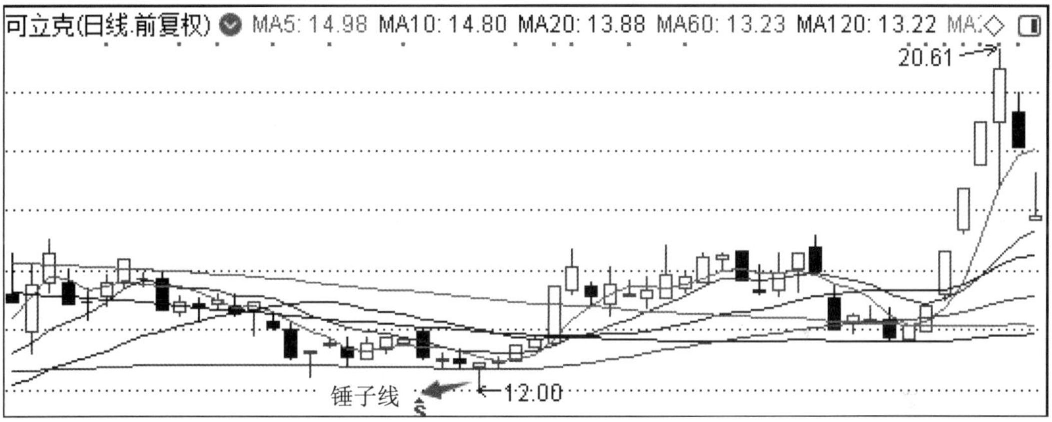

图4–15

（16）倒锤子线。

倒锤子线是指股价经过一段时间的连续下跌后，某一天跳空低开，股价受买盘强势拉升而上涨，随后卖盘增加，导致股价持续回落。最后收盘时K线为小实体（小实体可以是阴线，也可以是阳线），下影线没有或者很短，长上影线至少是实体部分的2倍以上。

倒锤子线和流星线的K线形态基本相同，只是流星线通常是股票在上涨趋势中股价即将见顶的信号，而倒锤子线则是股票在下跌趋势中股价即将见底的信号。

出现倒锤子线说明股价在下跌趋势中，多空双方开始产生分歧，多头力量在逐步增强，但还未能占据主导优势。如果倒锤子线出现在股价持续下跌后的低位，该K线则可能是下跌趋势即将反转的买入信号。

如图4–16所示，2018年2月6日，德赛西威（002920）出现的K线即为倒锤子线。第二天股价跳空高开后小幅下探回补缺口，随后股价上涨，以阳线收盘，其后短期内股价出现连续上涨走势。

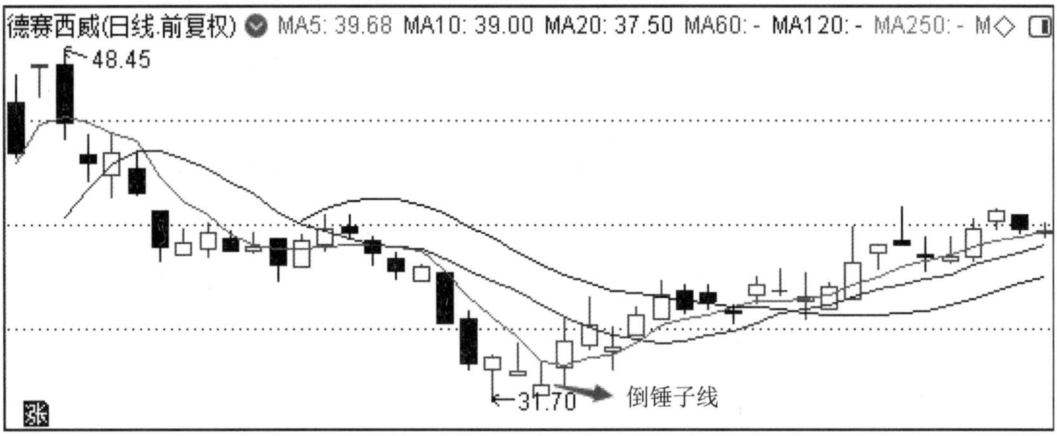

图4–16

2. K线的组合形态

单一的K线形态只需要关注决定行情关键走势的最主要几种即可，很多K线形态不能反映行情的关键走势，属于普通K线。但在具体分析时，除了单一K线的几种关键形态，还要注意一些关键的K线组合，有的单根K线无法判断后市行情，与其他K线组合在一起便能对后市行情的预判起到重要作用。

K线组合是指两根或两根以上的K线组合在一起，用来判别行情当前所处的走势，以及对行情未来走势可能产生的影响。

常见的关键K线组合形态如下。

（1）看涨吞没形态。

看涨吞没这种K线组合一般是在行情连续下跌后，前一天收盘为实体较长的阴K线，当天又低开高走，收盘时收成一根实体较长的阳线，将前面一根阴K线完全吞没。这种形态说明卖盘下跌衰竭，买盘力量明显强于卖盘力量，是行情见底、后市看涨信号，因此叫看涨吞没形态。

如图4–17所示，2018年10月11日、12日，杰恩设计（300668）形成的K线组合即为看涨吞没形态。前一天股价弱势下跌形成一根阴K线，第二天股价低开高走收大阳线，并且将前一天的阴K线全部吞没。当股票走势的K线组合出现看涨吞没形态时，说明买方已经开始强势，占据主动地位，意味着股票后市在短期内持续走强的概率较大。

图 4–17

（2）看跌吞没形态。

看跌吞没这种K线组合一般是在行情连续上涨后，前一天收盘为实体较长的阳K线，当天又高开低走，收盘时收成一根实体较长的阴线，将前面一根阳K线完全吞没。这种形态说明买盘上涨衰竭，卖盘力量明显强于买盘力量，是行情见顶、后市看跌信号，因此叫看跌吞没形态。

如图4–18所示，2017年11月13日、14日，卧龙电气（600580，现为“卧龙电驱”）形成的K线组合即为看跌吞没形态。前一天股价强势上涨形成一根阳K线，第二天股价高开低走收大阴线，并且将前一天的阳K线全部吞没。当股票走势的K线组合出现看跌吞没形态时，说明买方已经力竭，卖方开始强势，意味着股票后市在短期内出现下跌的概率较大。

（3）断头铡刀形态。

断头铡刀这种K线组合形态一般是在行情连续上涨或出现连续横盘后，当天行情高开后大幅低走，收大阴K线，处于深跌行情，将前几日横盘整理形成的K线全部吞没，阴K线的长度至少比前一日K线的长度多1倍，看起来就像一把刀将行情斩断一样。这种形态说明买盘极度衰弱，卖盘非常强烈，是行情见顶的明显征兆，后市看跌概率较高。

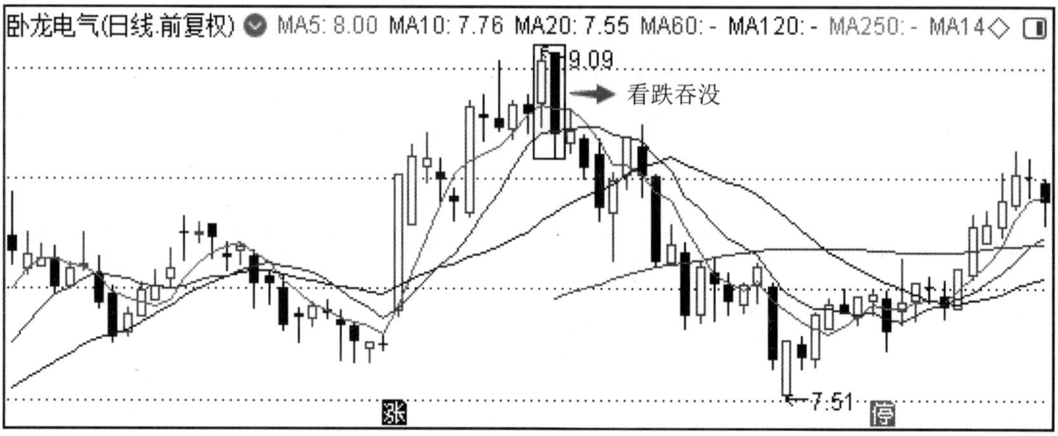

图 4–18

如图 4–19 所示，2017 年 3 月 17 日—29 日，辰安科技（300523）形成的 K 线组合即为断头铡刀形态。当股票走势的 K 线组合出现断头铡刀形态时，说明在前期横盘整理阶段的平衡已经被空头力量打破，空头力量增强，股价强势下跌，意味着后市在短期内股价持续下跌的概率较大。

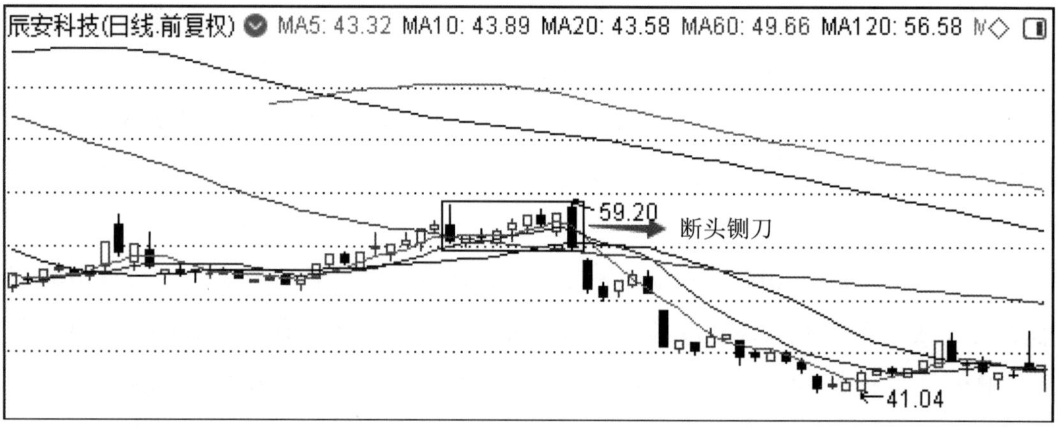

图 4–19

（4）平地长阳形态。

平地长阳这种 K 线组合形态跟断头铡刀组合形态正好相反，一般是在行情连续下跌或下跌出现连续横盘后，当天行情低开后大幅上涨，收大阳 K 线，处于大涨行情，将前一日或多日 K 线全部吞没，阳 K 线的长度至少比前一日 K 线的长度多 1 倍，看起来就像早上从地平线跃起的太阳一样。这种形态说明买盘积极，卖盘极度衰弱，是行情见底反转信号，后市看涨概率较高。

如图 4–20 所示，2018 年 8 月 31 日—10 月 9 日，康普顿（603798）形成的 K 线组合即为平地长阳形态。当股票走势的 K 线组合出现平地长阳形态时，说明在前期横盘整理阶段的平衡已经被多方力量打破，多方力量增强，股价强势上涨，意味着后市短期内股价持续上涨的概率较大。

图 4–20

（5）上升三法形态。

上升三法这种 K 线组合是在一根大阳线后连续出现三根小阴阳线，三根小阴阳线低点不破大阳线低点，这是一种洗盘手法，也是行情蓄势待发的征兆。这种组合形态说明主力资金想要拉升个股，但拉升之前要洗出浮筹，把意志不坚定的投资者全部洗出局，主力同时趁机获得更多筹码，这是一种后市看涨形态。

如图 4–21 所示，2018 年 7 月 25 日—31 日，银宝山新（002786）形成的 K 线组合即为上升三法形态。当股票走势的 K 线组合出现上升三法形态时，说明股价经过大阳线的拉升后，多头力量显得疲弱，无法继续向上发起攻击，只能先回撤休整，待蓄势完成之后再次向上展开攻击。此形态虽然多方力量稍显强势，但是多头没有绝对的优势，因此涨势会比较平缓。

（6）下降三法形态。

下降三法这种 K 线组合是在一根大阴线后连续出现三根小阴阳线，三根小阴阳线高点不破大阴线的高点，这是一种主力出货撤离手法，也是行情要走弱的征兆。这种组合形态说明主力资金想要撤离，但手中筹码过多，无法一次性撤出，只能通过制造阳线诱多，使得更多的散户进入接盘，从而使得主力顺利出货，这是一种后市看跌形态。

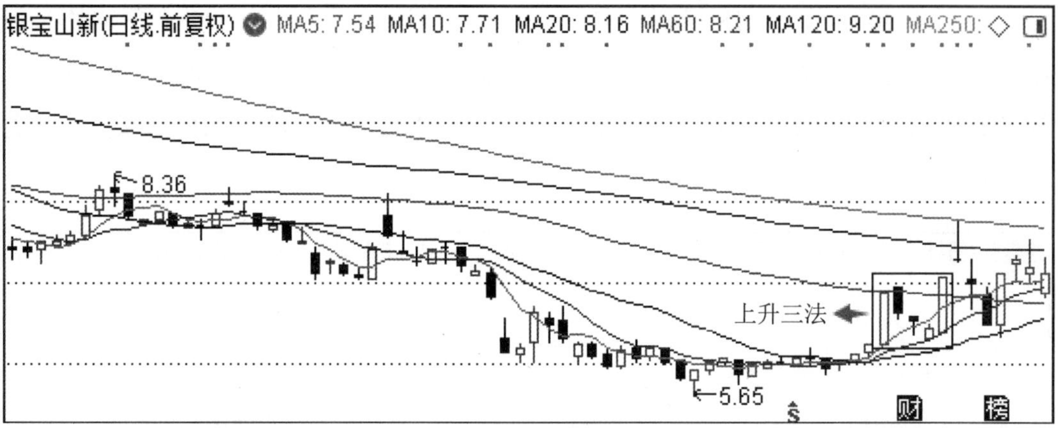

图 4-21

如图 4-22 所示，2017 年 11 月 27 日—12 月 4 日，建艺集团（002789）形成的 K 线组合即为下降三法形态。当股票走势的 K 线组合出现下降三法形态时，说明股价经过大阴线的砸盘后，空方力量显得疲弱，无法继续砸盘向下发起攻击，只能先反弹稍作休整，待蓄势完成之后再次向下展开攻击。此形态虽然空方力量稍显强势，但是空头没有绝对的优势，因此跌势会比较平缓。

图 4-22

（7）阳孕阴形态。

阳孕阴这种 K 线组合是行情经过连续上涨后，当日的开盘价、收盘价、最高价和最低价完全孕育在前一日的大阳线中，并出现一根阴线或阴十字星。这说明上涨力量不足，多空产生分歧，是股价出现下跌的前兆。如果第二天行情再拉出一条上影阴线或实体阴线，则可判断后市股价可能会出现下跌。

如图 4–23 所示，合力科技（603917）的股价在经过短时间上涨后，在 2018 年 6 月 11 日、12 日出现的 K 线组合形态即为阳孕阴形态。在此形态出现后，股价在短期内会出现持续下跌走势，此组合形态在此成为顶部反转形态。

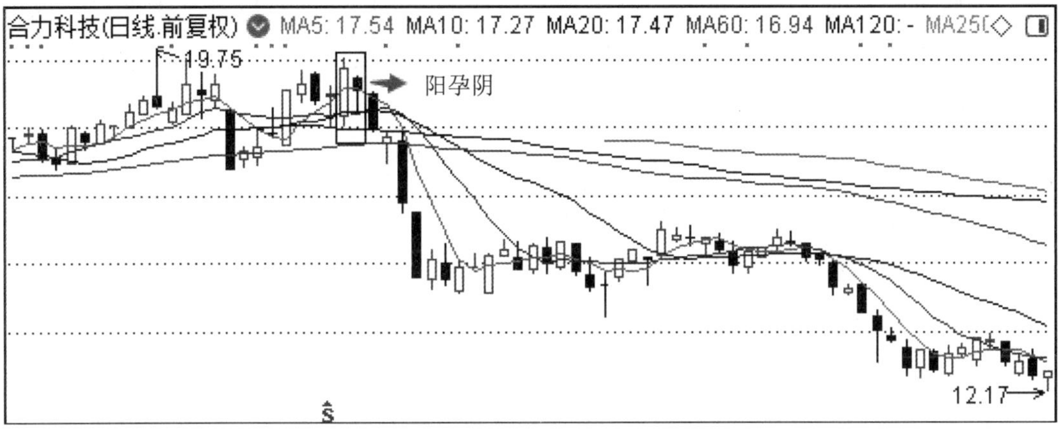

图 4–23

（8）阴孕阳形态。

阴孕阳这种 K 线组合是行情经过连续下跌后，当日的开盘价、收盘价、最高价和最低价完全孕育在前一日的大阴线中，并出现一根阳线或阳十字星。这说明下跌的力量不足，多空双方产生分歧，是股价企稳反弹的前兆。如果第二天行情能拉出一根下影线阳线或实体阳线，则可判断后市股价可能会反弹上涨。

如图 4–24 所示，中持股份（603903）的股价在经过一段时间下跌后，在 2018 年 2 月 9 日、12 日两个交易日出现的 K 线组合形态即为阴孕阳形态。此形态出现后，股价在短期内出现持续上涨走势，此组合形态在此成为底部反转形态。

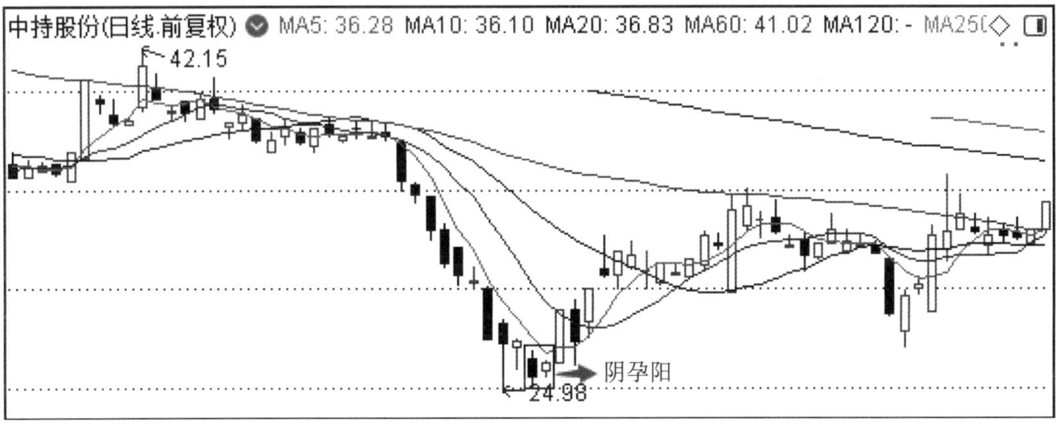

图 4–24

（9）孕星线。

孕星线这种 K 线组合是一种特殊的孕线组合，它是由一根实体比较长的阴 K 线或阳 K 线与一根十字星线组成。孕星线可能是阳孕星，也可能是阴孕星，具体要看第一天股价收盘时 K 线形成的状态决定，并且第二天的星线可以是阳十字星，也可以是阴十字星。如果第一天收盘时的 K 线为阳线，第二天股价在第一天的阳线实体内上下波动，且以十字星 K 线收盘，则为阳孕星。如果第一天收盘时的 K 线为阴线，第二天股价在第一天的阴线实体内上下波动，且以十字星 K 线收盘，则为阴孕星。孕星线有两种重要形态，一种是顶部反转孕星线，一种是底部反转孕星线。

顶部反转孕星线是指股价经过一段时间持续上涨后出现阳孕星 K 线组合，说明市场多方已开始乏力，是股价可能即将见顶的信号。

如图 4–25 所示，科大国创（300520）的股价经过一段时间下跌后，在 2017 年 3 月 13 日、14 日出现的 K 线组合形态即为顶部反转孕星线形态。此形态出现后，股价在短期内出现持续下跌走势，此组合形态成为顶部反转形态。

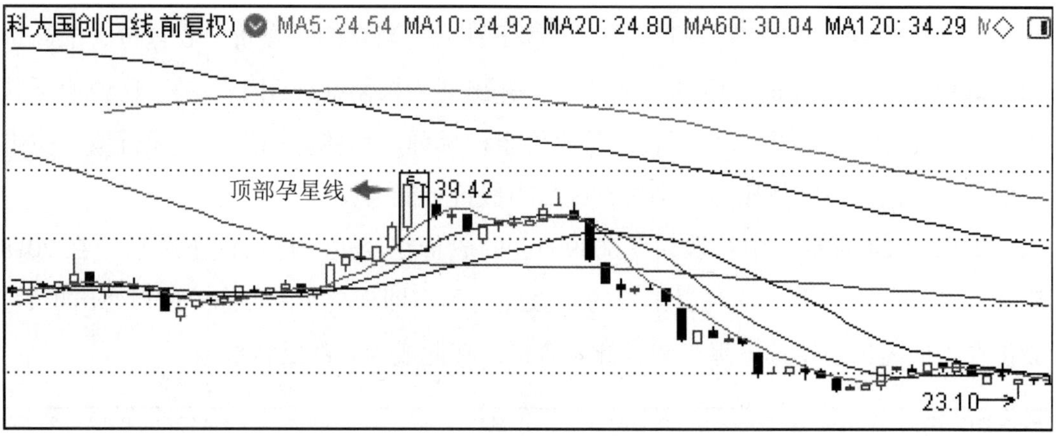

图 4–25

底部反转孕星线是指股价经过一段时间持续下跌后出现阴孕星 K 线组合，说明市场空方已经开始力竭，是股价可能即将见底的信号。

如图 4–26 所示，中国一重（601106）的股价经过一段时间下跌后，在 2018 年 2 月 9 日、12 日两个交易日出现的 K 线组合形态即为底部反转孕星线形态。此形态出现后，股价在短期内出现持续上涨走势，此组合形态成为底部反转形态。

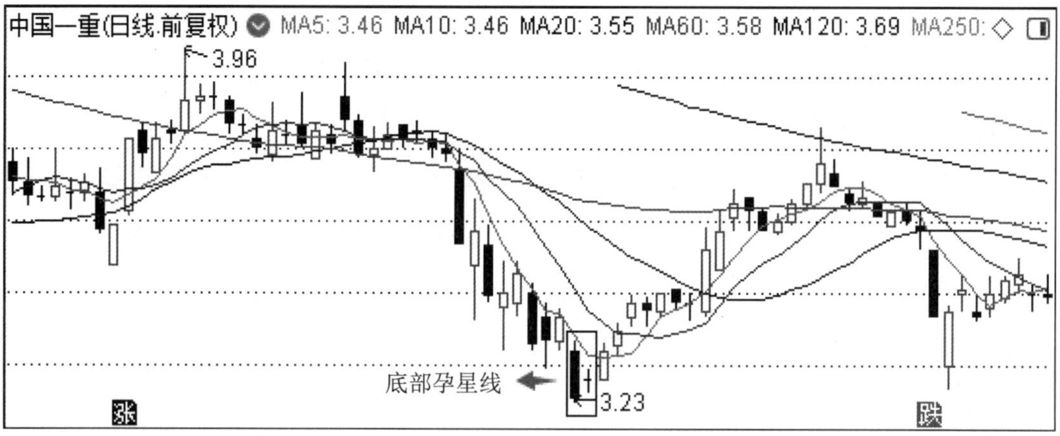

图 4–26

（10）上舍子线。

上舍子线这种 K 线组合是行情经过持续上涨后，跳空高开，在高位收盘形成一根十字星线，说明当天多空分歧非常剧烈。如果同时伴随量能大增，是行情见顶的征兆。如果第二天再出现一根阴 K 线，则预示行情可能开始转为下跌，上影线越长看跌征兆越有效。

如图 4–27 所示，电连技术（300679）的股价经过短期上涨后，在 2018 年 3 月 30 日—4 月 3 日三个交易日形成的 K 线组合形态即为上舍子线形态，其后股价短期内出现持续下跌走势。

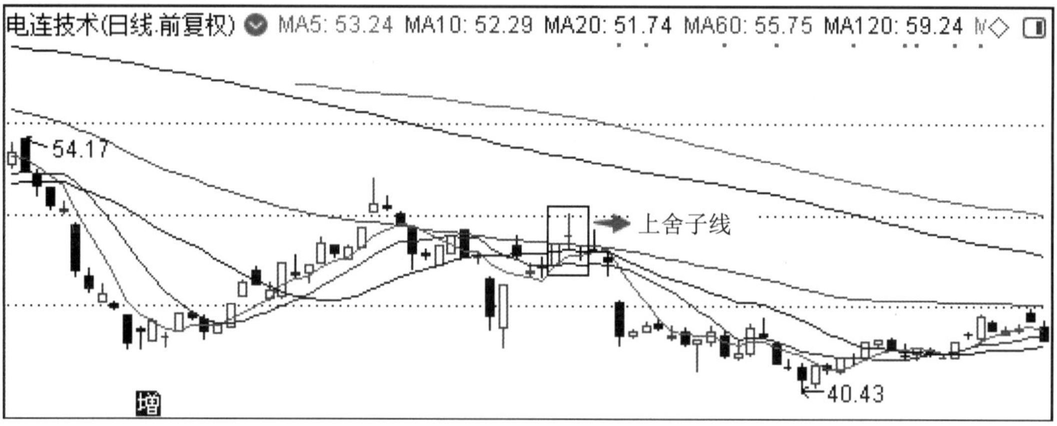

图 4–27

（11）下舍子线。

下舍子线这种 K 线组合与上舍子线相反，是指行情经过大跌后，跳空低开，在低位收盘形成一根十字星，说明当天多空分歧剧烈。如果同时伴随量能大增，是行情见底的征兆。如果第二天再出现一根阳K线，则预示行情可能开始反弹拉升，下影线越长看涨征兆越有效。

如图4–28所示，精研科技（300709）的股价经过一段时间的持续下跌后，在2018年2月8日—12日三个交易日形成的K线组合形态即为下舍子线形态，其后股价在短期内出现持续上涨走势。

图4–28

（12）上涨红三兵。

上涨红三兵这种K线组合是指行情连续下跌后，连续三日出现阳线，阳线依次上升，每天开盘价在前一天的阳线实体内，收盘价接近于当日最高价。如果伴随量能的逐步增加，这是一种强烈的反转信号，是行情即将启动的前兆。标准的红三兵，三根阳K线实体差不多长。如果最后一根阳K线实体比前两根长，对看涨越有效，这种K线组合形态又被称为“三个白武士”。如果最后一根阳K线实体比前两根都短，则后市行情看涨的情绪越弱，最后一根阳K线越短，则看涨效果越低。

如图4–29所示，上海银行（601229）的股价经过一段时间的持续下跌后，在2018年1月2日—4日形成的K线组合形态即为上涨红三兵形态，其后股价在短期内出现持续上涨走势。

（13）三只黑乌鸦。

三只黑乌鸦这种K线组合是指行情经过连续上涨或横盘后，连续三日出现阴线，阴线依次下跌，每天开盘价在前一天阴线的实体内，收盘价接近于当日最低价。如果伴随量能的逐步增加，这是一种强烈的下跌信号。出现这种K线组合一定要及时

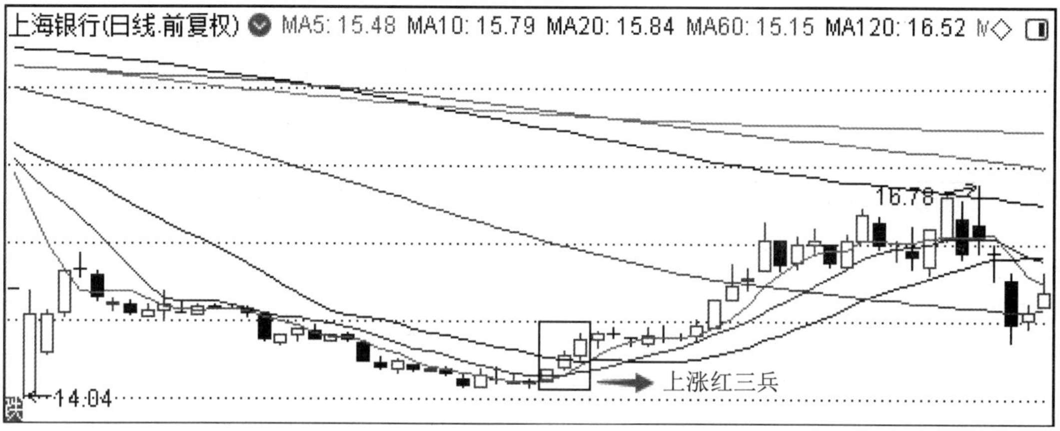

图 4-29

撤离，一旦出现这种组合，后市可能会出现大跌行情。

如图 4-30 所示，2018 年 6 月 13 日—15 日，渝开发（000514）形成的 K 线组合形态即为三只黑乌鸦形态。6 月 13 日形成的是三只黑乌鸦中的第一只，其后两天股价依次下跌，后面两根 K 线的开盘价均位于前一天的收盘价位置或附近，此 K 线形态形成后股价在短期内出现持续下跌走势。

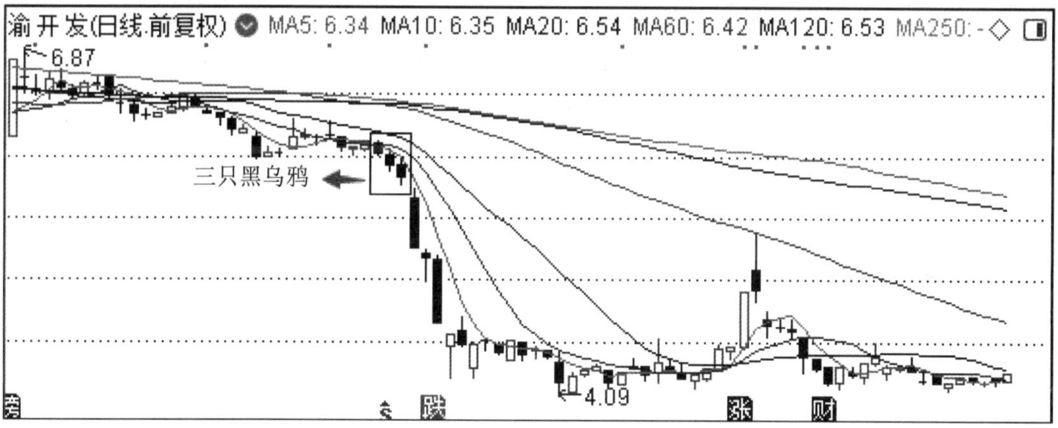

图 4-30

（14）上涨反包线。

上涨反包线这种 K 线组合是指行情在上涨过程中，第一天出现阳 K 线，第二天出现阴 K 线，第三天再次出现阳 K 线，并将第二天的阴 K 线全部吞没反包，此种组合形态又叫“两阳夹一阴”，第三天 K 线收盘价接近于当天最高价。这种 K 线组合是强烈的看涨形态，说明行情可能持续上涨。

如图 4–31 所示，陕西金叶（000812）的股价经过一段时间的持续下跌后，在 2018 年 6 月 20 日—22 日形成的 K 线组合形态即为上涨反包线形态，其后股价在短期内出现持续上涨走势。

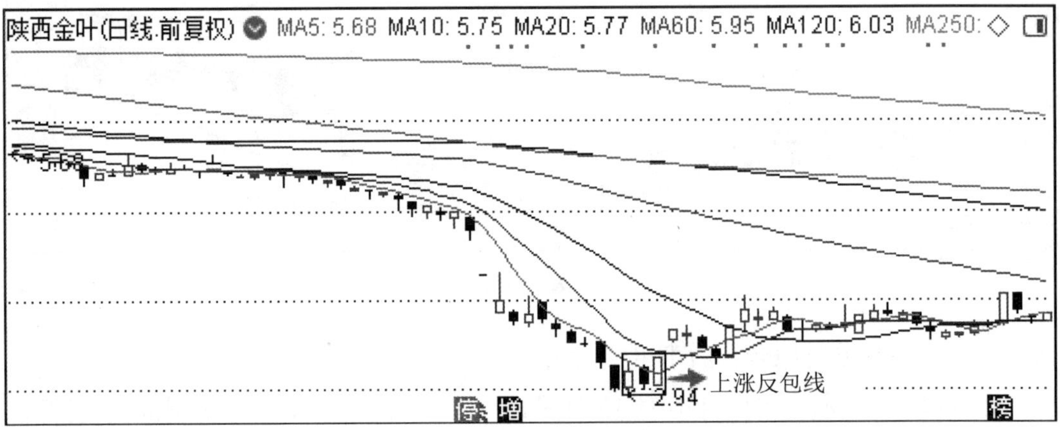

图 4–31

（15）下跌反包线。

下跌反包线这种 K 线组合是指行情在下跌过程中，第一天出现阴 K 线，第二天出现阳 K 线，第三天再次出现阴 K 线，并将第二天的阳 K 线全部吞没反包，此种组合形态又叫“两阴夹一阳”，第三天 K 线收盘价接近于当天最低价。这种 K 线组合是强烈的看跌形态，说明行情可能持续下跌。

如图 4–32 所示，深圳能源（000027）的股价经过一段时间持续上涨后，股价在 2015 年 8 月 14 日—18 日形成的 K 线组合形态即为下跌反包形态，其后股价在短期内出现持续下跌走势。

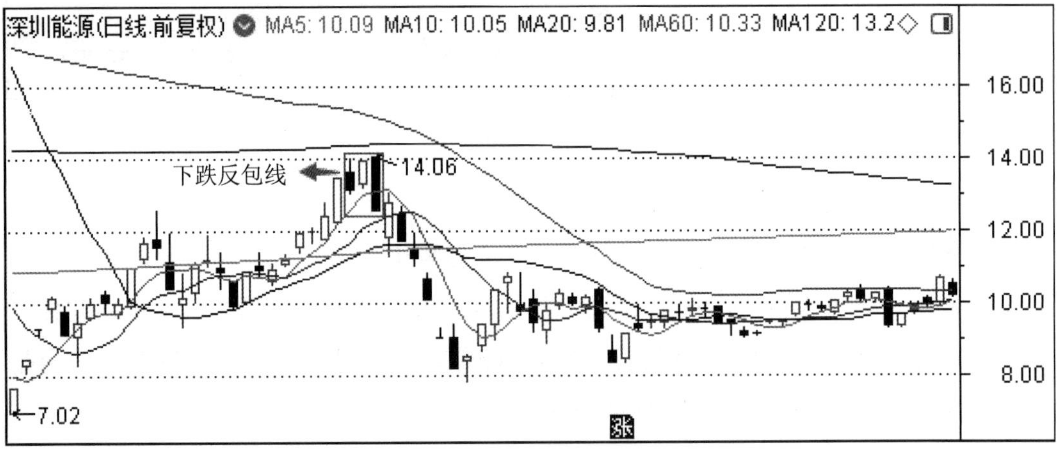

图 4–32

（16）乌云盖顶。

乌云盖顶是K线图中较为常见的一种反转形态。它由两根K线组成，一般出现在上升趋势的末端，偶尔会出现在横盘区间整理的顶部位置，是一个看跌的反转信号。

在乌云盖顶形态中，股价经过一段时间的持续上涨，某一天股价表现强势，收盘为一根实体较长的阳K线。第二天股价高开低走转为下跌，直至收盘股价接近于当日最低价附近，并且收盘价明显深入到第一根阳线的实体内部。

乌云盖顶形态是一个非常重要且十分常见的看跌反转信号。股价经过一段时间的持续上涨后，上涨动能耗尽，投资者选择获利了结，使得抛盘增加，卖方主导行情，从而导致股价下跌。

如图4-33所示，佳都科技（600728）的股价经过一段时间的持续上涨后，在2015年6月4日、5日形成的K线组合形态即为乌云盖顶形态。该股在出现乌云盖顶形态后，短期内股价出现持续下跌走势。

图4-33

（17）刺透形态。

刺透形态相当于乌云盖顶的反转形态。它是由两根K线组成，一般出现在下跌趋势的末端，偶尔会出现在横盘区间整理的底部位置，是一个看涨的反转信号。

在刺透形态中，股价经过一段时间的持续下跌，某一天股价表现弱势，收盘为一根实体较长的阴K线。第二天股价低开高走转为上涨，直至收盘股价接近于当日最高价附近，并且收盘价明显深入到第一根阴K线的实体内部。

刺透形态也是一个非常重要且十分常见的看涨反转信号。股价经过一段时间的持续下跌后，下跌动能耗尽，投资者开始入场，使得多方力量增加，买方主导行情，从而导致股价上涨。

如图 4–34 所示，洁美科技（002859）的股价经过一段时间持续下跌后，在 2018 年 9 月 17 日、18 日形成的 K 线组合形态即为刺透形态。该股在出现刺透形态后，短期内股价出现持续上涨走势。

图 4–34

（18）反转分离线。

反转分离线有两种形态，一种是顶部反转分离线，一种是底部反转分离线。

顶部反转分离线是指行情经过一段时间连续上涨后，股价在第一天收出一根阳 K 线，第二天股价跳空低开，低开后的最高点低于第一天阳 K 线的最低点。这种 K 线组合形态是行情可能见顶的征兆，第二天出现的阴 K 线越长，见顶征兆越明显。如果当天跌停，则后市看跌强烈。

如图 4–35 所示，中超控股（002471）的股价经过短期上涨后，在 2017 年 9 月 19 日、10 月 11 日形成的 K 线组合形态即为顶部反转分离线形态。该股出现顶部反转分离线形态后，短期内股价出现持续下跌走势。

底部反转分离线是指行情经过一段时间的连续下跌后，股价在第一天收出一根阴 K 线，第二天股价跳空高开，高开后的最低点高于第一天阴 K 线的最高点。这种 K 线组合形态是行情可能见底的征兆，第二天出现的阳 K 线越长，见底征兆越明显。如果当天涨停，则后市看涨强烈。

如图 4–36 所示，海航投资（000616）的股价经过一段时间持续下跌后，在 2018 年 10 月 12 日、15 日形成的 K 线组合形态即为底部反转分离线形态。该股出现底部反转分离线形态后，短期内股价出现持续上涨走势。

图 4–35

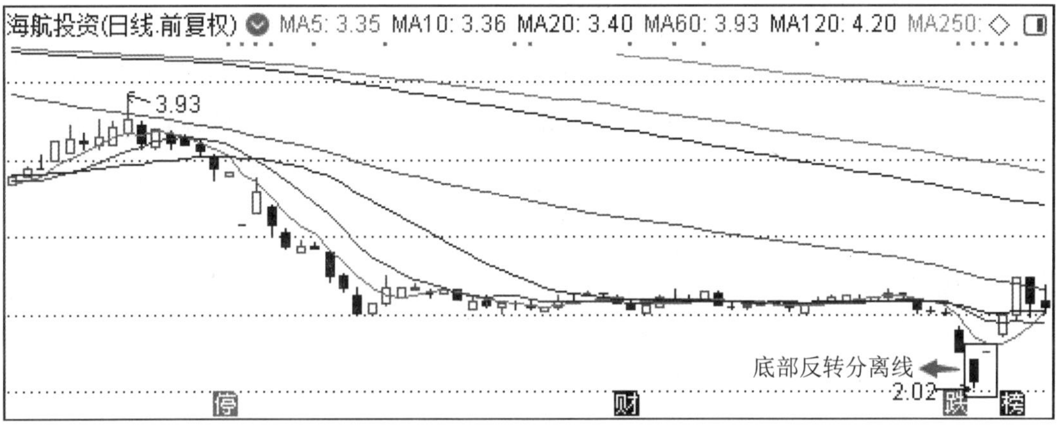

图 4–36

（19）平顶形态。

平顶形态是指股价经过一段时间上涨后，连续两日或多日受到同一压力位压制后回落，从而形成的一个平头顶形态。出现这种形态说明上方的压力较大，并且上涨动力不足，多方经过数次上攻，都不能成功冲破上方的压力位。股价在上方压力位受阻的次数越多，说明此位置阻力越强劲。如果股价经过一段时间持续上涨后出现平顶形态，通常是股价即将见顶的信号。如果随后几天股价下跌，并且每天的高点逐步走低更能确定是股价的见顶信号。

如图 4–37 所示，皇庭国际（000056）的股价经过短期持续下跌后，在 2018 年 9 月 26 日—10 月 10 日 K 线上涨到同一位置受到强烈压制，股价多次无法上破压力位后于 10 月 11 日开始下跌，期间多日 K 线上攻同一压力位形成的 K 线组合形态即为平顶形态。该股出现平顶形态后，短期内股价出现持续下跌走势。

图 4-37

（20）平底形态。

平底形态是指股价经过一段时间下跌后，连续两日或多日受到同一支撑位支撑后反弹，从而形成的一个平头底形态。出现这种形态说明下方的支撑较强，并且下跌动力不足，空方经过多次下攻，都不能成功冲破下方的支撑位，股价在下方支撑位受到支撑的次数越多，说明此位置的支撑越强劲。如果股价经过一段时间持续下跌后出现平底形态，通常是股价即将见底的信号。如果随后几天股价上涨，并且每天的高低点逐步走高更能确定是股价的见底信号。

如图 4-38 所示，世嘉科技（002796）的股价经过短期持续下跌后，在 2018 年 8 月 16 日—9 月 3 日 K 线下探到同一位置受到强烈的支撑，股价多次无法下破支撑位后逐步开始上涨，期间多日 K 线下探同一支撑位形成的 K 线组合形态即为平底形态。该股出现平底形态后，短期内股价出现持续上涨走势。

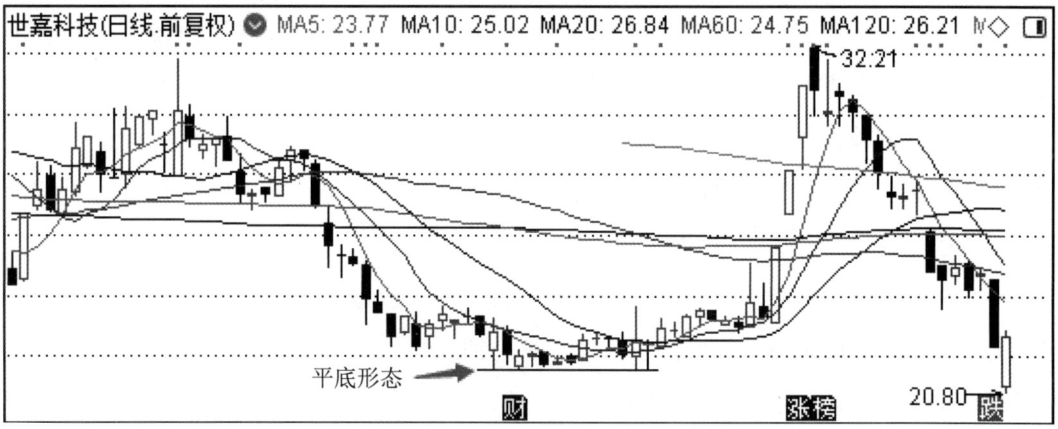

图 4-38

（21）看跌反击线。

看跌反击线是指股价经过一段时间的上涨后，某一天向上拉出一根较长实体的阳K线，第二天股价大幅高开，并且高开低走，收盘时收于第一天收盘位置附近，第二天的K线形成一根实体较长的阴K线。第一天股价向上拉升形成中阳线或大阳线，说明市场投资者看好该股后市，第二天再强势高开吸引更多的投资者对该股的买入兴趣。当市场投资者纷纷买入后，其前期获利盘开始抛售，导致股价下跌，最终收盘时回到前一天收盘价附近。

如图4–39所示，优德精密（300549）的股价经过短期持续上涨后，在2018年6月12日、13日形成的K线组合形态即为看跌反击线形态。该股出现看跌反击线形态后，短期内股价出现持续下跌走势。

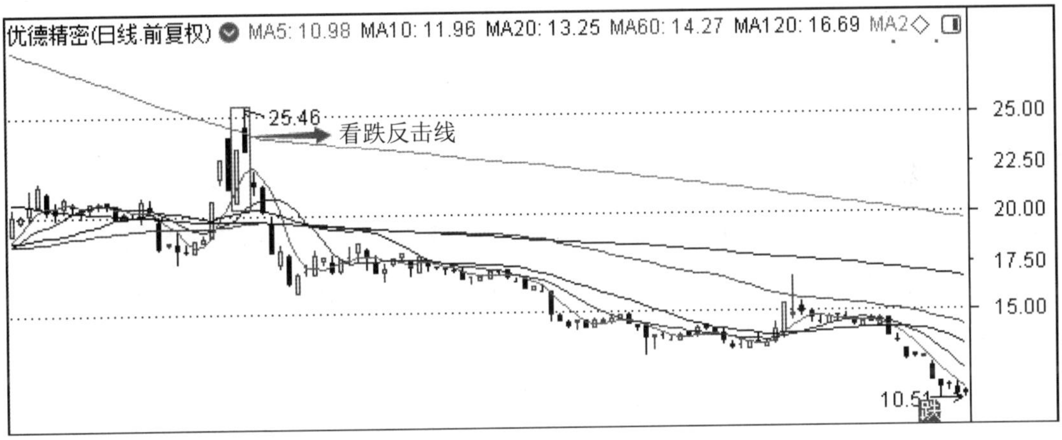

图 4–39

（22）看涨反击线。

看涨反击线是指股价经过一段时间的下跌后，某一天股价向下砸出一根较长实体的阴K线，第二天股价大幅低开，并且低开高走，收盘时收于第一天收盘位置附近，第二天的K线形成一根实体较长的阳K线。第一天股价向下砸盘形成中阴线或大阴线，说明市场投资者并不看好该股后市，在第二天受股价弱势影响再大幅低开。当部分投资者恐慌卖出时，市场多头力量开始发力向上进攻，致使股价开始上涨，最终收盘时回到前一天收盘价附近。

如图4–40所示，金鸿控股（000669）的股价经过一段时间持续下跌后，在2015

年9月1日、2日形成的K线组合形态，即为看涨反击线形态。该股出现看涨反击线形态后，短期内股价出现持续上涨走势。

图 4–40

（23）上下揉搓线。

上下揉搓线是指股价经过一段时间上涨或下跌后，在前一天形成一根带长上影线或长下影线且实体较小的K线，第二天形成一根带长下影线或长上影线且实体较小的K线。第一天的长影线方向与第二天的长影线方向相反，且两天的K线实体部分都比较小。

根据存在趋势的位置不同，上下揉搓线可分为顶部上下揉搓线和底部上下揉搓线。顶部上下揉搓线是指股价经过一段时间上涨后形成的揉搓线，是股价即将见顶的反转信号。底部上下揉搓线是指股价经过一段时间下跌后形成的揉搓线，是股价即将见底的反转信号。

如图4–41所示，八一钢铁（600581）的股价经过一段时间持续上涨后，在2017年11月30日、12月1日形成的K线组合形态即为顶部上下揉搓线形态。该股出现上下揉搓线形态后，短期内股价出现持续下跌走势。

当股价经过一段时间的下跌后，在2017年12月26日、27日形成的K线组合形态即为底部上下揉搓线形态。该股出现上下揉搓线形态后，短期内股价出现持续上涨走势。

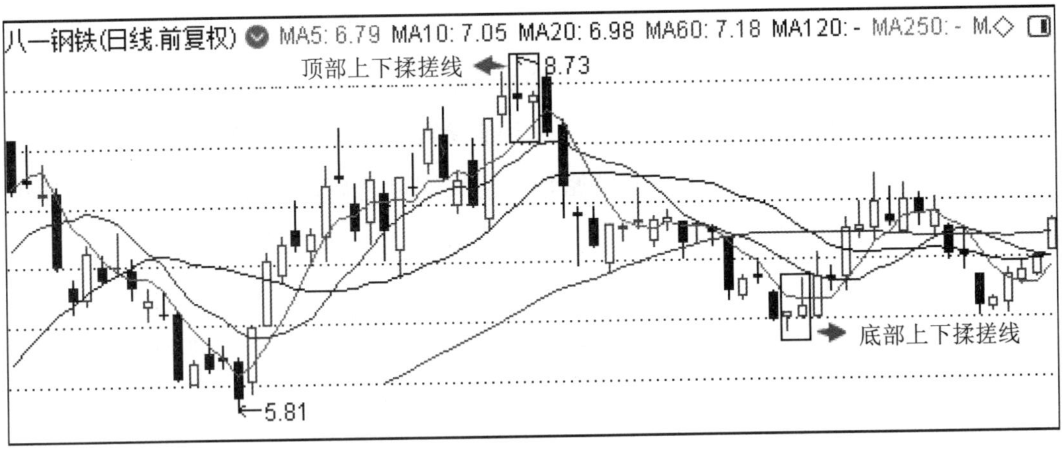

图 4-41

第二节　均线理论

均线是股票交易实战中重要的参考指标之一。投资者经常通过弯曲的均线来追踪股票价格的趋势，以此来识别和判断股票的现有趋势、即将出现的趋势和即将终结反转的趋势。

均线是由美国投资专家格兰维尔创建的。格兰维尔将道氏理论加以数字化，从数字的变动中预测股价在未来短期、中期和长期的发展趋势，从而为投资者提供参考依据。

均线是用数学统计模型的处理方式，将若干天的股票价格加以平均，然后连成一条线，用以观察股价趋势的。均线的理论基础是道•琼斯的“平均成平”概念。均线的参数通常有 5、10、20、30、60、90、120、144、255 等。

使用均线的目的在于取得某一期间的平均成本，而以此平均成本连接为一条平滑的曲线，再配合每日收盘价的线路变化分析某段时期内多空双方的优劣形势，以研判股价可能发生的变化。一般来说，股票价格在平均线之上，意味着买盘力量较强，对后市行情看好；反之，股票价格在平均线之下，则意味着卖盘力量较强，对后市行情看弱。

下面以 10 日均线为例来讲解均线的制作方法。将第 1 日至第 10 日的 10 个收盘价，累加起来后的总和除以10，得到第一个10日平均价，再将第2日至第11日收盘价之和除以10，则为第二个10日平均价，以此类推，最后将这些计算出的平均价用一条平滑的曲线连接起来，即为10日均线。其他参数的均线制作方法同理。

均线的周期长短与行情关系非常密切，均线周期越短，其对行情反应的敏感度越高。很多股票分析者，习惯用10日、20日、30日均线来预判短期走势，用60日、90日均线来预判中期走势，用120日、144日、255日均线来预判长期走势。

均线能够真实地反映股价变动的趋势，投资者可以通过均线的排列关系来预测股票未来的趋势，并通过判断趋势决定何时进行买卖交易。

1. 均线的特点

（1）趋势追踪性。

通过均线来追逐股价趋势的发展，首先要注意均线的运行方向。一旦确定均线的运行方向，在一段时间内就会延续既定方向，直到该方向发生改变。根据道氏理论，可定义为上升趋势、水平趋势和下行趋势三个方向。

（2）支撑性。

均线的支撑是指当前价格根据平均成本价值回归的过程。一旦当前价格高于平均成本就会出现修正过程，当前价格回到平均成本位置时就会受到支撑。但是，如果均线处于水平状态特别是下行状态，那么均线的支撑性要大打折扣，或者说根本不具备支撑性。均线一旦下行，所追踪的趋势就处于下行状态，这样一来其支撑就形同虚设，这一点在实战中尤为重要。

（3）压力性。

判断均线的压力性，首先要注意均线的方向。在上升趋势中，均线向上运行，其对股价的压力性会大打折扣，支撑性更加明显。在下跌趋势中，均线向下运行，其对股价上涨的压力性较强，支撑性则相对较弱。

（4）助涨性。

股价在上涨过程中，均线对其有助涨作用，股价往往会沿着某条均线上涨。在均线推动股价上行过程中，投资者看到股价上涨，会主动买入股票，从而体现均线的助涨作用。

（5）助跌性。

股价在下跌过程中，均线对其有助跌作用。当均线向下运行时，成本的重心下行，股价经常沿着某条均线持续下跌，此时投资者会看空股市，主动卖出股票，从而体现均线的助跌作用。

（6）多空排列。

常见的软件中，系统默认的主图指标多数要有 4 ~ 6 条均线。当均线多头排列时，均线参数按从小到大顺序自上而下排列，这是标准的上涨趋势。当均线空头排列时，均线参数按从大到小顺序自上而下排列，这是标准的下跌趋势。一旦出现大小参数的均线紊乱缠绕，则说明行情走势进入横盘调整。

（7）滞后性。

由于每条均线的参数数据是在交易数据出来后形成的，数据平均总在交易数据发生后，这样就在数据平均值上产生了滞后效果。因此，均线运行始终滞后于最新的股价，从而使均线对短期股价变动走势的捕捉能力较弱。

2. 均线的综合运用

（1）均线金叉。

均线由下行状态转变为逐渐走平状态，股价从均线下方向上突破，并带动均线拐头向上。当短期均线从下方向上穿越长期均线时，出现均线金叉，是行情看涨信号，说明行情逐步向好，同时短期均线将成为股价上涨的支撑线和助涨线。

如图 4–42 所示，翰宇药业（300199）的 K 线图中，5 日均线、10 日均线和 20 日均线自下而上穿越 60 日均线，形成均线金叉，其后一段时间股价出现持续上涨走势。

图 4–42

（2）均线死叉。

均线由上升状态转变为逐渐走平状态，股价从均线上方向下突破，并带动均线拐头向下。当短期均线从上方向下穿越长期均线时，出现均线死叉，是行情看跌信号，说明行情逐步走坏，同时短期均线将成为股价下跌的压力线和助跌线。

如图 4–43 所示，罗普斯金（002333）的 K 线图中，5 日均线和 10 日均线向下穿越 20 日均线，形成均线死叉，其后短期内股价出现持续下跌走势。

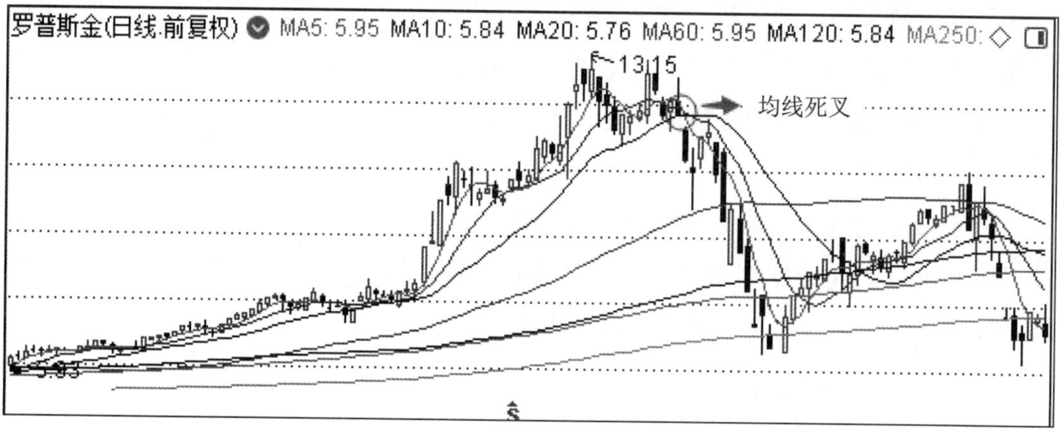

图 4–43

（3）均线假金叉。

均线金叉是行情看涨信号，但有时均线走势看似出现金叉，实际上却是失败金叉，也就是所谓的均线假金叉。均线假金叉是指在行情下跌走势中，大多数中长期均线向下运行，而短期均线出现自下而上穿越的金叉。中长期均线向下，对行情向上的走势产生很大的压制，当股价上涨到长期均线位置时再次遇压回落，使股价再度下跌。因此，这样的金叉是值得怀疑的，多出现在行情快速下跌后的小幅反弹中。

如图 4–44 所示，天虹股份（002419）的 K 线图中，股价经过一段时间的上涨，出现短暂回调后，5 日均线和 10 日均线向上穿越 20 日均线，形成均线金叉。不过，均线金叉之后的几个交易，股价不但没有上涨，反而在短暂横盘后转为下跌，导致 5 日均线和 10 日均线自上而下穿越 20 日均线，形成均线死叉。其后短期内股价出现持续下跌走势，前面所出现的金叉即为假金叉。

（4）均线假死叉。

均线死叉是行情看跌的信号，但有时均线走势看似出现死叉，实际上却是失败死叉，也就是所谓的均线假死叉。均线假死叉是指行情在上涨走势中，大多数中长期均线向上运行，而短期均线出现自上而下穿越的死叉。中长期均线向上，对行情下跌走势产生很强的支撑，当股价回落到向上运行的中长期均线位置时，就会受到支撑，使股价再度上涨。因此，这样的死叉是值得怀疑的，多出现在行情快速上涨

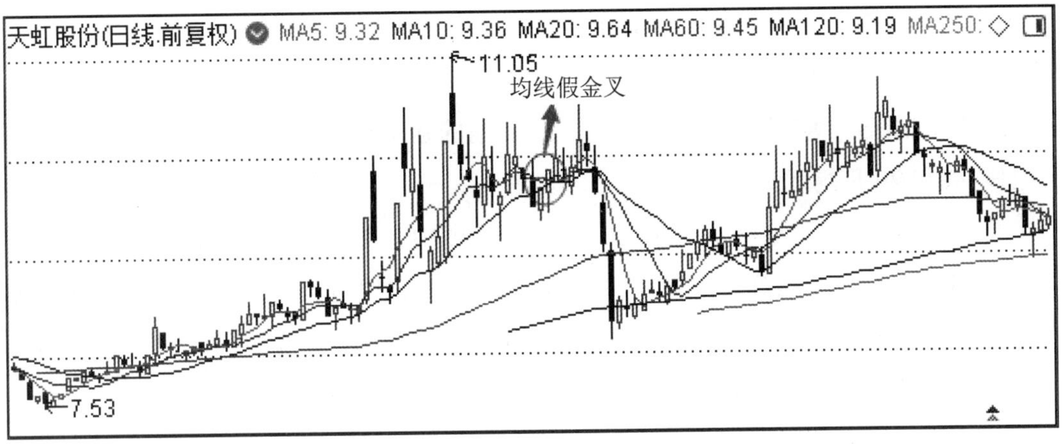

图 4–44

后的小幅回调中。

如图 4–45 所示，利尔化学（002258）的 K 线图中，股价经过一段时间上涨后出现小幅回撤，5 日均线和 10 日均线向下穿越 20 日均线，形成均线死叉。不过，均线死叉之后的几个交易，股价不但没有下跌，反而在短暂横盘后转为上涨，使得 5 日均线和 10 日均线自下而上穿越 20 日均线，再次形成均线金叉。其后短期内股价出现持续上涨走势，前面所出现的死叉即为假死叉。

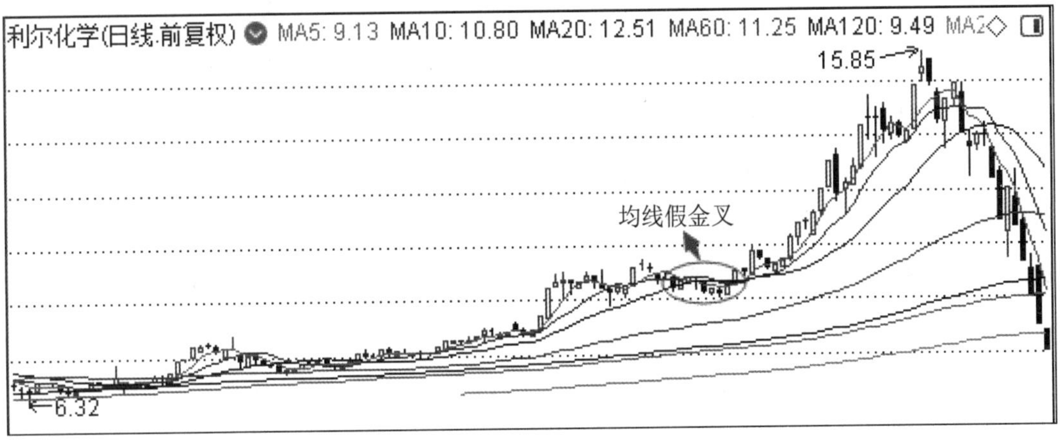

图 4–45

（5）回撤均线买点。

当行情经过连续上涨后，均线处于上升之中，但实际股价出现回撤，下跌到均线位置受到支撑，接着又立即反弹，这是一种买入信号，属于回撤均线买点。这种走势经常出现在强势上涨的龙头个股中。股价经过连续大涨后，市场出现分歧，部分获利资金出局，主力资金还在坚守，因此会出现价格的暂时回落，当回落到均线位置时，再度吸引资金进入，从而抬高股价，推动行情上涨。尤其在行情出现第一波大涨后，回撤的均线买点比较有效，最常用的强势股回撤均线买点是5日均线、10日均线和20日均线买点。

如图4-46所示，欣旺达（300207）的K线图中，股价经过一段时间上涨后出现小幅回撤，第一次回撤到20日均线时受到支撑，使得股价再次转为上涨。经过短暂上涨后，股价出现第二次回撤，当回撤至20日均线时再次受到支撑，使股价转为上涨，其后短期内股价出现持续上涨走势。

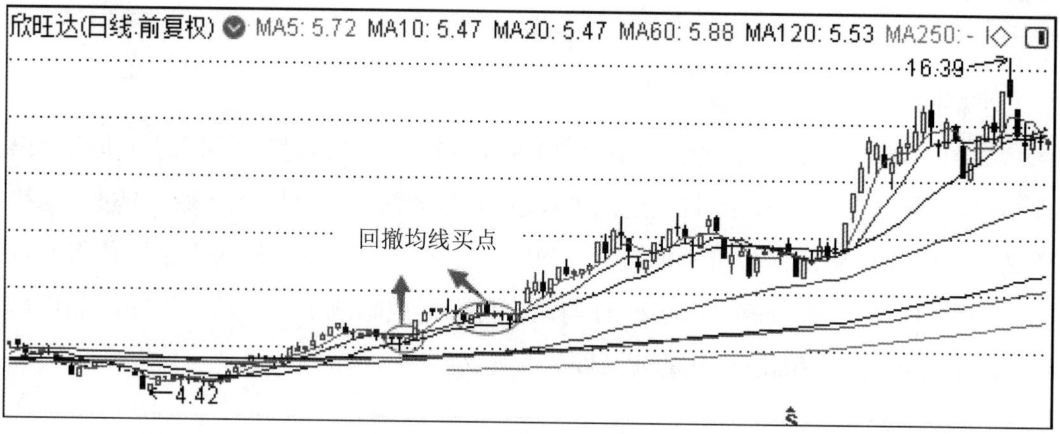

图 4-46

（6）反弹均线卖点。

当行情经过连续下跌后，均线处于下降之中，但实际股价出现反弹，反弹到均线位置受到压制，接着又开始下跌，这是一种卖出信号，属于反弹均线卖点。这种走势经常出现在利空消息股或基本面变坏的个股中。在股价经历连续下跌后，部分资金进入抄底，但由于个股基本面变坏，主力资金想要撤离，因此趁反弹的机会将手中的筹码顺势卖出。当主力资金撤离后，股价受压回落，常常出现加速下跌的现象，要规避这种情况。

如图4-47所示，陕西金叶（000812）的K线图中，股价经过一段时间下跌后出现反弹，在第一次反弹至10日均线和60日均线时受到压制，导致股价再次下跌。在经过短暂下跌后股价出现第二次反弹，当反弹至20日均线时受到压制，导致股价再次下跌，其后短期内股价出现持续下跌走势。

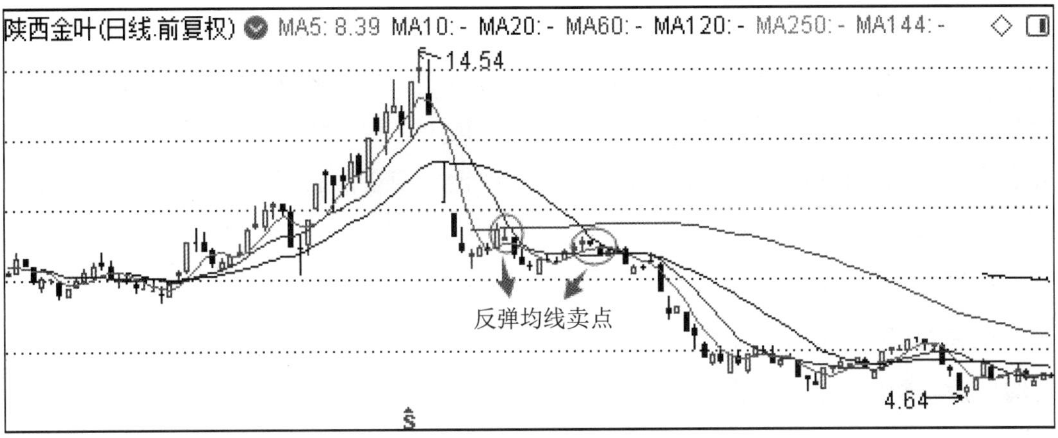

图 4–47

（7）均线黏合。

均线黏合是指短期、中期、长期多条均线汇聚在一起形成共振，其位置是一个多空涨跌的平衡区域。一旦均线形成黏合，就说明行情可能开启一波趋势，均线黏合位置便是趋势变盘位置。出现均线黏合走势，需要密切关注个股趋势方向的选择。行情选择方向后均线同步发散，这时会出现新的趋势，后市形成波段的上涨或下跌。形成趋势时是最佳的买入时机，但千万不要在均线黏合没有选择完趋势前进入布局。很多人抱着买到低点的心态，喜欢在均线黏合时买入，经常买入后却发现均线向下发散，走出下跌行情，如此操作风险较大。

如图 4–48 所示，邦讯技术（300312）的 K 线图中，5 日均线、10 日均线和 20 日均线紧紧地纠缠在一起，形成均线黏合。此时，股价正在横盘选择方向时期，其后股价选择向上运行，短期内出现持续上涨走势。

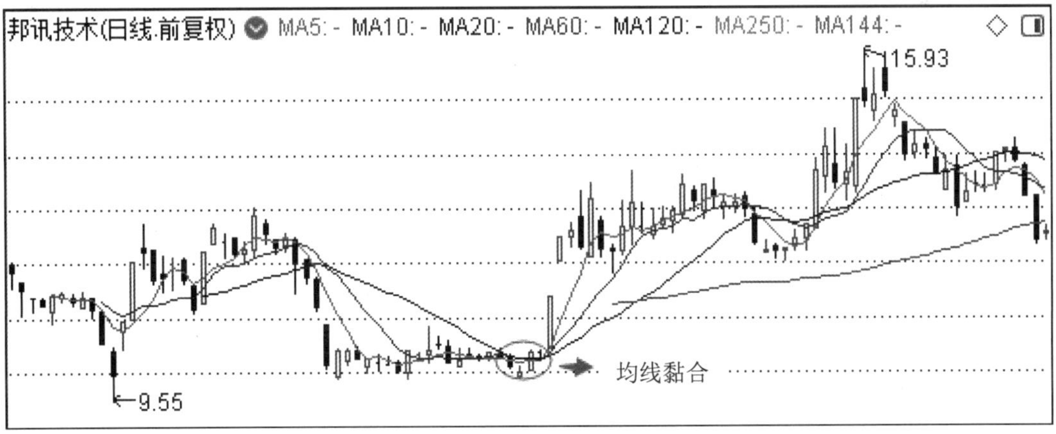

图 4–48

（8）均线杂糅。

股价反弹或回档出现主要趋势，其中的次要趋势进行修正时，通常均线杂糅会混乱穿插，此时就是震荡区间行情。这样的行情下，很难用均线判定是否应该买入或卖出，面对这样的均线走势，如果没有其他比较稳妥的技术判定方法，最好选择轻仓位小周期操作，或离场观望。

如图 4–49 所示，卫宁健康（300253）的 K 线图中，5 日均线、10 日均线、20 日均线和 60 日均线来回缠绕，显得杂乱无章，始终无法分辨出行情走势的趋向性，此时股价处于横盘震荡状态。

图 4–49

（9）均线乖离。

当股价在均线上方突然暴涨或暴跌后，会向上或向下远离均线，均线与股价偏离过远即为均线乖离。股价上涨且偏离均线过远时，行情有回撤需求，这是卖出时机，属于超卖现象；股价下跌且偏离均线过远时，行情有反弹需求，可视情况做反弹或低吸高抛降低成本。股价上涨与均线的乖离越大，回撤需求越强；股价下跌与均线乖离越大，反弹需求越强。当均线乖离后，不久股价就会止涨下跌或止跌反弹，再次回到均线附近。

如图 4–50 所示，盘龙药业（002864）的 K 线图中，股价连续以强势的涨停板上涨，导致 K 线与 5 日均线、10 日均线、20 日均线和 60 日均线的角度越来越大，形成 K 线与均线乖离，当 K 线乖离均线过远时，需要进行回归修复。

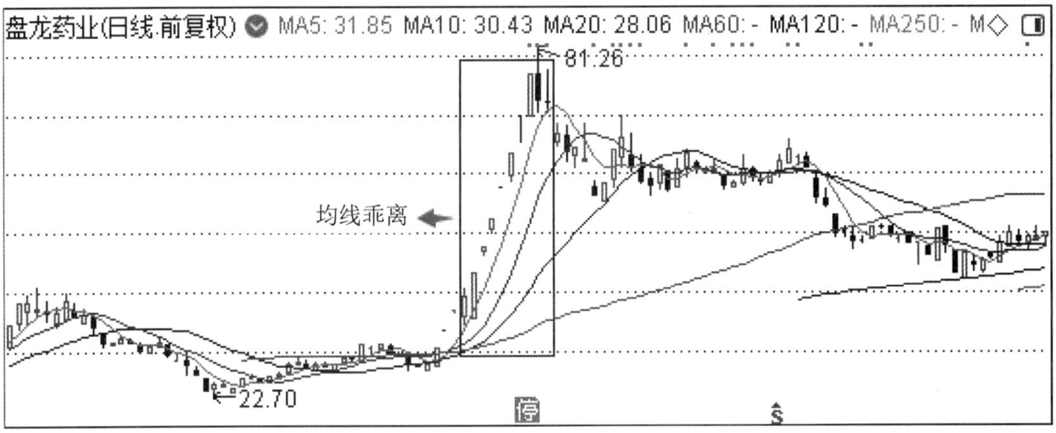

图 4–50

3. 不同周期均线的作用

在均线运行过程中，各条均线对股价的涨跌起着不同的作用，尤其在趋势交易中，每条均线的作用各不相同。通常来说，使用均线可观察股价的总体走势，对趋势交易非常有效，由于均线始终具有一定的滞后性，因此在超短线交易中有效性会偏低一些。

（1）攻击线是指 5 日均线。

在趋势交易过程中，5 日均线通常具有助涨或助跌的功能，因此称为攻击线。其主要作用是推动股价在短期内形成攻击态势，不断引导价格上涨或下跌。攻击线上涨角度越陡峭，则说明股价短线爆发力越强；攻击线上涨角度越平缓，则说明股价短线爆发力越弱。攻击线向下角度越陡峭，则杀跌力度会越强；攻击线下降角度越平缓，则说明股价短线下跌的力度越弱。

在实战操作过程中，当股价突破攻击线，且攻击线角度呈现陡峭向上攻击状态时，说明启动短线行情，此时适合积极做多。同样，当股价击穿攻击线，且攻击线角度呈现向下拐头状态时，意味着将要开始一轮新的下跌行情，此时应短线看空，回避操作。

（2）操盘线是指 10 日均线。

操盘线也称防守线，其主要作用是推动股价在一轮中级波段行情中持续上涨或下跌。操盘线上涨角度陡峭，则说明股价中期上涨力度较强；操盘线上涨角度平缓，则说明股价中期上涨力度较弱。操盘线下跌角度陡峭，则说明股价中期看跌力度较强；操盘线下跌角度平缓，则说明中期看跌力度较弱。

在实战操作过程中，当股价突破操盘线，且操盘线呈现持续向上的攻击状态时，则意味着启动中期波段行情，波段行情持续看涨。同样，当股价击穿操盘线，且操盘线呈现持续向下运行状态时，则意味着行情将面临阶段性调整，应暂时撤离，回避观望。

（3）辅助线是指 20 日均线。

辅助线也称撤离线，其主要作用是协助操盘线，推动股价运行并修正趋势角度，确保股价按照趋势方向运行。同时，也起到修正生命线反应迟缓的作用。在一轮波段上涨行情中，如果辅助线上涨角度陡峭，则说明股价中期波段上涨力度较强。如果辅助线上涨角度平缓，则说明股价中期波段上涨力度较弱。同样，在股价下跌行情中，辅助线是股价反弹时强大的阻力，并可修正股价下跌轨道，反复促使股价震荡盘跌。

在实战操作过程中，当股价突破辅助线，辅助线呈持续上涨攻击状态时，则意味着启动中期波段上涨行情，波段行情持续看涨。同理，当股价击穿辅助线。辅助线呈现拐头下行状态时，则意味着阶段性上涨行情已经结束，行情或开始阶段性回调或下跌，应及时出场观望。

（4）生命线是指 30 日均线。

生命线的主要作用是指明股价的中期运行趋势。在中期波段趋势中，生命线具有极强的支撑或阻力作用。如果生命线上涨角度陡峭,则说明股价中期上涨趋势强烈。每次强势上涨后回调至生命线都可以选择进场狙击。如果生命线上涨角度平缓，则说明股价中期上涨趋势较弱。同样，如果股价进入下跌趋势，生命线对股价下跌后的反弹具有强烈的压制作用，促使股价持续走弱。

在实战操作过程中，当股价突破生命线，生命线呈拐头向上攻击状态时，则意味着已经启动中线波段行情，后市中期行情看涨。一般来说，在中期波段行情中，生命线不会轻易被击穿。如果股价击穿生命线，生命线呈拐头向下状态时，则意味着将要展开一波较大级别的波段调整行情，应及时撤离观望。

（5）决策线是指 60 日均线。

决策线也称趋势线，其主要作用是指明股价的中期反转趋势，指导股价更大波段运行于既定趋势中。当股价放量向上或向下突破决策线时，则说明即将启动一轮大级别的反转行情。当股价突破决策线后，通常会在短期内再次出现反向运行，这主要是主力做出的诱空或诱多动作。

在实战操作过程中，决策线对主力机构非常重要。当股价突破决策线，决策线呈拐头向上攻击状态时，则意味着已经形成中线趋势多头行情，中期趋势看涨。决策线一旦出现趋势性走势，短期内很难改变其方向。在股价上涨趋势中出现阶段性调整行情时，决策线起着重要的支撑作用。同样，在股价下跌趋势中出现阶段性反弹行情时，决策线起着重要的压制作用。

（6）转折线是指 120 日均线。

转折线和决策线一样，都是指明股价运行的趋势，决策线主要指明股价的中期趋势，转折线主要指明股价的中长期趋势。转折线主要指明股价在中长期趋势中的反转状态，引导股价大级别行情运行于既定趋势中。当股价放量向上或向下突破趋势线时，则说明股价在大趋势上已经发生逆转，需要对操作做出果断的决策。

（7）多空分界线是指 255 日均线。

多空分界线也称牛熊分界线，主要是指明股价在长期大趋势中的运行趋势。当股价自下而上放量穿越多空分界线时，说明股价正向着多头强势方向运行，且未来很长一段时间可能会持续走强。当股价自上而下放量击穿多空分界线时，说明股价正向着空头强势方向运行，且未来很长一段时间可能会持续走弱。

第三节　形态理论

在经过一段时间的上涨、下跌或横盘震荡后，股价在图形上会形成一些特殊形态，不同的形态在行情走势中显示出不同意义。通过研究形态变化，可以摸索出一些有规律的东西，从而提高交易的准确性。K 线图形态可分为反转形态、中继形态和持续形态。

1. 反转形态

反转形态是指股价趋势发生逆转形成的 K 线形态，即股价由上涨趋势转为下跌趋势，或者由下跌趋势转为上涨趋势。常见的反转形态有头肩顶、头肩底、M 头、W 底、三重顶或多重顶、三重底或多重底、V 形反转、倒 V 形反转、圆弧顶、圆弧底、U 形底等。

（1）头肩顶。

头肩顶形态是指行情在上涨趋势中，由3个波峰和两个波谷构筑的顶部结构，中间波峰高于两边波峰。头肩顶形态主要由左肩、头部、右肩和颈线组成。

左肩部分是指股价经过一段时间持续上升后，成交量放大。前期买入的投资者都获得一些盈利，于是选择获利出局，令股价出现短期回落，并伴随着成交量递减。这一波回落过程中主力资金仍在。

头部是指股价经过短暂回落后，又一次强力拉升，并伴随成交量的增加，但成交量的高点一般比左肩的高点低。股价上升会突破左肩的高点，并创出新高，在创出新高后股价再次回落，成交量也逐渐递减。在这一波上涨过程中，主力资金会一边拉升一边撤离。

右肩部分是指股价从高点下跌到接近左肩回落低点附近，再次获得支撑推动股价反转上涨。但市场继续买入情绪不高，成交量较左肩明显减少，股价上涨未能达到前高点便开始回落。此时主力资金基本已经出逃完毕，行情可能开启更大幅度的下跌。

颈线是指通过左肩下跌低点和顶部回落低点形成的一条直线。颈线是完成头肩顶结构的关键位置，也是重要的支撑位。股价一旦跌破头肩顶颈线位，则行情可能会加速下跌，尤其在破位时伴随成交量的放大，则下跌力度将更强，是强烈的卖出信号。

如图4–51所示，中信证券（600030）的K线图中，股价经过一段时间上涨后开始受到获利盘的抛压，短暂回落（股价回落前的高点形成左肩）。随后股价再次上涨，并突破左肩高点创出新高，其后市场抛压再次大增，股价再度回落（股价回落前的高点形成顶部）。当股价回落到左肩回落的低点附近时受到买盘支撑，股价再次上涨。当上涨到左肩高点位置附近时，再次出现市场抛压，导致股价再次下跌（股价下跌前的高点形成右肩），并破位左肩和顶部回落时形成的支撑位（即颈线）。股价破位颈线下行一段距离，行情再度反弹至颈线位时，受到市场更大的抛压，股价再度转为下跌，此后短期内股价呈现持续下跌走势。

头肩顶是一种十分常见的技术形态，从这种形态中能够清晰地看到主力资金的逃离过程。头肩顶一旦确立，预示着行情已经见顶，需要及时撤离。

标准的头肩顶结构，应该是中间波峰比两边波峰高，同时右肩高点比左肩高点稍微低一些。左肩量能最大，中间次之，右肩最少。

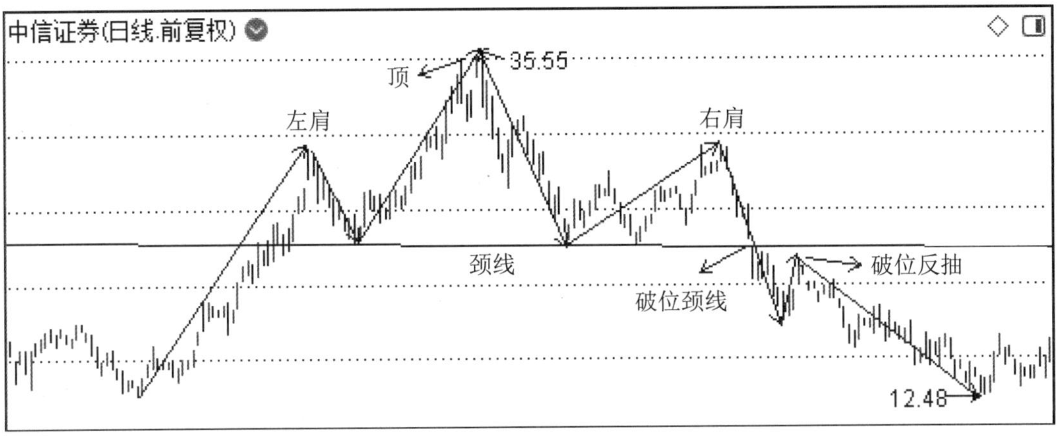

图 4–51

头肩顶破位颈线下跌后，往往会有一波回抽反弹，反弹位置会在颈线附近，之后会再次开启快速下跌行情。

对于头肩顶形态的目标位计算，等量升幅是技术分析中常用的方法。头肩顶结构的下跌目标位，最低也会超越最小的等量升幅。最小等量升幅是指左肩高点和右肩高点的连线同左肩低点和右肩低点连线的垂直高度。下跌目标位即以破位颈线位置开始计算，等幅度于最小等量升幅高度。最大等量升幅是指左肩低点和右肩低点的连线同中间波峰最高点的垂直距离，下跌目标位即以破位颈线位置开始计算，等幅度于最大等量升幅高度。一般头肩顶结构下跌都会达到最大等量升幅目标。

头肩顶形态的市场意义如下。

第一波上涨阶段，主力拉升制造良好的上涨走势，使得市场投资者情绪高涨，普遍看好后市。然后市场资金涌入，形成市场合力，不断推动股价上涨，同时成交量会放大。当市场普遍都有盈利时，一些投资者便考虑落袋为安，卖出离场，因此形成第一波回落。

行情经过短期回落调整后，主力资金再度拉升，推动行情上涨，使得那些错过第一波上涨的投资者在回调期间买进，股价继续上升。主力资金一边拉升股价来吸引投资者入场，一边抛出手中筹码。当行情超越上次高点后，表面看市场仍然健康和乐观，但由于主力资金已经大幅撤离，因此整体成交已大不如前，反映出买方力量在逐步减弱。因为主力资金控制减弱，行情再次转向回落，同时市场短线投机者也同时卖出，致使股价再度回落。

当行情回落至前低点附近时，由于前面有支撑点，因此容易吸引资金进入。主力此时还剩部分资金没有撤离，就会利用手中剩余仓位做第三次拉升，同时吸引市场中那些后知后觉错过前两次上涨机会的投资者来接盘。这个阶段股价上涨会有很大压力和分歧，上涨乏力，同时成交量进一步下降。待主力资金无法控制行情再度上涨时，便会将手中筹码全部抛出，导致股价快速下跌。如此一来，缺少主力控制后，股价下跌造成散户疯狂抛货，因此股价后市将会持续下跌，并且杀伤力会非常大。

（2）头肩底。

头肩底结构和头肩顶结构一样，只是把整个形态倒转过来，是指行情在下跌趋势中，由 3 个波谷和两个波峰组成的底部结构，中间波谷低于两边波谷。头肩底结构主要由左肩、头部、右肩和颈线组成。

左肩部分是指股价经过一段时间持续下跌后，筹码分散，成交冷清，此时主力机构开始进入建仓，导致价格上涨，成交量逐步放大。

头部是指股价经过短暂反弹后，又一次强劲下跌，并伴随成交量的增加。股价下跌会跌破左肩的低点，并创出新低。在创出新低后股价再一次上涨，成交量也逐渐递减，在这波下跌过程中，主力资金会一边砸盘一边建仓。

右肩部分是指股价从低点上涨到接近左肩上涨高点附近，再次受到压力，使得股价承压回落。此时市场再度恐慌抛货，主力再度吸收筹码，但成交量较左肩明显减少，股价下跌未能达到前期低点便开始再次上涨。主力资金基本建仓完毕，行情可能开启更大幅度的上涨。

颈线是指通过左肩上涨高点和头部触底反弹高点形成的一条直线。头肩底形态，行情破位颈线上涨，且上涨会加速。尤其是伴随着成交量的增加，上涨速度会更快，是强烈的买入信号。

如图 4–52 所示，福建高速（600033）的 K 线图中，股价经过一段时间下跌后，市场买盘增多，推动股价反弹（股价反弹前的低点形成左肩）。股价经过短暂反弹后，市场抛压增多，导致股价再度下跌，并突破左肩低点创出新低。当股价创新低后，很快市场买盘再度增加，推动价格再次上涨（股价上涨前的低点形成底部）。当股价上涨到左肩反弹高点位置附近时受到阻力，股价再次转为下跌。股价下跌至左肩低点附近时，受到买盘支撑，再次转为上涨（股价上涨前的低点形成右肩），并且向上破位左肩和底部反弹高点形成的压力位（即颈线）。当股价破位颈线上涨一段距离后，股价再度回踩至颈线位置时，受到市场买盘大增影响，股价再度转为上涨，此后短期内股价呈现持续上涨走势。

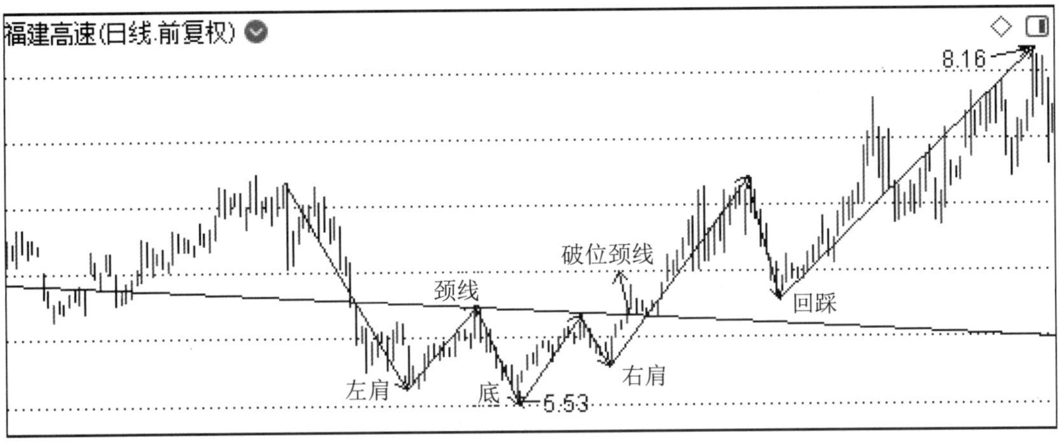

图 4-52

头肩底形态是比较常见的主力建仓形态，由于有主力控制，一旦破位颈线，预示行情筑底完成，后市还有不小的上涨空间，可以逢低建仓，是强烈的看涨信号。

标准的头肩底形态，应该是中间波谷比两边波谷低，同时右肩低点比左肩低点稍微高一些。头部量能最大，左肩次之，右肩最少。

头肩底破位颈线上涨后，往往会有一波回撤，回撤位置会在颈线附近，之后会再次开启快速上涨行情。

头肩底形态的目标位计算，跟头肩顶形态计算方式一样。头肩底形态的下跌最小目标位是左肩低点和右肩低点的连线同颈线的垂直高度。最低上涨目标位以破位颈线位置开始计算，等幅度于最窄目标位。最大目标位是指左肩低点和右肩低点的连线同中间波谷最低点的垂直距离。上涨目标位即以破位颈线位置开始计算，等幅度于最大等量升幅高度。一般头肩底形态上涨都会达到最大等量升幅目标。

头肩底形态的市场意义如下。

第一波下跌阶段，股价经过一段时间下跌，市场成交清淡，成交量逐步缩小，前期套牢盘不断割肉。主力资金开始关注，逐渐在低位吸筹，令股价出现短期上涨，上涨期间伴随成交量递增。这一波上涨是因为主力资金初步进入，由主力吸筹而推动行情上涨。

第二波下跌阶段，股价经过主力资金吸筹上涨后，受到部分市场资金关注，同时套牢盘投资者心理状态处于非常不稳定时期，这时主力资金依靠前期吸筹顺势砸盘，将上方意志不坚定的套牢盘全部砸出来，乖乖地交出筹码。同时，在下跌过程中短线投机者看着行情下跌也会卖出，这时主力趁机接收套牢盘筹码，这样主力便可大幅吸筹。股价下跌会破左肩的低点，并创出新低，这时很多投资者看到行情出现下破位便跟风卖出，主力乘机收集筹码，并伴随成交量增加，成交量比左肩成交量要大。

第三波下跌阶段，股价创新低后，主力不断收集筹码从而将股价再次拉升，在这个过程中会伴随少量投资者参与。当行情上涨到前高点附近时，受到前高点压力，同时主力也会制造上冲乏力的假象，让之前进入的部分投机者卖出，这时行情再度转为下跌，同时洗掉最后一批意志不坚定的投资者，这一波下跌量能将会减少。当市场没有更多投资者抛出筹码时，主力便会快速拉升股价，一举破位颈线，让市场投资者来不及在底部建仓。当市场投资者发现再次买入时，只能在颈线上方为主力抬轿了。

（3）复合头肩形态。

复合头肩形态是头肩顶或头肩底的变异形态走势，又称变异头肩形态，其形状和头肩顶或头肩底相似，只是肩部、头部或者两者同时出现多次。复合头肩形态大致有以下几种。

一头双肩形态，是指只有一个头部，而有两个左肩和两个右肩，左右肩的宽度和高度大致平衡。一般左肩高点会比右肩高点高一些，成交量左肩也比右肩高。

一头多肩形态，这是对一头双肩的延伸，也就是一个头部，两边的左肩和右肩都多于两个，由多个波峰、波谷组成的左右双肩，其数量有时相同，有时不同。

多头多肩形态，是由两个或两个以上的头部和多个左右肩组合形成的形态，左肩、头部和右肩往往都有多个波峰或波谷，头部波峰或波谷组成的顶部或底部，其位置大致相近。

复合头肩顶或复合头肩底的计算方式，与正常头肩顶或头肩底一样，但颈线位置有时会有一定的区别。其颈线的画法是，选择头肩顶回落的多个低点连成一条趋势线即为颈线，选择头肩底的多个反弹高点连成一条趋势线即为颈线。

如图 4–53 所示，歌华有线（600037）的 K 线图中，股价在整体走势中形成一个大的头肩顶形态，而大头肩顶结构的顶部出现一个小的头肩顶结构，如此便形成了一个复合头肩顶结构。在大小两个头肩顶形态中，股价向下破位颈线后，短期内都呈现持续下跌走势。

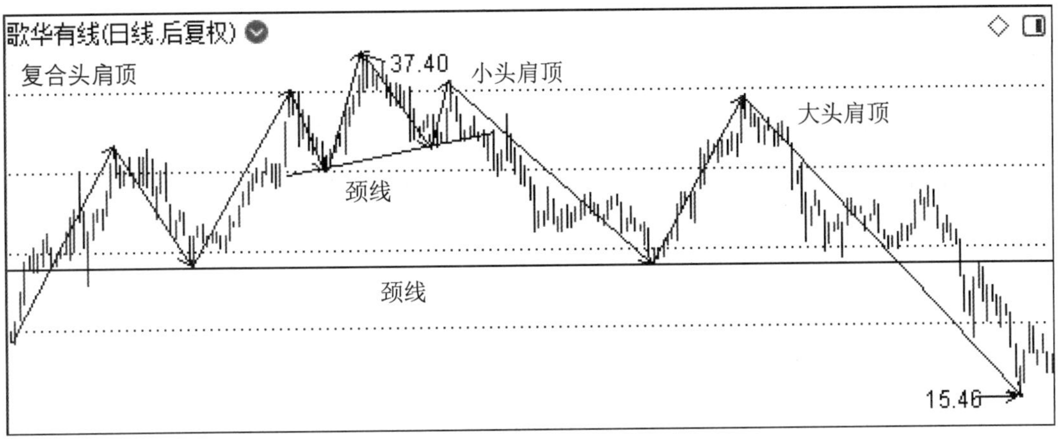

图 4-53

如图 4-54 所示，中直股份（600038）的 K 线图中，股价在整体走势中形成一个大的头肩底形态，而大头肩底结构的底部出现一个小的头肩底结构，如此便形成了一个复合型头肩底结构。在大小两个头肩底形态中，股价向上破位小头肩底颈线后仅出现小幅上涨，向上破位大头肩底颈线后出现持续上涨。

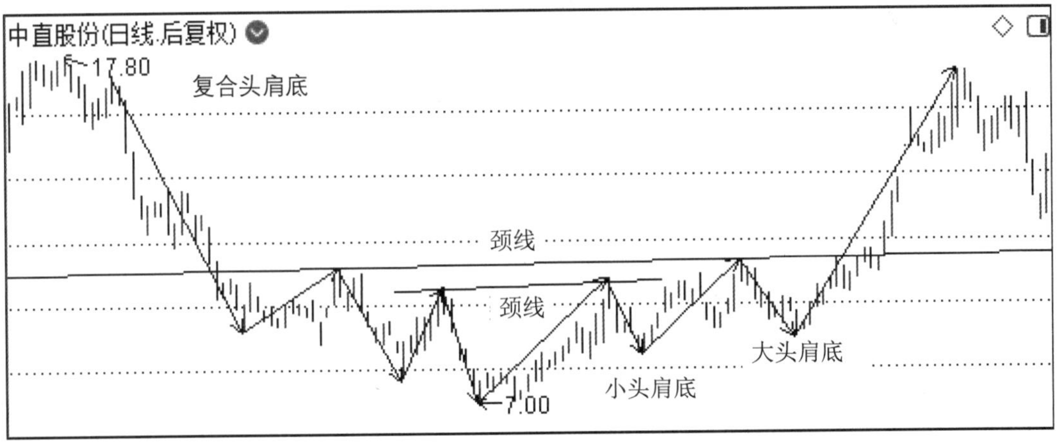

图 4-54

（4）M 头形态。

股市中 M 头形态又叫双顶形态，是十分常见的形态之一。M 头形态主要指股价经过一段时间上涨后，市场出现大量抛压，股价随之下跌。当跌到支撑位或抛压减少后，股价再次上涨至前一高点附近。随后再现大量抛压，导致股价下跌，当跌破前低点时 M 头宣告形成。

M 头形态的颈线就是行情在第一波冲高回落的低点所做的一条直线。当行情向下破位颈线下跌，则预示着后市将继续下跌，是强烈的卖出信号。尤其是当行情破位下跌时，伴随着成交量的增加，则后市股价可能加速下跌。

M 头形态破位下跌后，通常会有一波反弹行情，一般会反弹到颈线位置附近。

标准的 M 头形态一般左边顶会与右边顶高度接近，往往右边顶会稍微比左边顶低，左边的成交量也会相应比右边的高。不过，偶尔在强势市场中或主力在左边顶部回落阶段出货较少时，右边的顶会比左边的高。

如图 4–55 所示，卓郎智能（600545）的 K 线图中，股价经过一段时间的上涨后，受到市场获利盘抛压影响，出现短暂的下跌（下跌前的高点形成左肩），随后受到买盘增加影响，股价转为上涨。当股价上涨到左肩高点附近时，市场抛盘压力再度大增，导致股价转为下跌（下跌前的高点形成右肩），并且快速向下破位左肩下跌时的低点支撑位（即颈线）。在破位颈线下跌一段距离后，股价短暂反抽至颈线位置，随后再次承压下跌，其后短期内呈现持续下跌走势。

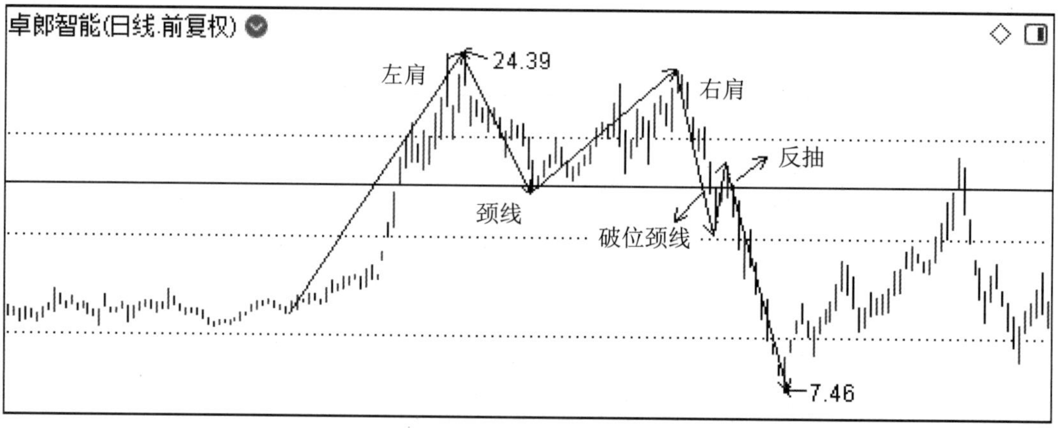

图 4–55

M 头形态的市场意义如下。

当股价持续上涨一段时间后，市场普遍有一些盈利，投资者大都选择获利出局，落袋为安，从而造成行情回落。在这波回落过程中，主力也在陆续出货。当行情出现部分回落后，主力利用手中剩余筹码和资金继续拉升行情，形成第二波上涨，这波上涨的高点一般会比第一波的高点稍低。

当股价第二波上涨至第一波高点附近时，剩余主力资金开始全面撤退，从而造成股价再次下跌，并快速破位下方支撑线。出现 M 头形态时，一定要及时撤离，不要留恋。

（5）W 底形态。

W 底形态是 M 头形态的翻转形式，通常又叫双底形态，也是十分常见的形态之一。W 底形态主要是指股价经过一段时间下跌后，受到支撑或市场资金青睐出现一波短暂的反弹，反弹之后股价受压再次下跌。当跌至前低点附近时再次受到支撑，股价再次回升，这次股价回升会伴随量能的快速增加，并大于前一次下跌的量能。当股价破位前高点上涨时，宣告 W 底形态形成。

W 底形态的颈线是由行情在第一波下跌后反弹的高点所形成的一条直线。当行情向上破位颈线上涨时，则预示着后市行情会持续上涨，是强烈的买入信号。尤其是伴随着成交量的增加，后市股价可能会加速上涨。

W 底形态破位上涨后通常会有一波回撤行情，一般会回撤到颈线位置附近。

标准的 W 底形态一般左边底部会比右边底部稍低，左边的成交量往往也比右边的略小。只有偶尔在市场弱势的行情下，右边的底部会比左边的低。

如图 4–56 所示，新赛股份（600540）的 K 线图中，股价经过一段时间的下跌后，受到市场买盘增加影响，出现短暂的反弹（反弹前的低点形成左肩），随后受到卖盘增加影响，股价转为下跌。当股价下跌到左肩低点附近时，市场买盘再度大增，导致股价转为上涨（上涨前的低点形成右肩），并且快速向上破位左肩反弹时的高点压力位（即颈线）。在破位颈线上涨一段距离后，股价短暂回踩至颈线位置，随后再次转为上涨，其后短期内呈现持续上涨走势。

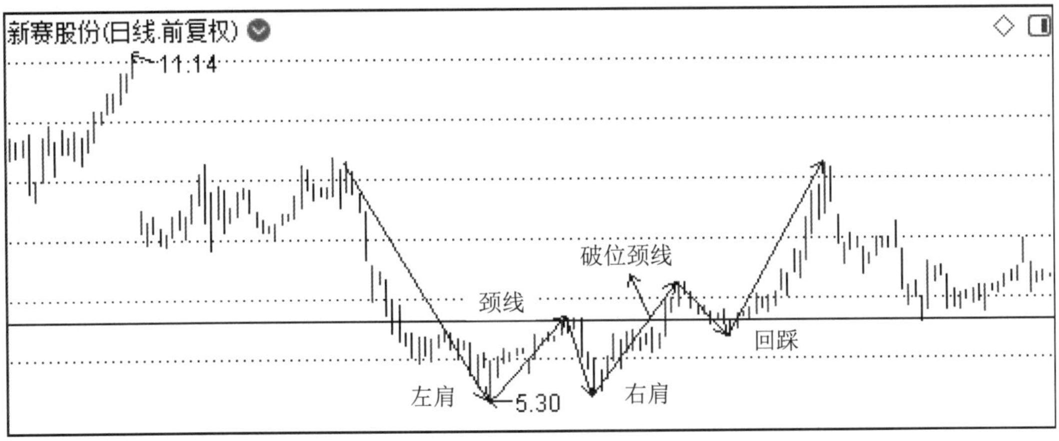

图 4–56

W 底形态的市场意义如下。

股价经过一段时间的持续下跌后，市场成交清淡，筹码分散。当回落到重要支撑位时，容易受到主力资金关注，主力资金开始在低位建仓收集筹码，从而推动价格反弹。由于经过长时间下跌，成交清淡，主力收集到的第一批建仓筹码相对较少。当股价反弹后，主力会再次抛出手中筹码砸盘，诱导上方套牢盘和意志不坚定的投资者卖出，从而顺势收集筹码。

当股价再次回落到前低点附近，往往会受到更多投资者关注，此时如果主力建仓完成，为了不让更多筹码被其他投资者接走，会开始拉盘。当行情再次上涨至前压力位时，往往会加大成交量破位上涨，吸引更多投资者入场接盘，同时为主力抬轿，使得股价继续上涨。

（6）三重顶或多重顶。

三重顶或多重顶形态，实际上就是 M 头的变异形态，与双顶形态相比就是多了一个或多个顶部。之所以会出现这种形态，是因为在行情上涨过程中主力资金深度介入个股，无法在双顶结构完成出货，从而通过多个顶部结构逐步将手中筹码抛出。当主力筹码基本都抛出时,股价便不受控制开始下跌。当市场投资者看见行情下跌后，会跟风抛盘，致使行情快速下跌，并破位颈线加速下跌。

股价完成三次顶部结构就开始破位颈线下跌，称为三重顶形态。股价完成三次以上的顶部结构才开始破位颈线下跌，称为多重顶形态。

三重顶或多重顶每次回落都会形成低点，寻找一条直线串联起最多的低点，这条直线便是颈线。

标准的三重顶或多重顶结构中，成交量随着顶部越往后移会越来越少，但完成最后一次顶并破位下跌时往往成交量会大幅增加。通常情况下，顶部越往后移，顶部高点会渐次降低，但是整体顶部的高度相差不会太大。

如图 4–57 所示，民生银行（600016）的 K 线图中，股价经过一段时间上涨后，获利盘抛售致使股价出现短暂回落（回落前的高点为一重顶）。随后，市场买盘增加使得股价转为上涨，当股价上涨到前高点附近时，抛售增加导致股价再次承压回落（回落前的高点为二重顶）。当股价回落至前一次回落低点附近时，再度上涨至前两次上涨的高点附近，随后市场涌现大量抛盘，导致股价再次转为下跌（下跌前的高点为三重顶），并向下破位前两次回落形成的支撑位（即颈线）。当破位颈线下跌一段距离后，股价反抽至颈线位置附近，随后再度转为下跌，其后短期内呈现持续下跌走势。

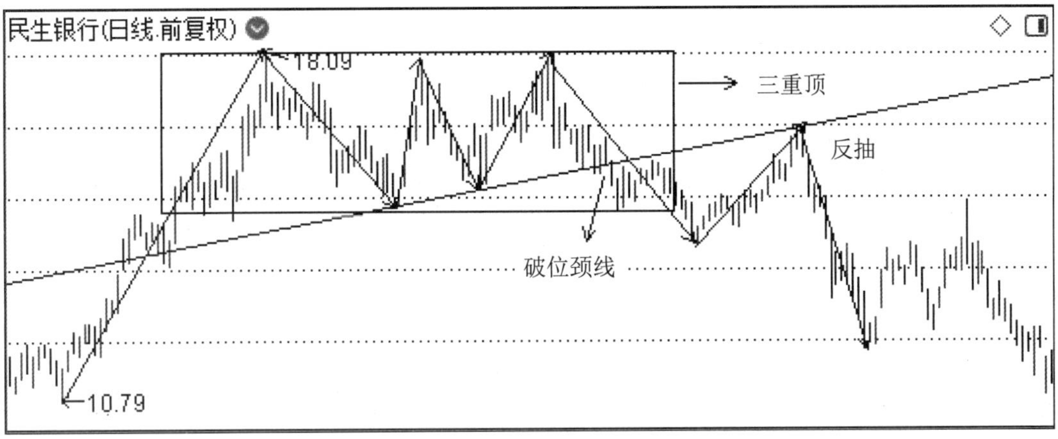

图 4–57

三重顶或多重顶的目标位计算方法是，从每一波反弹的波峰画一条直线，直线最好能串联起最多的高点，破位颈线后下跌的最低目标位等幅于这条直线与颈线的垂直距离，破位颈线后的最高目标位等幅于最高顶部的顶点与颈线的垂直距离。一般整体行情都下跌时，往往会出现实际下跌幅度大于破位颈线后最大目标位的幅度。

（7）三重底或多重底。

三重底或多重底形态，实际上是 W 底的变异形态，同时也是三重顶或多重顶的翻转形态，与双底形态相比就是多了一个或多个底部。之所以会出现这种形态，是因为行情在下跌过程中筹码过度分散，而且套牢盘不愿意卖出，主力介入后吸收筹码速度比较缓慢，从而使得主力不得不通过制造多重底来完成吸筹。当主力吸收足够多的筹码时，会在大多数市场投资者没有注意时趁机拉升，让行情快速冲高，并破位颈线上涨。

股价完成三次底部结构就开始破位颈线上涨，则称为三重底形态。股价完成三次以上的底部结构才开始破位颈线上涨，则称为多重底形态。

三重底或多重底的颈线画法与三重顶或多重顶的颈线画法类似。股价每次反弹形成高点，寻找一条直线串联起最多的高点，这条直线便是颈线。

标准的三重底或多重底结构中，越靠近左边的底成交量越大，越往右走成交量越小，因为越往后洗盘出来的筹码越少。但最后一次底部完成后拉升破位颈线时，成交量往往会大幅增加。每个底部的低点都相对接近，一般情况下，靠左边的底稍微低一些，偶尔也会出现最后一次下跌的低点比前面的都低。

如图 4–58 所示，中国铁建（601186）的 K 线图中，股价经过一段时间下跌后，市场买盘增加，使得股价出现短暂反弹（反弹前的低点为一重底）。随后市场卖盘增加，使得股价转为下跌，当股价下跌到前一低点附近时，买盘再次增加使得股价又转为上涨（上涨前的低点为二重底）。当上涨至前一次反弹高点附近时，股价再度下跌至前两次下跌的低点附近，随后市场涌现出大量买盘，导致股价再次转为上涨（上涨前的低点为三重底），并向上破位前两次反弹形成的压力位（即颈线）。当破位颈线上涨一段距离后，股价回踩至颈线位置附近，随后再度转为上涨，其后短期内呈现持续上涨走势。

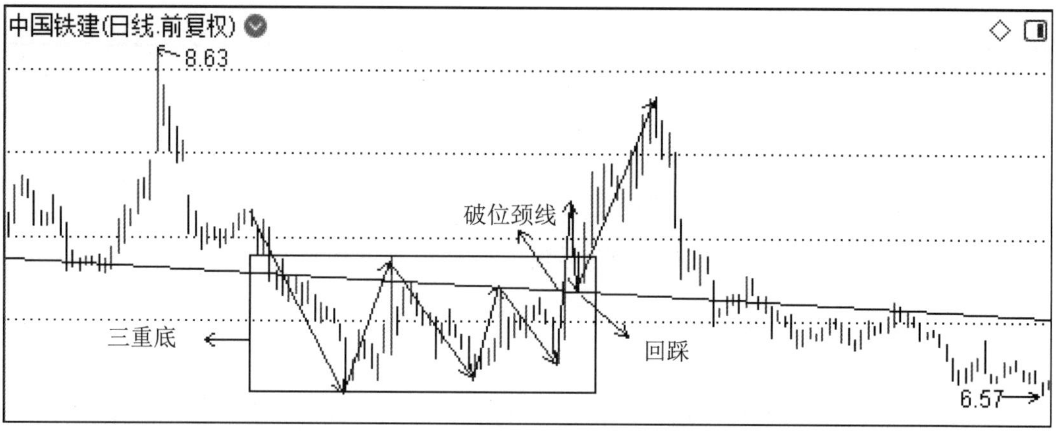

图 4–58

三重底或多重底的目标位计算方法是，从每一波回调的低点画一条直线，直线最好能串联最多的低点，破位颈线后上涨的最低目标位等幅于这条直线与上方颈线的垂直距离，破位颈线后的最高目标位等幅于最低那个底部的低点位置与颈线的垂直距离。破位颈线后的最低目标位等幅于最高那个底部的低点位置与颈线的垂直距离。市场强势时，实际上涨幅度往往会大于破位颈线后最大目标位的幅度。市场弱势时，实际上涨幅度往往会小于破位颈线后最低目标位幅度。

（8）V 形形态。

V 形形态是指股价经过一段时间的快速下跌后，在底部停留的时间很短，紧接着就触底拉升，并且拉升的速度跟下跌的速度一样快，很快将股价再次拉回到下跌前的水平，这样的走势像一个 V 字。这种形态通常是一种底部形态，因此也叫“V 形底”，俗称“怎么跌下去的就怎么涨上来”，也是股市中比较常见的形态之一。V 形形态常常出现在熊市末期或上升趋势的阶段性调整中。

如图 4–59 所示，天士力（600535）的 K 线图中，股价经过一段时间的横盘震荡后，开始快速下跌。当股价下跌一段距离后，市场涌现大量买盘，推动股价快速上涨，很快又回到原来开始下跌的位置，形成 V 形形态。随后，股价在向上破位 V 形形态颈线后加速上涨，其后短期内呈现持续上涨走势。

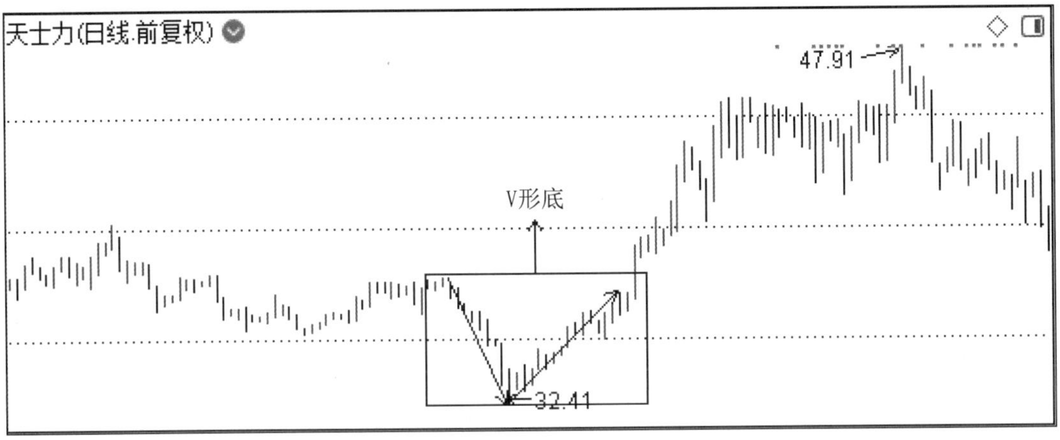

图 4–59

V 形形态也有颈线，就是从股价开始下跌的位置水平画一条直线，这条直线也是重要的压力位。当股价反弹拉升至颈线位置时，会受到压力出现小幅回落或横盘。当破位颈线上涨后，股价一般还会顺势上涨，上涨的目标位等幅于股价下跌阶段的最低点与颈线之间的垂直距离。

在 V 形形态的下跌、上涨阶段，一般都是中间段最陡峭。V 形形态的底部常常十分尖锐，触底时经常会出现单针探底或巨阳吞阴的 K 线组合，一旦出现这样的组合往往是触底反转信号。当行情触底反转上涨时，成交量明显增加。

标准的 V 形形态一般是，下跌阶段的速度相对较快，斜率相对较大，上涨阶段的速度会相对较慢，斜率相对较小。

V 形形态的市场意义如下。

当股价处于平缓走势时，市场突然出现利空消息或机构大量抛货，导致行情持续快速下跌。行情下跌一定幅度后，利空消息被市场完全消化或新的机构进入股市并快速建仓，随后行情被快速拉升，在很短的时间内恢复到下跌前的水平。在快速拉升阶段会有部分市场投资者跟风涌入。

当行情拉升到颈线位置时，大多数市场投资者会选择获利出局，市场抛盘增加对股价上涨形成压力，在颈线位置通常会有一波小幅回调或横盘运行。如果主力依然坚守，则会在行情整理期间趁机洗出浮筹，等筹码收集足够后便会顺势上拉，快速破位颈线上涨。如果主力选择放弃，则V形形态向上破位失败，行情会再度转为下跌。

因此，V形形态关键位置有两个，一个是底部反转位置，另一个是颈线位置。

（9）倒V形态。

倒V形态正好与V形形态相反，又称“V形顶”，俗称“怎么涨上去的就怎么跌回来”。倒V形态是指股价经过一段时间的快速上涨后，出现利空消息或大量获利盘出逃，导致股价快速下跌，又回到股价的起涨点，这样的走势看起来像倒写的V字。这种形态常常出现在牛市的末期或下跌趋势的阶段性反弹中。

如图4-60所示，*ST狮头（600539）的K线图中，股价经过短时间的横盘震荡后，开始加速上涨。当股价上涨一段距离后，市场涌现大量卖盘，导致股价快速下跌，又回到原来开始上涨的位置下方，图形上形成倒V形态，随后股价形成一波震荡走势。

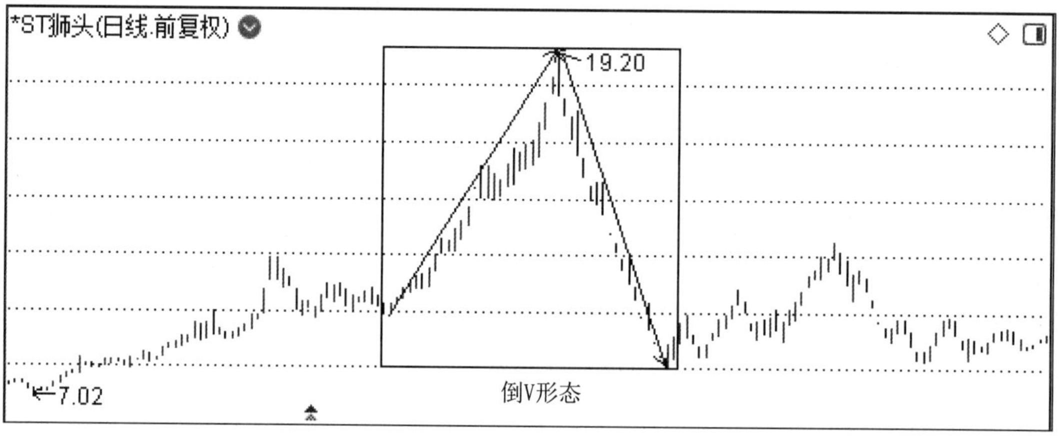

图4-60

倒V形态也有颈线，就是股价从开始上涨的位置水平画的一条直线，这条直线也是重要的支撑位。当股价回落下跌至颈线位置时，受到支撑后出现小幅反弹或横盘。股价破位颈线下跌后，一般还会顺势下跌，下跌的目标位等幅于股价上涨阶段的最高点与颈线之间的垂直距离。

在倒V形态的上涨、下跌阶段，一般中间段最陡峭。倒V形态顶部常常十分尖锐，筑顶时经常会出现黄昏之星或乌云盖顶的K线组合，一旦出现这样的组合往往是筑顶反转信号。当行情筑顶反转下跌时，成交量明显增加。

标准的倒 V 形态一般是，上涨阶段的速度会相对较慢，斜率相对较小，下跌阶段的速度会相对较快，斜率相对较大。

倒 V 形态的市场意义如下。

当股价处于平缓走势时，市场突然出现利好消息或主力快速建仓拉升，导致股价大幅上涨。当股价上涨到一定高度后，市场利好消息出尽或突然出现利空消息，抑或是大部分市场投资者或主力获利出局，集体抛售筹码，使得股价快速下跌，很快便回到起涨点。当股价回到起涨点时，倒 V 形态构筑完成，同时受到颈线支撑。此时，常常有部分投资者或主力再次买入建仓，使得股价出现一波反弹。如果主力无心再度拉升，则股价反弹后很快会再度下跌并破位颈线，行情一旦破位颈线下跌，则容易形成恐慌性抛盘，还会有较大下跌空间。

（10）圆弧顶。

圆弧顶形态是指股价经过一段时间的持续上涨后，开始缓慢地呈弧形上升，即前期上涨速度和幅度都很快，呈弧形阶段涨速和涨幅越来越小，先是高点比前一个高，低点比前一个低，随着往后推移，高点逐步走平后开始缓慢回落，高点比前一个低，低点也比前一个低，这样把短期走势的高点用曲线连接起来，就形成一个圆弧形的顶。这种形态中，成交量上通常也呈现圆弧顶形态。

如图 4–61 所示，华业资本（600240）的 K 线图中，股价经过一段时间的缓慢上涨后，每次上涨的高点开始逐步变缓。当股价平缓地达到一个高点后，其高点又开始平缓地下跌，顶部高点用曲线连接形成的形态就像一个圆弧结构，当股价向下破位圆弧顶颈线后，在短期内出现加速下跌走势。

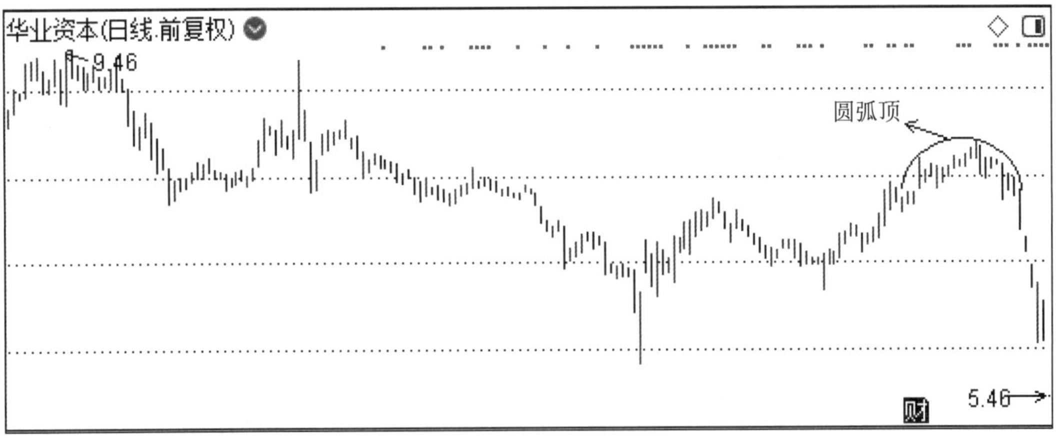

图 4–61

圆弧顶的颈线是从股价开始放缓上涨处画的一条直线。股价缓慢下跌到颈线位置，一般会受到支撑，往往会在支撑位出现一波很小幅度的反弹。股价破位颈线下跌时，通常会加速，并伴随成交量的增加。

圆弧顶形态的顶部一般会偏右方。也就是说，缓慢上涨阶段的速度和幅度较平缓，缓慢下跌阶段的速度或幅度则较快。

圆弧顶形态破位颈线下跌后，一般会有一波反弹，反弹位置通常在颈线附近，随后会加速下跌。一旦形成圆弧顶形态，意味着行情已经见顶，即将进入下跌趋势，是强烈的卖出信号。

圆弧顶在破位颈线下跌后的目标位，等幅于圆弧顶的顶部与颈线之间的垂直距离。

圆弧顶的市场意义如下。

当股价经过一段时间的持续上涨后，市场投资者都有部分获利，但获利不多。一部分投资者选择离场，另一部分则选择坚守，从而使得股价上涨速度和幅度开始放缓，主力对筹码的控盘程度不是特别强。

如果拉得太快容易给大多数市场投资者盈利出场的机会，主力出货则更加困难，因此主力只能缓慢拉升，一边拉升一边抛货。当主力手中筹码少到无法拉动股价继续上涨时，就形成圆弧顶顶部。之后，随着主力手中的筹码越来越少，控盘能力越来越弱，股价开始走出缓慢下跌行情。

当主力筹码无法控盘时，主力趁机将手中筹码全部抛出，这时行情就会加速下跌。市场投资者看到股价加速下跌，便会跟随抛货，从而助推股价下跌。当股价加速下跌时，一般会伴随成交量的大幅增加。

（11）圆弧底。

圆弧底形态是指股价经过一段时间的持续下跌后，开始缓慢地呈下降弧形运行，即前期下跌速度和幅度都很快，呈弧形阶段跌速和跌幅越来越小，先是高点比前一个低，低点比前一个低，随着往后推移，低点逐步走平后开始缓慢上升，高点比前一个高，低点也比前一个高，这样把短期走势的低点用曲线连接起来，就形成一个圆弧形的底。这种形态中，成交量上也呈现凹圆弧形态。

如图 4-62 所示，万科 A(000002)的 K 线图中，股价经过一段时间上涨后出现回落，回落过程中低点缓慢下降。当股价平缓地到达一个低点后，开始缓慢上涨，低点缓慢抬升。当股价向上破位颈线上涨时，短期内出现加速上涨走势。

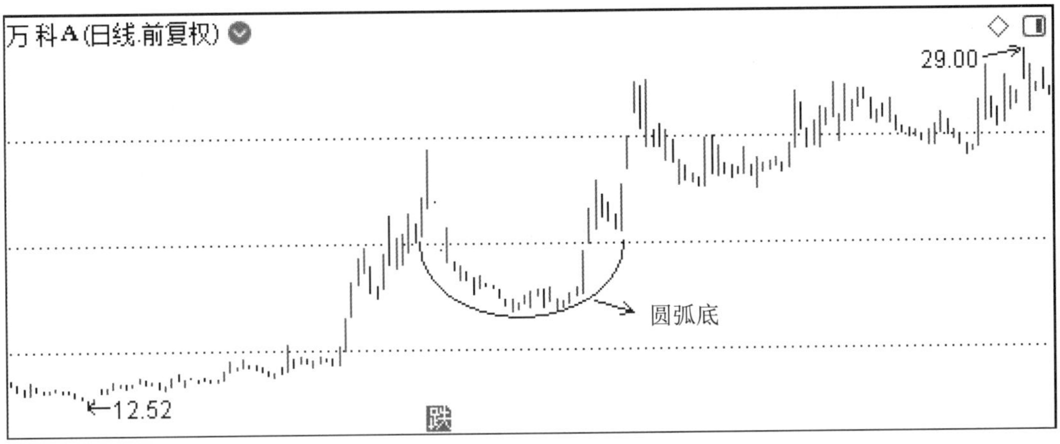

图 4–62

圆弧底的颈线是从股价开始放缓下跌开始画的一条直线。股价开始缓慢上涨到颈线位置时，一般会受到压力，股价在压力位往往会出现一波很小幅度的回落或横盘行情。当股价破位颈线上涨时，通常会加速上涨，并伴随成交量增加。

圆弧底形态的底部一般会偏左边。也就是说，缓慢下跌阶段的速度和幅度比较快，缓慢上涨阶段的速度或幅度则比较慢。

圆弧底形态破位颈线上涨后一般会有一波回撤，回撤位置通常在颈线附近，随后会加速上涨。一旦形成圆弧底形态，意味着行情已经触底，即将走出上涨趋势，是强烈的买入信号。

圆弧底在破位颈线上涨后的目标位，等幅于圆弧底的底部与颈线之间的垂直距离。

圆弧底的市场意义如下。

当股价经过一段时间下跌后，市场成交趋于冷清，主力资金开始逐步进场，从而使得股价下跌的速度和幅度开始放缓。但由于筹码较为分散，主力收集筹码比较困难，因此行情呈现缓慢下跌状态。

当主力收集的筹码与市场卖出的筹码相对均衡时，股价开始走平。但由于上方套牢盘卖出意愿不强，因此主力手中筹码不足以控盘，只能选择缓慢拉升。主力收集的筹码越来越多，以至于足够控盘时，主力便会乘机快速拉升，使得行情一举突破颈线上涨。市场投资者看到股价快速拉升并破位颈线上涨，便会跟随买入，从而助推股价快速上涨。当股价破位颈线上涨时，一般会伴随成交量大幅增加。

（12）U 形底。

U 形底又叫潜伏底，是指股价经过一段时间下跌后开始做窄幅波动的横盘整理，每日股价的波动幅度都极小，而且成交量十分稀少，图形结构上就像一根横着的小波浪线。

股价经过较长时间的沉寂横盘后，成交量和股价开始慢慢上升，上升的速度越来越快，股价开始大幅上涨，成交活跃度也越来越高。当U形底开始破位上涨并伴随成交量增加时，即为买入信号。

如图4-63所示，会畅通讯（300578）的K线图中，股价经过一段时间横盘震荡后，出现加速下跌走势。股价下跌一段距离后，开始维持稳定的横盘走势。股价横盘一段时间后开始加速上涨，从图形上看就像一个U形结构，股价下跌和上涨阶段都显得比较陡峭，底部横盘区域相对平稳。

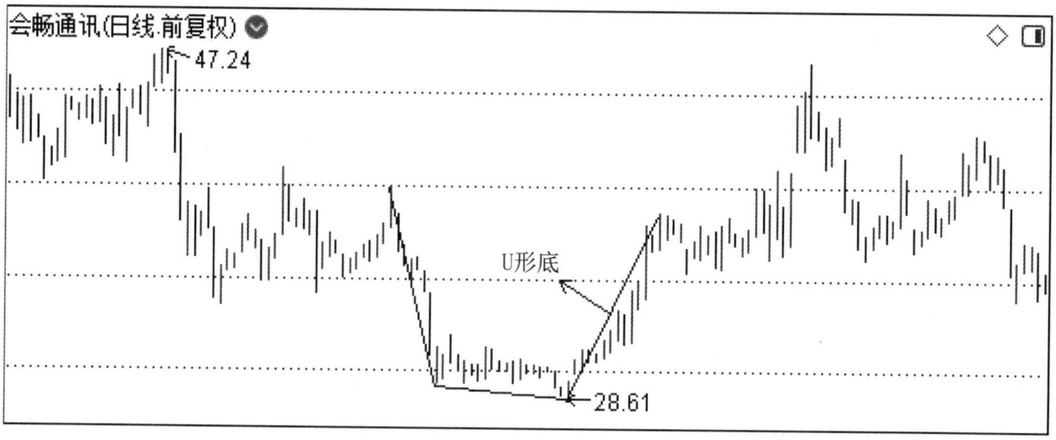

图4-63

U形底形态的市场意义如下。

U形底形态一般出现在行情经过一段时间持续下跌之后，市场成交冷清，而且筹码极其分散，业绩不佳，不受关注，每天成交处于多空平衡状态。这种形态中，没有资金愿意接盘，或是有主力潜伏，故意横盘吸收筹码，从而使得股价一直处于窄幅波动的横向移动。

当该股突然遇到利好消息或主力建仓完成，股价和成交量都会快速增加，从而引起市场投资者关注并跟风买入,从而助推股价持续上涨。U形底一旦走出上涨趋势，如果有量能配合，后市上涨的空间将会非常可观。

在反转形态中，顶部反转形态能提醒投资者注意规避风险，及时撤离，当形态已经形成时，千万不要抱有更多幻想，要相信形态走势，这样才能降低风险。底部反转形态能提醒投资者抓住机会及时进场，当形态已经形成时，可以寻低位进场，此时进场机会将大于风险。

2. 中继形态

股市中的中继形态是说行情在走出某种形态，在股价破位前很难判定行情会反转还是持续。很多技术分析者把这种形态归为反转形态，其实应归为中继形态。中继形态包括喇叭形态和菱形形态。

（1）喇叭形态。

喇叭形态是指股价经过一段时间的上涨后下跌，然后再上涨后又下跌，如此循环波动多次，并且每一次上升的高点都比上一次高，每一次下跌的低点都比上一次低。整个形态高低点波动的幅度在逐步放大，向着两个方向扩展，把每次波动的高点和下跌的低点用直线连接起来，就像一个喇叭形状。

如图 4–64 所示，海信电器（600060）的 K 线图中，股价经过一段时间上涨后，开始走横盘震荡走势。横盘震荡期间，股价每次下跌的低点都比前一波低，而每次上涨的高点都比前一波高，在图形上看就像一个喇叭形状。当股价向上破位喇叭形态上方趋势线后，股价出现加速上涨走势。

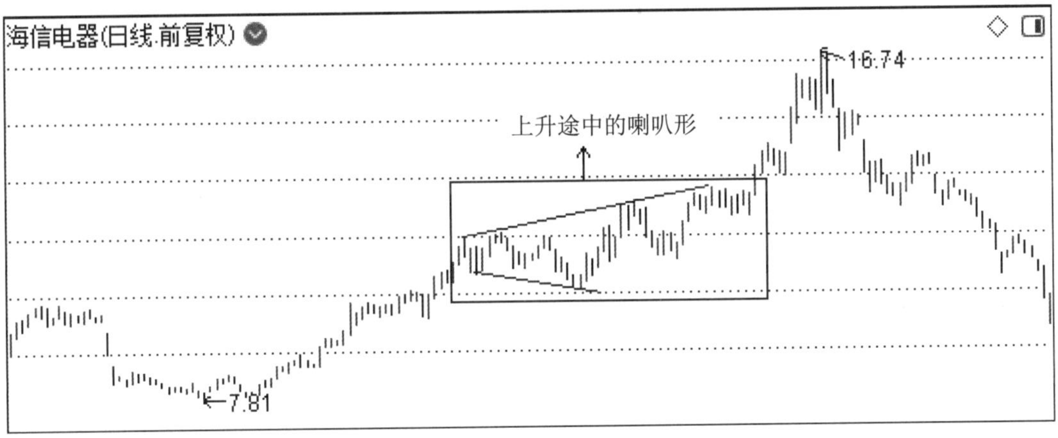

图 4–64

喇叭形态中的每次上涨或下跌，在破位趋势线之前不能完全判断股价会朝哪个方向运行，可能向上突破趋势线上涨，也可能向下突破趋势线下跌。成交量在每次上涨和下跌中都存在不规则的情况，量能时高时低，但在最后一次破位趋势线时会增加。

在上涨趋势中段或顶部、下跌趋势中段或顶部，都可能出现喇叭形态，既可能是反转形态也可能是持续形态。在判断是否应该买入还是卖出时，要根据股价在喇叭形态中破位的方向决定。

当股价经过一段时间的持续上涨后构建一个喇叭形态，如果行情向下破位下方趋势线，则为卖出信号，需及时出局。如果行情向上破位上方趋势线，则为买入信号，可小仓位参与。

当股价经过一段时间的持续下跌后构建成喇叭形态时，如果行情向上破位上方趋势线，则为买入信号，可进场参与。如果行情向下破位下方趋势线，则为卖出信号，需及时出局。

喇叭形态的破位节点，通常是股价进入喇叭形态后的第三次或第四次碰触上方或下方趋势线时。破位后的目标位，从破位点开始计算一般等幅于趋势线破位点与另一条趋势线的垂直距离。

喇叭形态的市场意义如下。

喇叭形态的形成，一般是由于股价经过一段时间的上涨或下跌后，市场投资者对当前价格的买入或卖出产生很大的分歧，从而造成股价剧烈波动。

在股价上涨阶段形成喇叭形态，说明股价经过一段时间的上涨，部分投资者获利出局，其他投资者又接着跟风进场，造成股价震荡波动。如果主力选择坚守，往往会在震荡过程中趁机吸收更多筹码，随后股价向上破位趋势线拉升。如果主力选择放弃，往往会在震荡过程中趁机出货，随后股价向下破位趋势线下跌。

在股价下跌阶段形成喇叭形态，说明股价经过一段时间的下跌，部分投资者选择割肉出局，其他投资者则选择在此入场，造成股价震荡波动。如果主力资金没有完全撤离，并且主力不愿意坚守，往往会在震荡过程中趁机出货，随后股价向下破位趋势线下跌。如果主力选择坚守或新主力入场，此时会在震荡过程中趁机吸筹，随后股价向上破位趋势线上涨。

（2）菱形形态。

菱形形态是指行情经过一段时间上涨或下跌后，股价出现震荡行情，前期行情波动的高点逐步增高，波动的低点逐步降低，后期行情波动的高点逐步降低，波动的低点逐步增高，即行情波动走势前期是向外扩展，后期是向内收缩，就像是两个正反的喇叭形态扣在一起。把扩展期的所有高点和所有低点都用直线连接起来，再把收缩期的所有高点和所有低点也用直线连接起来，如此构成的图形如菱形，因此称为菱形形态，此形态犹如钻石一般，经常也叫钻石形态。

如图 4-65 所示，首创股份（600008）的 K 线图中，股价经过一段时间上涨后，开始宽幅震荡，低点逐步走低，高点逐步走高，呈喇叭形走势。随后，股价高点逐步走低，低点逐步走高，呈倒转的喇叭形走势。将两个喇叭形走势连接起来，形成菱形形态。当股价运行至菱形末端时，股价向下破位趋势线下行，其后短期内呈下跌走势。

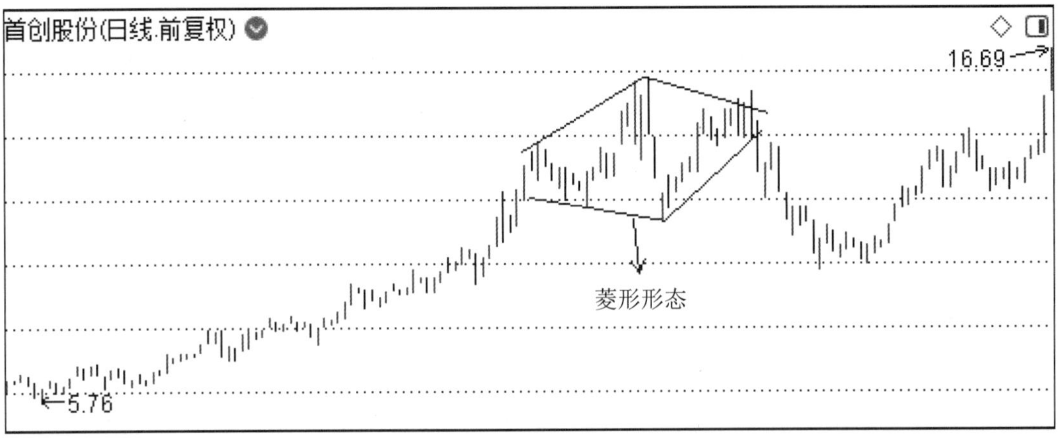

图 4-65

菱形形态前期不会存在破位趋势线上涨或下跌的情况，后期阶段才会破位趋势线上涨或下跌。破位趋势线之前无法判断股价会朝哪个方向破位，可能破位右上方趋势线上涨，也可能破位右下方趋势线下跌。在震荡过程中，成交量也是时高时低，但最后破位趋势线上涨或下跌时，通常会伴随成交量的增加。

在上涨趋势中段或顶部、下跌趋势中段或顶部，都可能出现菱形形态，既可能是反转形态也可能是持续形态。在判断应该买入还是卖出时，要根据股价在菱形形态中破位的方向决定。

当股价经过一段时间的持续上涨后构建了菱形形态，如果行情向下破位右下方趋势线，则为卖出信号，需及时出局。如果行情向上破位右上方趋势线，则为买入信号，可小仓位参与。

当股价经过一段时间的持续下跌后构建了菱形形态，如果行情向上破位右上方趋势线，则为买入信号，可进场参与。如果行情向下破位右下方趋势线，则为卖出信号，需及时出局。

菱形形态的破位节点，一般会在股价进入形态后期第三次或第四次碰触上方或下方趋势线时。破位之后的目标位，从破位点开始计算，一般等幅于菱形形态中最高点和最低点的垂直距离。

菱形形态的市场意义如下。

形成菱形形态一般是股价经过一段时间上涨或下跌后，市场投资者对当前价格的买入或卖出产生很大的分歧，投资者显得冲动和失去理智，从而造成股价的剧烈波动。但很快其情绪就会稳定下来，从而使市场趋于稳定，波动逐步变窄，等市场形成新的合力后再选择方向。

在股价上涨阶段形成菱形形态，说明股价经过一段时间的上涨，部分投资者获利出局，其他投资者又接着跟风进场，造成股价震荡波动。随着买卖双方的激烈争夺，行情走势没有明确的方向，随后市场交投活跃度逐步降低。如果主力选择坚守，往往会在震荡过程中趁机吸收更多筹码，致使股价向上破位右上方趋势线拉升。如果主力选择放弃，往往会在震荡过程中趁机出货，致使股价向下破位右下方趋势线下跌。

在股价下跌阶段形成菱形形态，说明股价经过一段时间的下跌，部分投资者选择割肉出局，其他投资者选择在此入场，造成股价震荡波动。随着买卖双方激烈争夺，行情走势没有明确的方向，随后市场交投活跃度逐步降低。如果主力资金没有完全撤离，并且主力不愿意坚守，往往会在震荡过程中趁机出货，致使股价向下破位右下方趋势线下跌。如果主力选择坚守或新主力入场，此时往往会在震荡过程中趁机吸筹，致使股价向上破位右上方趋势线上涨。

在中继形态中，只要行情没有破位，则方向都是可变的。遇到中继形态时，一定不要过早入场，要等行情确认破位后再选择入场还是离场。

3. 持续形态

持续形态是指股价在经过一段时间上涨或下跌后，不再继续沿着趋势方向运行，而是选择在一定区域内进行上下窄幅波动，等时机成熟时再继续沿着原有趋势运行。常见的持续形态包括对称三角形、上升三角形、下降三角形、上升旗形、下降旗形、上升楔形、下降楔形、矩形等。

（1）对称三角形。

对称三角形是指价格波动高低点渐次变窄，波动幅度逐渐缩小，每次波动的高点都比前一次低，每次波动的低点都比前一次高，用一根斜向下的直线连接波动的所有高点，再用一根斜向上的直线连接波动的所有低点，连接完成就形成上下非常对称的三角形。

如图 4-66 所示，东风汽车（600006）的 K 线图中，股价经过一段时间下跌后开始筑底，随后开始维持低位震荡，股价反弹后每次回落的低点都在逐步抬高，每次反弹的高点又在逐步回落，用趋势线连接成对称三角形。当股价运行到三角形 3/4 位置时开始向上破位三角形上涨，其后短期内呈现持续上涨走势。

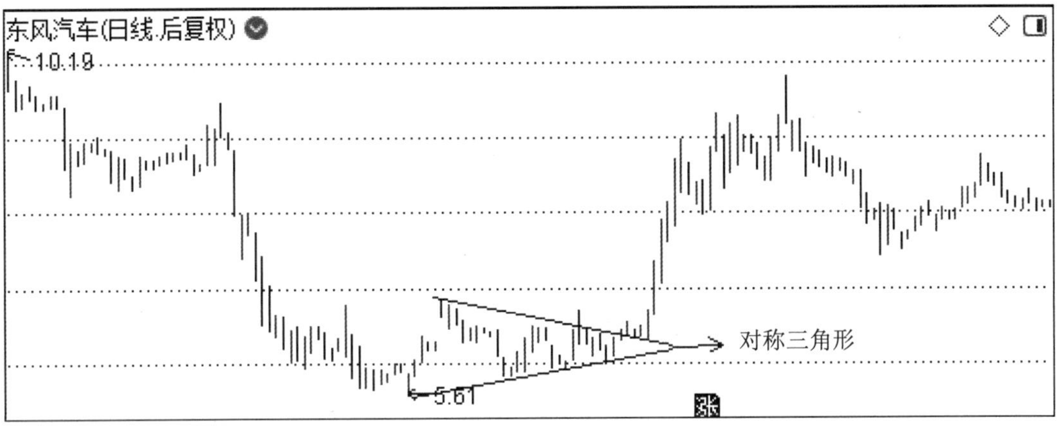

图 4–66

随着对称三角形波动幅度的缩小，成交量也渐次降低。对称三角形的突破点，通常会在距离三角形底边一半或 3/4 位置。当股价再次沿着原有趋势破位时，会伴随成交量的放大。

对称三角形经常出现在上涨趋势或下跌趋势的中段，较少出现在顶部或底部。对称三角形出现在趋势发展的中段，一般都是趋势的暂时停顿整理，待行情休整完成后便会再次向着趋势发展方向运行。

对称三角形的目标位计算方法是，从突破点位置开始计算，等幅于对称三角形内行情的最高点或最低点与相对的那条趋势线的垂直距离。

对称三角形的市场意义如下。

对称三角形是股价经过短时间快速上涨或下跌后，多空双方势均力敌，行情转为横盘状态。股价每次冲高或下跌都会被相反的力量拉回，市场投资者很难判断该入场还是离场。

上涨阶段形成的对称三角形，因为无法判断行情是否还能继续上涨，很多意志不坚定的投资者会选择卖出。在这个阶段，主力通常会非常巧妙地控盘，每次都通过渐次缩小振幅来磨砺市场投资者的耐心，待投资者失去耐心抛出筹码后，会乘机快速拉升。当投资者反应过来陆续买入时，主力便趁机逐步出货。

下跌阶段形成的对称三角形,会吸引很多投资者参与抄底或抢反弹。在这个阶段，主力会通过渐次缩小振幅给市场传递错觉信号，让投资者认为行情可能见底。很多投资者争相入场，主力便大量抛货，待主力筹码无法控制盘面稳定时，行情便再次快速下跌，让接盘的投资者套牢其中。

（2）上升三角形。

上升三角形是指股价快速上涨到一个压力点后开始回落，小幅回落后受到支撑上涨至前高点水平位置时，再度承压回落，回落后的低点比前一低点高，随后再次上涨，如此反复。高点始终在一条近似水平线上，每次回落的低点都逐步抬高，将所有高点用一条直线连接，所有低点用一条斜向上的直线连接，构成上升三角形态。

如图 4–67 所示，浦发银行（600000）的 K 线图中，股价从底部开始起涨，其后开始震荡上涨。股价每次下跌的低点都逐步抬高，每次上涨的高点在第一次上涨高点的水平位置受阻，股价形成上升三角形。当股价运行至三角形 3/4 位置时向上破位上涨，随后经过短期上涨，再次回踩三角形上趋势线附近，其后在短期内呈现持续上涨走势。

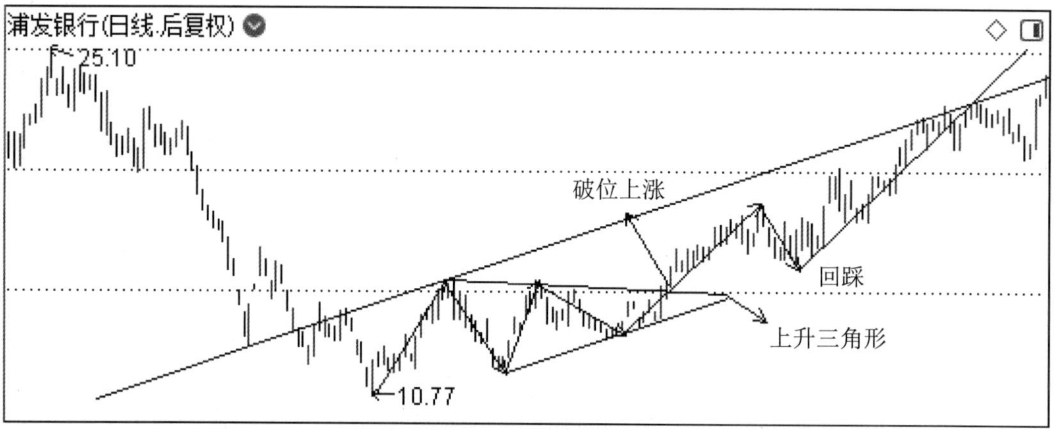

图 4–67

随着上升三角形波动幅度的缩小，成交量也渐次降低。上升三角形的突破点，通常在距离三角形底边一半或 3/4 位置。当股价再次沿着原有趋势破位时，会伴随成交量的放大。

上升三角形只出现在上涨趋势中段，较少出现在顶部。上升三角形出现在趋势发展的中段，一般都是趋势的暂时停顿整理，待行情休整完成后再次向着趋势发展方向运行。上升三角形是上涨持续形态，形态破位上涨是买入信号。

上升三角形的目标位计算方法是，从突破点位置开始计算，等幅于上升三角形内行情的最高点与斜向上趋势线的垂直距离。从第一次触及的最高点位置画一条平行于斜向上趋势线的平行线，即为上升三角形的目标压力线。

上升三角形的市场意义如下。

上升三角形是股价经过短期快速上涨后，多空双方产生分歧，在小范围内较量，但买方力量稍强于空方力量形成的，因此低点会逐步抬升。在多空较量中，主力控盘非常稳健，每次股价被拉升到前高点位置都被强行压制回落，导致投资者普遍认为行情上涨乏力，上方压力较大，因此大多数投资者选择卖出，主力则趁机收集筹码，待意志不坚定的投资者都缴枪投降后，开始快速拉升。当投资者反应过来继续追入时，行情已经拉升了一段距离。此时，主力又趁投资者抬高股价之际逐步抛出手中筹码，顺势出局。

（3）下降三角形。

下降三角形是指股价快速下跌到一个支撑点后开始反弹，小幅反弹后受到上方压力回落至前低点水平位置附近，受前低点支撑，行情再度反弹，反弹的高点比前一次低，随后再度回落，如此反复。低点始终在一条近似水平线上，每次反弹的高点都逐步降低，将所有低点用一条直线连接，所有高点用一条斜向下的直线连接，构成下降三角形。

如图 4–68 所示，日照港（600017）的 K 线图中，股价经过一段时间持续下跌后，进入横盘震荡走势。每次下跌的低点都受到同一水平线支撑，每次反弹的高点逐步降低，形成下降三角形。当股价运行到下降三角形尾部时开始向上破位趋势线，其后出现短暂的反弹走势。

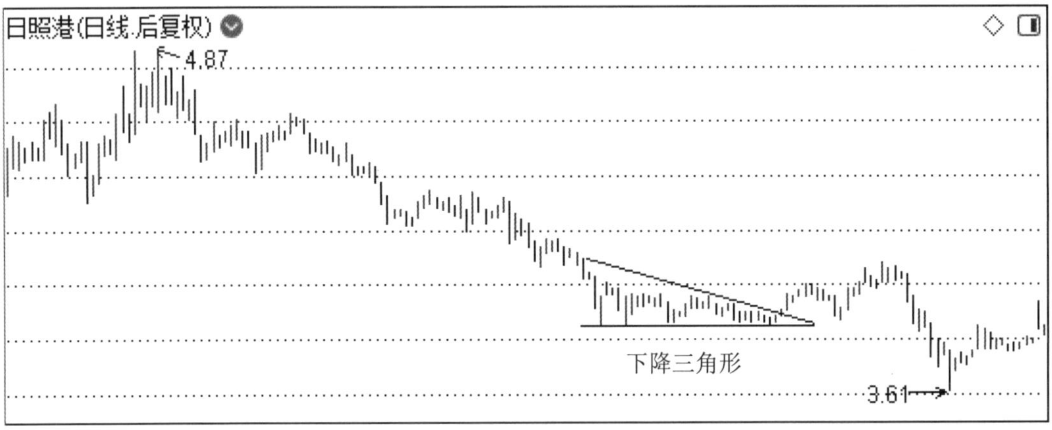

图 4–68

随着下降三角形波动幅度的缩小，成交量也渐次降低。下降三角形的突破点通常在距离三角形底边一半或3/4位置。当股价再次沿着原有趋势破位时，会伴随成交量放大。

下降三角形只出现在下跌趋势中段，较少出现在底部。下降三角形出现在趋势发展的中段，一般都是趋势的暂时停顿整理，待行情休整完成后再次向着趋势发展方向运行。下降三角形是持续看跌形态，形态破位下跌是卖出信号。

下降三角形的目标位计算方法是，从突破点位置开始计算，等幅于下降三角形内行情的最低点与斜向下趋势线的垂直距离。从第一次触及的最低点位置画一条平行于斜向下趋势线的平行线，即为下降三角形的目标压力线。

下降三角形的市场意义如下。

下降三角形是股价经过短期快速下跌后恢复稳定，开始出现小幅反弹，投资者发现抄底或抢反弹的机会，便陆续买入而形成的。主力控制股价，使其每次下跌到低点位置都会被巧妙拉升，制造行情已经触底的假象，让很多投资者认为底部已现，纷纷抄底买入，主力则趁机出货。随着主力筹码陆续减少，每次反弹的高点都逐步降低。当主力手中的筹码不足以稳定股价时，主力便会集中抛出手中最后的筹码，导致股价极速破位下跌。

（4）上升旗形。

上升旗形是指股价经过快速拉升后有规律地回落，每次回落的低点都比前一次低，每次回落后反弹的高点都比前一次低，每次波动的幅度大致相同。将所有回落的低点用直线连接起来，所有反弹的高点也用直线连接起来，得到的两条直线几乎平行，形成的形态就像一面挂在旗杆上的旗帜，因此称为上升旗形。

如图4-69所示，金圆股份（000546）的K线图中，股价前期经过一段时间的缓慢上涨，随后开始第一阶段的加速上涨。当股价上涨一段距离后，开始回撤休整，回撤阶段股价高点逐步走低，低点也逐步走低，从图形上看犹如旗帜一般，这就是上升旗形。股价经过短暂的回撤休整后，再次向上破位旗形的上方趋势线上涨，其后股价开始第二阶段加速上涨，当上涨一段距离后再次形成旗形整理形态，之后再度向上发起冲击。

上升旗形每次回落和反弹，其量能都会有规律的放大和缩小，上升旗形突破点通常在第三次或第四次反弹触及上方斜向下趋势线时。当股价破位拉升时，必定会伴随交易量的放大。当股价破位拉升至第一波上涨高点时往往会有小幅回撤，但很快继续拉升。

上升旗形出现在行情快速拉升后的中段，是行情经过快速拉升后的休整阶段，待休整完成后还会延续原有趋势方向继续拉升。上升旗形破位上方斜向下趋势线上涨时，是买入信号。

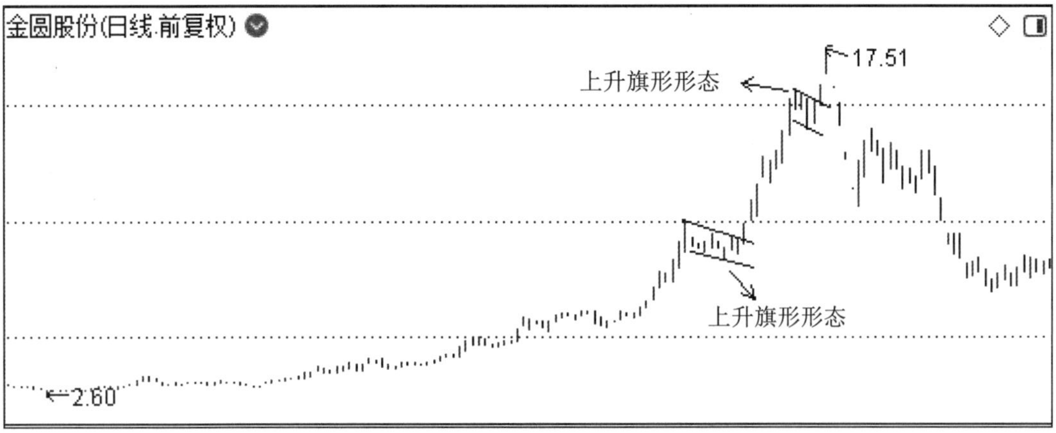

图 4–69

上升旗形的目标位计算方法为行情破位上方斜向下趋势线拉升的目标位，等幅于前一波行情启动点位至第一波最高点的距离。

上升旗形的市场意义如下。

上升旗形是股价经过短期快速上涨后，部分投资者出逃，部分仍然在坚持，多空双方均衡博弈而形成的。主力在这个过程中扮演调和作用，表现不温不火，控制着市场节奏，趁机收集筹码，待意志不坚定的投资者交出筹码后，快速出动拉升股价，拉升的速度往往会非常快，让投资者很难有机会在低位追入。当投资者跟风追入时，股价已经涨到接近目标位附近，也就是说，投资者大量涌入时就是主力趁机抛货撤退之时。

（5）下降旗形。

下降旗形与上升旗形正好相反，是指股价经过短期快速下跌后，暂时趋向稳定，形成有规律的反弹，每次反弹的高点都比前一次高，每次反弹后回落的低点都比前一次高，每次的波动幅度也都大致相同。将所有反弹的高点用一条直线连接起来，所有反弹后回落的低点也用一条直线连接起来，所得到的两条直线几乎平行，形成的图形就像一面旗帜挂在一根倒着的旗杆上，因此称为下降旗形。

如图 4–70 所示，东方航空（600115）的 K 线图中，股价经过一段时间的下跌后，开始进行横盘休整。横盘休整期间，股价高点逐步向上抬升，低点也逐步向上抬升，从图形上看犹如倒过来的旗帜，这就是下降旗形。股价经过一段时间的整理后，开始向下破位旗形下方的趋势线，其后在短期内呈现持续下跌走势。

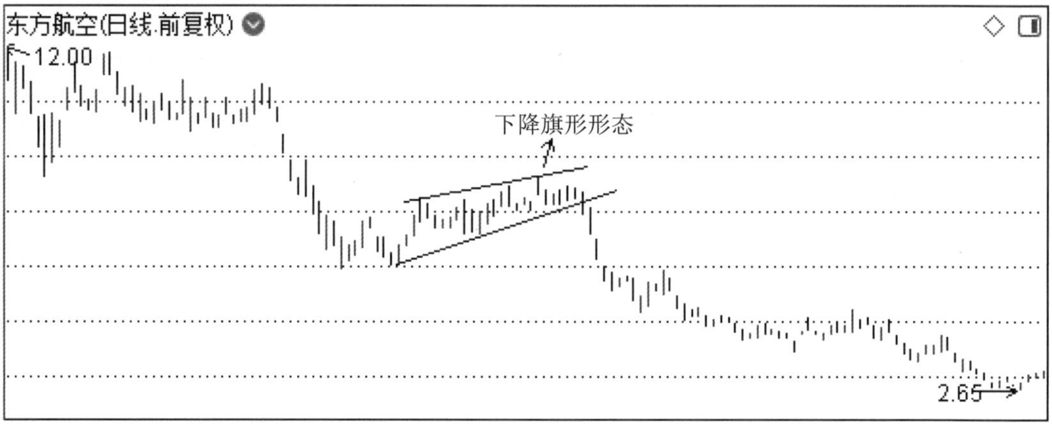

图 4-70

下降旗形每次反弹和回落，其量能也都有规律的放大和缩小，下降旗形的突破点通常在第三次或第四次回落触及下方斜向上趋势线时。当股价破位下跌时，必定会伴随交易量的放大。当股价破位下跌至第一波下跌低点时往往会有小幅反弹，但很快便会继续下跌。

下降旗形出现在行情快速下跌后的中段，是行情经过快速下跌后的休整阶段，待休整完成后还会延续原有趋势方向继续下跌。下降旗形破位下方斜向上趋势线下跌时，是卖出信号。

下降旗形的目标位计算方法为，行情破位下方斜向上趋势线下跌的目标位，等幅于前一波行情启动点位至第一波下跌最低点的距离。

下降旗形的市场意义如下。

下降旗形是股价经过短期快速下跌后，行情暂时维持均衡的一种形态。此时主力手中还有较多筹码，难以一次性抛出，便会在这一阶段制造股价反弹，使低点逐步上升来吸引投资者注意力，让投资者认为低点逐步走高是市场走强的表现，后市行情可能要反转。因此有很多投资者买入，主力则趁此机会逐步抛出手中筹码，当其手中筹码减少到一定数量后，便会集中把筹码抛出，从而导致股价快速破位趋势线下跌。

（6）上升楔形。

上升楔形是指股价经过短期快速下跌后，行情出现小幅反弹整理行情，当价格反弹到一定高度后再次回落，回落的低点比前一次高，然后又再次反弹，反弹的高点也比前一次高。把短期反弹的高点用一条直线连接，短期回落的低点也用一条直线连接，形成的两条直线呈收敛型，此种形态与下降旗形类似，但又不同于旗形，称为上升楔形。

如图 4–71 所示，华媒控股（000607）的 K 线图中，股价经过一段时间持续下跌后，出现第一波反弹，之后股价回落，回落的低点比第一波反弹前的低点要高，在回落之后出现第二波反弹，反弹的高点比第一波反弹的高点要高。用趋势线将股价反弹的高点连接，也将反弹前的低点连接，从图形上看像是向上的收敛形状，构成下跌过程中的上升楔形。股价在第二波反弹后再度回落，并破位前两拨反弹前低点连接构成的趋势线，其后在短期内持续下跌。

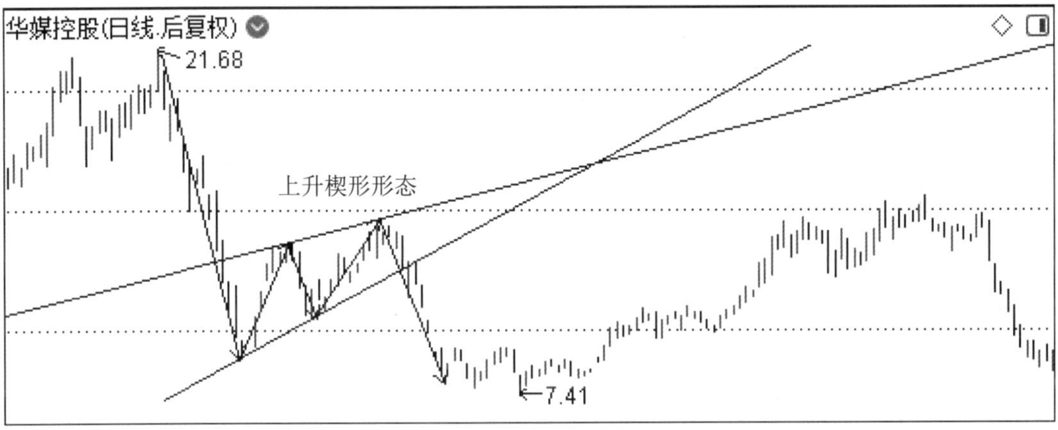

图 4–71

上升楔形中，每次回落至低点时成交量偏少，反弹至高点时成交量偏多，上升楔形突破点通常在第三次或第四次回落触及下方斜向上趋势线时。往往破位时，行情大都运行在股价下跌形成的第一个低点至两条收敛直线形成的尖端距离的 2/3 处。当股价破位下跌时，必定伴随交易量的放大。当股价破位下跌至第一波下跌低点时往往会有小幅反弹，但很快便会继续下跌。

上升楔形出现在行情快速下跌后的中段，是行情经过快速下跌后的休整阶段，待休整完成后还会延续原有趋势继续下跌。上升楔形破位下方斜向上趋势线下跌时，是卖出信号。

上升楔形的目标位计算方法为，行情破位下方斜向上趋势线下跌的目标位，等幅于前一波行情启动点位至第一波下跌最低点的距离。

上升楔形的市场意义如下。

上升楔形是股价经过短期快速下跌后，市场维持均衡整理形成的形态。主力手中持有大量筹码，但无法完全控制盘面，因此通过手中持有的筹码，制造行情触底假象，吸引市场投资者跟风进入。由于主力手中筹码不足以控制盘面，并且随着往后推移，主力筹码逐步抛出，导致每次反弹的幅度越来越弱，高点的成交量也越来越少。等到主力手中筹码大部分已经抛出后，便会趁投资者还没发现股价不稳端倪时，集中抛出手中剩余筹码，从而导致股价快速破位下跌。

（7）下降楔形。

下降楔形是指股价经过短期快速上涨后，行情出现小幅度回落整理，当价格回落到一定低点后再次反弹，反弹的高点比前一次低，然后又再次回落，回落的低点比前一次低。把短期回落的低点用一条直线连接，把短期反弹的高点也用一条直线连接，形成的两条直线呈收敛型，此种形态称为下降楔形。

如图 4–72 所示，东北制药（000597）的 K 线图中，股价经过一段时间持续上涨后，出现第一波回落，之后股价反弹，反弹的高点比第一波回落前的要低，在反弹之后出现第二波回落，回落的低点与第一波回落的接近，之后股价开始第二波反弹，反弹的高点比前两次都低，随后股价再次回落，回落的低点比前两次都低。用趋势线将股价反弹的高点连接，也将反弹前的低点连接，从图形上看像是向下的收敛形状，构成上涨过程中的下降楔形。股价在第三波回落后再度反弹，并破位前三拨反弹高点连接构成的趋势线，其后在短期内持续上涨走势。

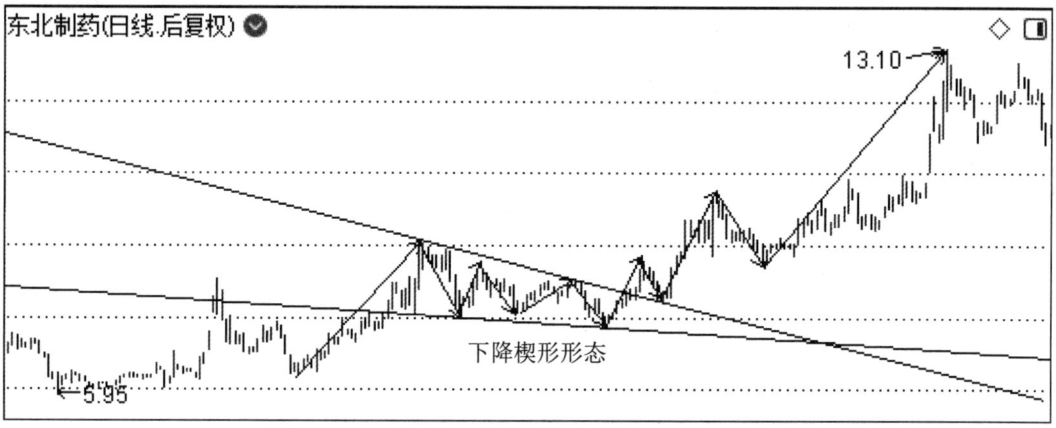

图 4–72

下降楔形中，行情越向后偏移，成交量越少，下降楔形突破点通常在第三次或第四次反弹触及上方斜向下趋势线时。往往破位时，行情大都运行在股价上涨形成的第一个高点至两条收敛直线形成的尖端距离 2/3 处。当股价破位上涨时，必定会伴随成交量的放大。当股价破位上涨至第一波上涨高点时往往会有小幅回落，但很快便会继续上涨。

下降楔形出现在行情快速上涨之后，是行情经过快速上涨后的休整阶段，待休整完成后还会延续原有趋势方向继续上涨。下降楔形破位上方斜向下趋势线下跌时，是卖出信号。

下降楔形的目标位计算方法为，行情破位上方斜向下趋势线上涨的目标位，等幅于前一波行情启动点位至第一波上涨最高点的距离。

下降楔形的市场意义如下。

下降楔形是股价经过短期快速拉升后，部分投资者获利出局，部分仍在坚持，同时主力筹码集中度不高，无法完全控盘，使得市场多空争夺剧烈而形成的形态。随着主力逐步收集筹码，其控盘程度越来越高，行情逐渐走向冷静均衡。当主力将意志不坚定的投资者筹码收集完成后，便会再次快速拉升，使得投资者很难及时追入，待投资者反应过来时，股价已经拉升一段距离，等他们纷纷入场时，主力便又悄然撤退。

（8）矩形。

矩形在股市中非常常见，是指股价在两条水平的上下直线之间震荡而形成的形态。股价在两条直线区间内连续出现上涨或下跌，但每次上涨只要触及上方压力线便会承压回落，每次回落到下方支撑线又会受到支撑反弹，两条水平的平行线构成的横向通道，便是矩形形态，也叫箱体整理形态。

如图 4–73 所示，盛达矿业（000603）的 K 线图中，股价经过一段时间持续下跌后,行情进入横盘区间震荡。行情每次反弹的高点都受到上方同一水平趋势线的压制，导致股价回落，每次回落的低点又受到下方同一水平趋势线的支撑，使得股价出现反弹，从图形上看股价就像在一个矩形的箱体里面运行。

矩形是一种均衡市场的表现，多空双方在矩形形态内形成均衡状态，无法取得实质性的胜利。同时，这种形态中交投活跃度都偏低，要么是主力潜伏吸筹，要么被主力抛弃，导致市场冷清。

矩形经常出现在上涨行情或下跌行情中，在行情横向整理阶段很难判断出行情选择的方向。只有等到行情破位时，才能准确判断行情后市的发展方向。

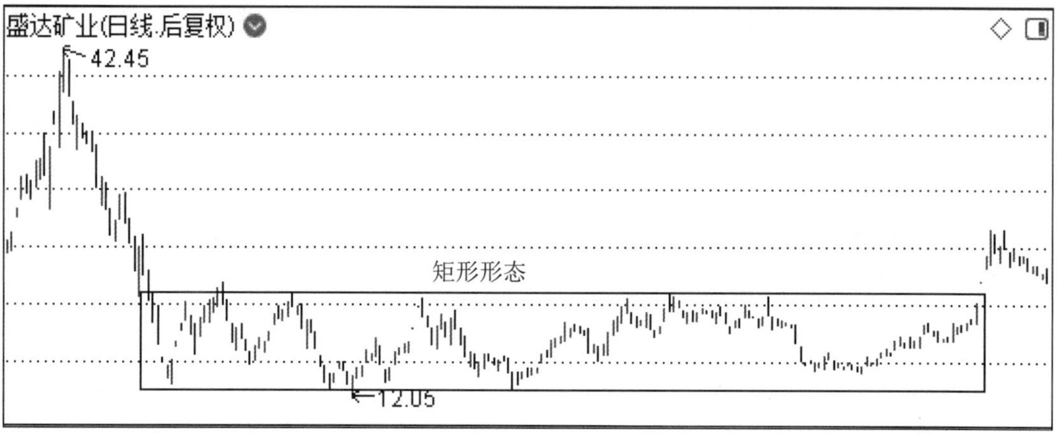

图 4–73

矩形的目标位计算方法为：行情破位上方直线上涨时，目标位等幅于上方直线与下方直线区间的垂直距离；行情破位下方直线下跌时，目标位等幅于下方直线与上方直线区间的垂直距离。

矩形的市场意义如下。

矩形是市场进入均衡状态的表现。这种状态中最主要的是整理，可能是股价与技术指标偏离后需要修复而形成的整理，也可能是股价进入多空平衡时出现的整理。这种状态中最重要的意义在于调整市场心态，修正技术指标。

第四节 趋势理论

趋势理论是股市中的重要理论之一，源于技术分析三大假设中的价格以趋势方式演变。在股市技术分析中，趋势处于核心位置，没有趋势其他技术分析都无从下手。趋势的运行看似简单，但大多数投资者在实战中难以准确把握。如果能够通过特有的分析方法准确把握趋势的运行规律，那么在实战交易中进行操作就会更加从容。

在股市中一般分为三种趋势，即上涨趋势、下跌趋势和横盘震荡趋势。

上涨趋势是指价格波动的主要运行方向为向上，并且持续时间较长。在上涨趋势中，每一波上涨的波峰都比前一波的波峰高，波谷也比前一波的波谷高。

下跌趋势是指价格波动的主要运行方向为向下，并且持续时间较长。在下跌趋势中，每一波下跌的波谷都比前一波的波谷低，波峰也比前一波的波峰低。

横盘震荡趋势是指价格整体上呈水平方向走势，并且持续时间较长。在横盘震荡趋势中，每一次上涨的波峰或下跌的波谷都与前面的波峰或波谷差异不大。

如图 4–74 所示，恒立实业（000622）的 K 线图中，股价经过一段时间的横盘震荡趋势后，开始逐步上涨，每一波上涨走势的低点和高点都逐步抬高，形成上涨趋势。当股价上涨到顶峰后，又转为下跌，每一波下跌走势的低点和高点都逐步走低，形成下跌趋势。

图 4–74

在分析趋势运行轨迹时，最常用的工具便是趋势线，趋势线是指用直线连接股价波动的高点或低点得到的运行方向。当连接的趋势线向上运行时，则股价为上涨趋势；当连接的趋势线向下运行时，则股价为下跌趋势；当连接的趋势线水平方向运行时，则为横盘震荡趋势。

根据运行时间的长短，趋势又分为长期趋势、中期趋势和短期趋势。长期趋势一般以年为单位，连接长期的波动点。中期趋势一般以月或季为单位，连接中期的波动点。短期趋势一般以日或周为单位，连接短期的波动点。

趋势线的画法：上涨趋势中，每一次波动的低点都逐步抬高，用直线连接各波动的低点，让尽可能多的低点处于同一直线上。下跌趋势中，每一次波动的高点都逐步降低，用直线连接各波动的高点，让尽可能多的高点处于同一直线上。横盘震荡趋势中，用两条直线分别连接各波动的高点和低点，让尽可能多的高点和低点处于直线上。

如图 4-75 所示，顺利办（000606）的 K 线图中，L1 表示股价在第一阶段上涨，是用直线连接每一波上涨的低点形成的上涨趋势线，L2 表示股价在第二阶段开始加速上涨，上涨趋势的斜率开始增加，趋势线的斜率也在增加，是用直线连接每一波上涨的低点形成的上升趋势线。

图 4-75

如图 4-76 所示，深大通（000038）的 K 线图中，L1 表示股价第一阶段下跌，是用直线连接每一波下跌的高点形成的下跌趋势线，L2 表示股价在第二阶段跌势放缓，下跌趋势斜率开始减小，趋势线的斜率也在减小，是用直线连接每一波下跌的高点形成的下跌趋势线。

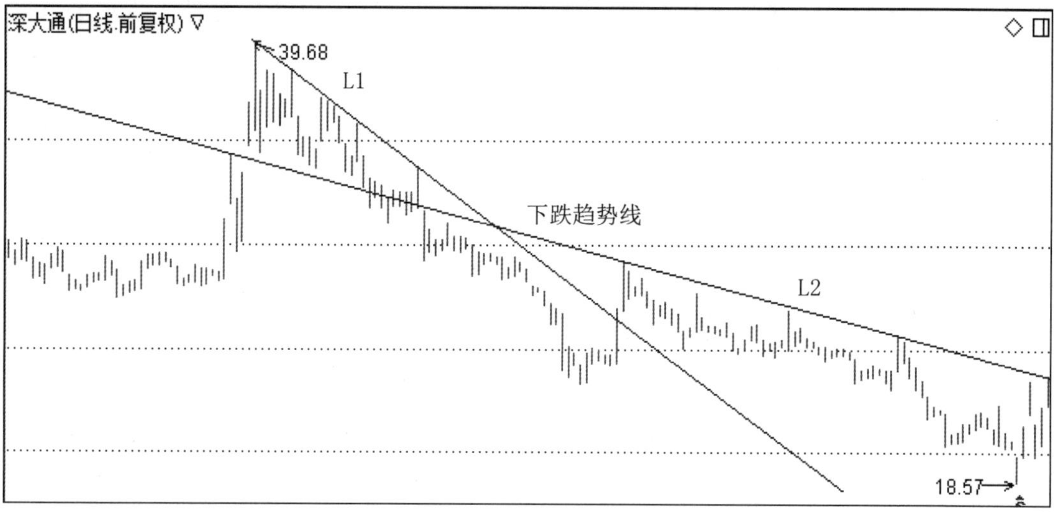

图 4-76

如图 4–77 所示，金贵银业（002716）的 K 线图中，L1 为股价在震荡趋势中，连接震荡低点形成的下趋势线，L2 为股价在震荡趋势中，连接震荡高点形成的上趋势线。

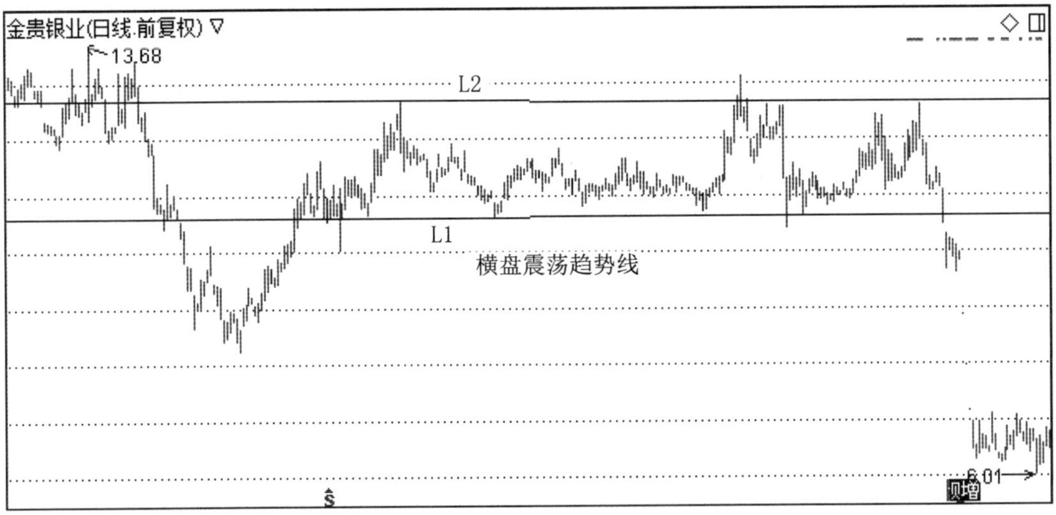

图 4–77

在画趋势线时，至少要用直线连接两个或两个以上波动的低点或高点，才能构成趋势线。股价在趋势线上运行的时间越长，处于趋势线上的波动点位越多，说明趋势线越有效。随着趋势的不断变动，趋势线也要不断修正，当股价偏离原有趋势过远时，需要及时修正趋势线。只有趋势线有效时，才有存在的价值，当一条趋势线被证明是无效时，则可以放弃这条趋势线。

在上涨趋势中，股价在趋势线上方的每一次回落，趋势线都起支撑作用。当股价向下跌破上涨趋势线时，说明股价走势可能反转下行，是卖出信号。

在下跌趋势中，股价在趋势线下方的每一次反弹，趋势线都起阻力作用。当股价向上突破下跌趋势线时，说明股价走势可能反转上行，是买入信号。

在横盘震荡趋势中，股价上方的趋势线起阻力作用，下方的趋势线起支撑作用。当股价向上突破趋势线时，说明股价可能即将打破横盘震荡格局开始上涨，是买入信号。当股价向下突破趋势线时，说明股价可能即将打破横盘震荡格局开始下跌，是卖出信号。

上涨趋势或下跌趋势中，股价在各趋势的末端，经常会出现加速上涨或加速下跌的现象。因此，行情趋势即将反转前，股价通常会远离趋势线。

当股价上涨突破下降趋势线的阻力时，需要伴随成交量的增加。但股价向下跌破上升趋势线时，则不需要伴随成交量的增加，通常情况下，跌破趋势线后才会伴随成交量的增加。

在趋势交易中，成交量通常会在趋势末端大幅增加。上涨趋势进入末端时，股价加速上涨，很多盲目的投资者会跟风进场，主力资金则会趁机卖出，从而使成交量大增。下跌趋势进入末端时，股价加速下跌，很多被套牢的投资者会不计后果地割肉离场，主力资金则会趁机收集筹码，使成交量大增。

如果在某天的盘中股价突破趋势线，但收盘时又未能突破趋势线，说明趋势线破位无效。只有收盘时股价突破趋势线，才能说明突破有效，并且突破趋势线的比例越高，破位越有效。通常情况下，股价破位趋势线超过3%，才认为是有效破位。

在实战交易中，趋势线沿着45° 角 ±10° 角运行，通常运行的时间会比较持久。当股价进入末端加速时，一般角度都会超过60° 。

股价破位重要趋势线，形成跳空缺口破位时，破位力量会很强。尤其是跳空缺口不被快速回补时，破位的有效性会更高。

在趋势交易中，趋势线的作用极其重要，尤其对中长线投资者来说，趋势线的破位情况是指导他们进场或离场的关键参考依据。不过，很多投资者往往都在短期趋势中交易，因此他们通常只关注短期趋势的变化。但在实战交易中，做中长期趋势的投资者，其盈利能力一般会比做短期趋势的投资者高很多。因为短期趋势经常会出现变化，一旦交易方向出现改变就要止损出局。

第五节　道氏理论

道氏理论是根据对价格模式的研究来推测未来价格行为的一种方法。这一理论是所有技术分析理论的鼻祖，其创立者是查尔斯·道。

查尔斯·道在世期间并没有形成一套完整的理论系统，并且他曾声明其理论只是用来反映市场运行趋势，并非用于预测股市运行情况和指导投资者的买卖活动。

查尔斯·道对股市的所有评论文章均发表在《华尔街日报》上。1903年，在纳尔逊所著的《股市投机常识》中，首次使用了“道氏理论”一词。1922年，查尔斯

·道的助手威廉·P. 汉密尔顿出版的《股市晴雨表》归纳整理了道氏理论。1932 年,《道氏理论》一书出版，作者罗伯特·雷亚对道氏理论做了进一步的研究。

在股市技术分析中存在三大假设，在道氏理论中也存在三大假设，道氏理论中的三大假设更侧重于对市场深层含义的理解。同时，道氏理论中还存在五大原则，五大原则构成了道氏理论的核心内容。

1. 道氏理论的三大假设

（1）基本走势不会受到人为操纵的影响。

道氏理论以时间周期为标准将股价走势分为三种，即主要趋势、次要趋势和短期趋势。道氏理论认为，股价的短期趋势甚至次要趋势的波动，通常会受到一些人为因素的影响。也就是说，如果有外在因素故意干预股价的波动，这种情况下，人为因素操纵会使股价的短期趋势或次要趋势发生变化，但股价运行的主要趋势的走向有其客观规律，不会受到人为操纵的影响。

（2）市场指数走势会反映和包容一切信息。

通过选择一些具有代表性的股票，用这些股票的平均价格来反映市场的总体趋势。市场指数的走势包含了一切可能影响股市运行的信息，而市场指数总会适时地预期未来事件的影响。平均价格指数反映了投资者的综合市场行为，在指数波动中消化了一切可能影响市场波动的利好或利空事件的信息。

在中国股市中经常可以看到，市场受消息面的影响非常大。投资者每天都对诸如财政政策、产业政策、金融政策、领导人讲话、机构违规等层出不穷的消息和题材加以评估和判断，并不断地将自己的心理因素反映到市场决策中，不断变化的基本面使股市走势变得愈加复杂。因此，对大多数股民来说，市场总是看起来难以理解和把握。

（3）道氏理论是客观化的分析理论。

道氏理论是一种反映股市运行客观规律的理论，它不以投资者的主观臆断为转移。据统计，市场中约有 95% 的投资者运用主观化操作方式买卖股票。所谓的主观化操作方式是指在分析价格走势时以自己的感觉喜好为出发点，而没有通过盘面呈现出来的数据去客观地分析价格的走势情况。这种主观化的操作方式是致使绝大多数投资者出现亏损的原因。因此，投资者要想成功地利用道氏理论去预测价格走势，并为实盘买卖操作服务，就一定要摒弃主观臆断，客观地分析并把握市场走势。

2. 道氏理论的五大定理

（1）市场存在三种运行趋势。

道氏理论是通过研究股价运动变化规律来预测未来价格波动的趋势。在道氏理论中，股价波动可划分为三种趋势，即主要趋势、次要趋势和短期趋势。在任何市场中，这几种趋势必然同时存在，彼此方向可能相反。

在这三种趋势中，主要趋势是最基本也是最重要的，又叫长期趋势。主要趋势是指在主要方向的股价变动，其持续时间通常以年为单位。主要趋势是长期投资者在三种趋势中需要考虑的目标。

次要趋势又叫中期趋势，其运行方向通常与主要趋势相反，是主要趋势运行过程中的调整行为，对主要趋势产生修正作用。次要趋势的股价变动通常以季或月为单位。次要趋势在多头市场中表现为中级下跌的回调行情，在空头市场中则表现为中级上涨的反弹行情。

短期趋势是指股价的短暂波动，其运行的方向可能与主要趋势相同，也可能与次要趋势相同。短期趋势的股价变动通常以日或周为单位。短期趋势会受到很多偶然因素的影响，从而使股价波动变化无常。在短期波动中，最容易受到利好或利空消息的影响，并且也是最容易被操控的趋势。因此短期趋势是最难预测的。短期趋势是市场投机者的首选目标。

如图 4-78 所示，开开实业（600272）的 K 线图中，股价整体的大趋势一直是上涨趋势，构成股票上涨的主要趋势。在股票上涨的途中出现多次较长时间的回撤休整，构成股票上涨的次要趋势。还有一些持续时间较短的走势构成短期趋势。

（2）主要趋势多头市场。

在主要趋势中，股价整体呈现长期持续上涨走势，期间虽然存在次要趋势的回调，但整体上涨趋势没有改变，这对市场而言就形成了多头市场，又叫牛市。

在多头市场中，股价主要波动的每波上涨的高点都比前一波上涨的高点要高，每波回调的低点也都比前一波回调低点要高，股价波动呈现整体上涨趋势。在上涨趋势中一般分为三个阶段。

第一个阶段是进场阶段。在这一阶段，一些对未来股价有信心的投资者，敏锐地觉察到虽然股价处于不景气阶段，但是很快就会发生转变，从而大量买进其他投资者抛售的股票。

第二个阶段是稳定上升阶段。随着市场回暖、公司盈利能力上升或其他利好因素的影响，市场投资者纷纷入场，从而抬高了股价。这个阶段先期进场的投资者，其盈利将逐步扩大。

第三个阶段是卖出阶段。股价经过一段时间的温和上涨后，投机气氛高涨，从而引起市场投资者高度关注，很多资金蜂拥进入，股价因此加速上涨，此时正好是卖出的最佳时机。

图 4–78

（3）主要趋势空头市场。

在主要趋势中，股价整体呈现长期持续下跌走势，期间虽然存在次要级别的反弹，但整体下跌趋势没有改变，这对市场而言就形成了空头市场，又叫熊市。

在空头市场中，股价主要波动的每波下跌的低点都比前一波下跌低点要低，每波反弹的高点也都比前一波反弹的高点要低，股价波动呈现整体下跌趋势。在下跌趋势中也分为三个阶段。

第一个阶段是出货阶段。在这个阶段中，一些投资者对股价未来没有信心，或凭经验认为股价存在较大风险，从而开始快速出货。在此阶段市场投资者交易的热情不减，但对未来获利的预期在逐步降低。

第二个阶段是恐慌抛售阶段。投资者普遍不看好股市前景或出现利空因素的影响，不断卖出股票，想买进的人开始犹豫退缩，致使买入数量急剧减少，股价快速下跌，进而引发恐慌性抛售。在股价经历快速下跌之后，随着市场趋于冷清，股价经常会出现一波次级反弹走势或长时间横盘走势。

第三个阶段是逐步探底阶段。股价经过快速下跌并反弹整理后，成交开始逐步活跃，但此时的多头情绪并不高涨，空头氛围仍然严重，加上可能存在不利因素的持续发酵，导致股价呈现持续下行探底的状态。

（4）主要趋势中的次级折返走势。

在主要趋势中总是存在着次级折返趋势。次级折返趋势在多头市场中主要体现为中级回撤，在空头市场中主要体现为中级反弹。次级折返趋势中，通常回撤的比例是前一波主要趋势的1/3、1/2或2/3。次级折返走势经常被误认为是主要趋势的反转。判断股价属于次级折返走势还是主要趋势反转，主要看趋势线是否有效破位。

在次级折返趋势中，股价走势通常呈现暴涨或暴跌现象。次级折返走势的时间通常以月或季为单位，折返的幅度也相对较大。因此，行情出现短暂性或小幅度的折返，不能看成次级折返。次级折返的幅度比折返的时间更重要。如果出现暴涨或暴跌的折返，可能折返的时间很短，但折返的幅度已经达到中级折返的条件，同样认为中级折返有效。

（5）两种指数必须相互验证。

指数之间相互验证是道氏理论中重要的原则之一。查尔斯·道创建的道琼斯指数，最初包含 20 种运输业股票价格指数、30 种工商业股票价格指数和 15 种公共事业股票价格指数，如今已发展为工业指数、运输指数和公共指数。在实际应用中，工业指数和运输指数最具相关性。因此，在判断走势时，将两种指数走势进行相互验证，才能有效地反映市场运行状态。

对股票市场而言，某类指数的变化不足以准确地反映出市场趋势运行的状态，犹如国内的上证指数和深成指一样，只有两种指数的走势相互验证，同时呈现相同方向的波动时，形成的趋势才能被确认为有效。单一指数行为不能成为判断趋势反转的有效信号。

3. 道氏理论的缺陷

道氏理论客观地阐述了股市的运行规律，但其理论阐述过于笼统，无法准确找到买入或卖出的时机，具有滞后性。清楚了解道氏理论的这一缺陷，有助于投资者客观地运用这一理论进行市场分析，并用其他分析方法来弥补其不足。

（1）道氏理论主要用于判断行情的大趋势。道氏理论假设趋势一旦形成，其运行就具有极强的惯性，趋势将持续下去，直到有外在因素破坏趋势才会终止。道氏理论给出了判断趋势的方法，但没有给出判断趋势幅度的方法，也没有给出进场的时机。因此，一旦在错误的时机入场（如牛市末期），可能就会出现大的失误，致使投资者出现严重亏损。

（2）道氏理论虽然可以通过两种指数的相互验证来确认趋势的发展方向，但是两种指数的相互验证需要时间。当投资者等到两种指数进行验证时，可能已经错过了最好的入场或离场时机，这主要因为指数的相互验证过程存在滞后性。

（3）道氏理论中更多的是阐述长期趋势的研判和运行特点，并没有对次要趋势和短期趋势的波动进行阐述。尤其在短期趋势中，投资者无法根据道氏理论确定是否该买入还是卖出，无法给投资者一个比较明确的操作指导。

第六节　波浪理论

道氏理论主要是对市场运行整体大趋势进行描述，具有明显的缺陷，无法给出精确和及时的指导，无法全面反映股价在各个阶段的运行状态和相互关系，这里要讲述的波浪理论能够补上这块短板。

波浪理论是美国证券分析大师拉尔夫·纳尔逊·艾略特于20世纪30年代利用道琼斯工业平均指数为研究工具，创造出的一套分析价格趋势的理论。艾略特认为，不管是股票还是商品价格的波动，都与大自然的潮汐、波浪一样，一浪跟着一浪，周而复始，具有一定程度的规律性，展现出周期循环的特点，任何波动均有迹可循。因此，投资者可以根据这些规律性的波动预测价格未来的走势，在买卖策略上加以应用。

艾略特认为，股价在上升趋势中，每波上涨出现的高点，都会成为下一波上涨的高点回撤时的支撑位；在下跌趋势中，每波下跌出现的低点，都会成为下一波下跌的低点反弹时的阻力位。

艾略特根据不断变化的股价结构性形态，精炼出在市场上重复出现的13种形态或波浪，但出现的时间间隔及幅度大小并不一定具有再现性。随后，他又发现将这些呈结构性形态的图形连接起来，可以形成同样形态的更大级别的形态。用这种演绎法来解释市场行为，充分体现出波动原理对市场的预测价值。

波浪理论的核心内容是股价的波动呈完整的波浪运行形态，而一个完整的波浪形态是由5个上升推动浪和3个调整浪组成。5个上升推动浪通常用1浪、2浪、3浪、4浪、5浪来表示。3个调整浪通常用a浪（6浪）、b浪（7浪）、c浪（8浪）来表示。

波浪理论认为股价指数的上升和下跌将会交替进行。在波浪理论中既有推动浪又有调整浪，这是构成价格波动最基本的形态，通常在推动浪中还可以再分割成5个次级小浪，在调整浪中也常出现3个小波浪。这8个波浪结构中的5个推动浪和3个调整浪全部走完后，才能宣告完成一个波浪形态。在完成一个完整的波浪形态后，走势又将进入下一个波浪形态，形成新的循环。在波浪形态循环的过程中，不会因为时间的长短而改变波浪原有的形态，同时波浪在运行中可以拉长，也可以缩短，其形态依然保持不变。

如图4–79所示，在2007年的牛市行情中，上证指数的K线图是一个标准的8浪结构。其中，1浪构成启动浪，2浪是第一次回调浪，3浪是主升浪，4浪是第二次回调浪，5浪是上涨延伸浪，6浪（即a浪）是下跌浪，7浪（即b浪）是反弹浪，8浪（即c浪）是反弹浪后的下跌浪。

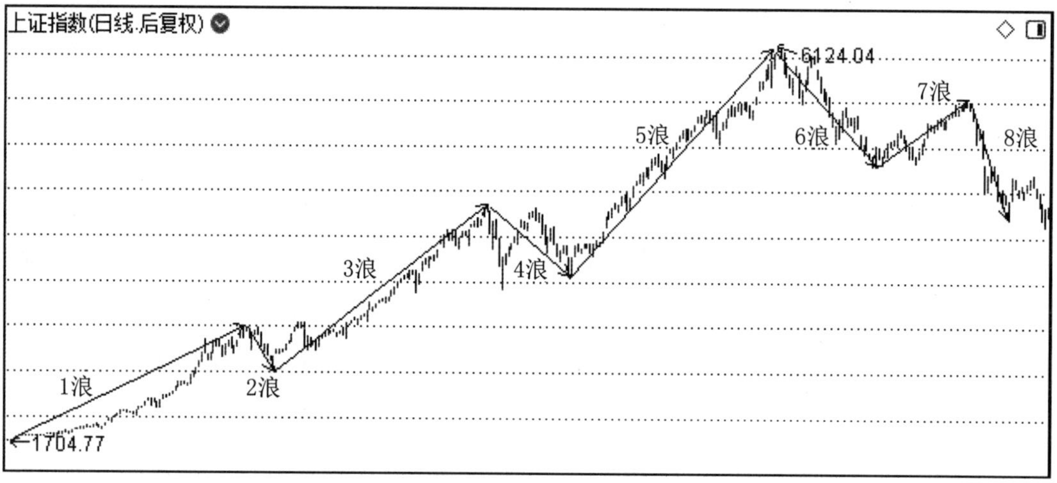

图4–79

1. 波浪理论的8浪形态结构

在波浪理论的8浪形态结构中，每一个波浪都有不同的表现和特征，这也是构成完整波浪理论的基础。

1浪：此浪是波浪结构的起点，大都出现在空头市场跌势末端，属于营造底部阶段。此时，市场上买方力量并不强，上涨动力还不足，空头氛围仍在，走势看起来就像是在下跌趋势中的一波反弹。当股价一波小幅上涨后，被市场空头情绪打压再次回落形成 2 浪回调。从股价的走势上来看，1 浪上涨时间一般比较短，并且上涨幅度也比较小，通常是 5 浪结构中最短的一段行情。另外，经过底部长期横盘整理后出现的 1 浪，其上涨幅度会相对大一些。

2 浪：此浪是调整浪，它出现在 1 浪上涨之后。因为市场普遍认为下跌行情还没有结束，空头情绪严重，从而导致股价小幅上涨之后就受到抛盘压力，股价承压下跌。此阶段由于市场做多动能不足，加上空头思维严重，就使得 2 浪调整的杀伤力比较大，实际走势中调整的幅度也比较大。2 浪的调整通常会接近 1 浪启动的低点，当股价回调到接近 1 浪启动的低点时，市场会出现惜售心理，导致抛压减少。此时最明显的特征就是成交量呈现明显的萎缩状态，这反映出市场抛压力量的衰竭，同时也宣告 2 浪回调即将结束。

3 浪：此浪是上升趋势的主升浪，其上涨幅度往往是最大的，上涨力度也是最强的，同时也是盈利能力最好的。这一浪的持续时间通常是最长的，股价不断上涨，市场投资者信心恢复，成交量出现较为明显的放大。买盘加速涌入市场，导致股价上涨速度非常快，常常出现向上跳空缺口，这段行情的走势非常激烈，往往会出现惊人的上涨幅度。

4 浪：此浪是行情经过大幅上涨后的调整浪。行情经过前期的大幅上涨，部分获利盘出局，导致股价出现回落。同时，还有部分对后市有信心的投资者不断买入，从而导致这一浪的走势争夺非常激烈，因此其形态较为复杂，走势也较为纠结，经常出现持续性形态，如三角形态或楔形形态。通常来说，4 浪的回调不会低于 1 浪的高点。

5 浪：此浪出现在 4 浪调整之后，是上升趋势的延续。5 浪上涨的幅度和力度通常小于 3 浪。此时市场人气依然高涨，但是当股价突破 3 浪高点之后，上涨压力将会显著增加。由于股价前期涨幅巨大，很多获利盘会考虑随时获利了结，导致股价出现滞涨，涨速逐步放缓。同时由于价位上涨幅度过大导致买盘力量不强，从而使得股价出现反转迹象。5 浪经常出现失败 5 浪的情况，主要是因为市场多方力量动能不足，投资者不看好股价后市，或突然出现外在利空因素，从而导致 5 浪的失败。

a 浪：此浪是下跌浪，是在 5 浪结束后的第一波回落。此时，很多投资者依然沉浸在多头氛围中，并不认为市场有逆转迹象，认为此次回落只是上升行情的一次短暂回调。因此，在此浪回调中，市场承接依然比较活跃，回调的幅度也不会太大。通常在 a 浪的回调中会伴随各项指标的背离，但市场投资者大多处于多头情绪中，并没有注意到指标背离。

b 浪：此浪是 a 浪回调后的反弹浪。通常来说，b 浪的反弹比较短暂，同时 b 浪反弹的高点会比 a 浪下跌的起点低，并且在 b 浪反弹中成交量会明显下降，是多头趋势的逃命线。这一波反弹会让市场上很多投资者误认为上升趋势还未结束，是另一波上涨趋势的开始，容易吸引一些盲目的投资者入场。这一段反弹走势又被称为"多头陷阱"，很多投资者是在这个阶段被套牢的。

c 浪：此浪是 b 浪短暂反弹后的下跌浪，此浪下跌一般会非常强劲，并且下跌速度会非常快，幅度也非常大，是多头思维的终结浪。此浪开启快速下跌，市场上多头思维的投资者才醒悟过来，认识到行情在反转，随后跟随市场抛盘，导致股价以更快的速度下跌。由于股价趋势转变，买盘资金会很少，导致此浪下跌的周期相对较长，且跌幅巨大。

c 浪的下跌宣告了波浪理论完整 8 浪结构的结束。在这 8 浪结构中，很难判断 1 浪中的行情是反转还是反弹，所以是最不好把握的一浪；3 浪是涨幅最大、涨势最迅猛的阶段，因此是盈利能力最好的一浪；5 浪随时可能面临失败 5 浪或行情反转，因此是风险最大的一浪；由于 b 浪反弹较为短暂，无法确定走势是否已经反转，因此是最坑人的一浪。

波浪理论看起来似乎颇为简单，但实际运用中就会发现，通常每个 8 浪循环中，总是充斥着一些小的循环，而小循环中可能还存在着更小级别的循环，这就是浪中有浪。一个完整的 8 浪结构最终组成的，可能是一个更大级别的波浪结构的一小段走势，所以在实际运用中波浪理论会变得相当复杂。

2. 波浪结构的基本原则

在实际运用波浪理论过程中，要配合一些基本规律进行分析，如此一来才会增加波浪理论运用的准确率。

（1）在 8 浪结构中，3 浪不能是 1 浪至 5 浪中最短的一浪，否则，此浪不能称为 3 浪。3 浪为主升浪，通常会伴随着股价的快速拉升，因此 3 浪应该是最长的一浪。

（2）在 8 浪结构中，2 浪的回调不可以低于 1 浪启动的低点，4 浪的回调不可以低于 1 浪的高点。

（3）在 8 浪结构中，5 浪的高点必须高于 3 浪的高点，否则便是失败 5 浪。

（4）在 8 浪结构中，b 浪的反弹高点必须低于 5 浪上涨的高点。

（5）在 2 浪和 4 浪回调结构中，如果 2 浪回调形态比较简单干脆，那么 4 浪回调形态通常会比较复杂纠结；如果 2 浪回调形态比较复杂纠结，那么 4 浪回调形态通常会比较简单干脆。

（6）在 1 浪、3 浪、5 浪中，3 浪为主升浪，持续时间最长，而 1 浪、5 浪两个波浪的运行时间和波动幅度会趋于相近。

3. 波浪理论的缺陷

（1）在波浪理论中，数浪一直困扰着很多人，可以说是千人千浪，因为每个人数浪的起点不同，结果就会千差万别。波浪理论的 8 浪结构中，总是伴随着浪中有浪的循环，因此，一旦数错浪形结构，可能会导致非常严重的后果。

（2）在波浪理论的 8 浪结构中，五升三降是其结构循环的特点。但是股价的上涨或下跌往往不会机械地按照这样的循环出现，这使得投资者在实际运用中很难准确判断行情具体运行在哪个阶段。

（3）波浪理论中总是存在浪中有浪的情况，而且可以无限延伸，一个小级别的浪形可能孕育在一个大级别的浪形中。如果在上涨趋势中浪形可以无限延伸，那么浪形的顶点就会无法预测。相反，如果在下跌趋势中浪形无限延伸，那么浪形的底点也会无法预测。因此，在实际操作过程中，很难判定现阶段的浪形属于哪个级别。

（4）波浪理论是一套主观性很强的分析工具，市场运行容易受市场情绪和环境的影响，从而呈现千变万化的状态。仅凭波浪理论进行主观判断，忽略市场实际情况，很容易得出错误的结论。

（5）波浪理论中有所谓的伸展浪，有时 5 个浪可以伸展为 9 个浪，而这 9 个浪在什么样的情况下可以进行伸展，并没有明确的标准，只能通过投资者的主观判断，使得在数浪形结构时，随意性很大。

（6）波浪理论是一种研判股票市场走势规律的理论，并不适用于研究个股。

第七节　黄金分割率理论

1. 黄金分割率理论的由来

黄金分割率理论来源于数学家法布兰斯在 13 世纪列出的一系列奇异的数字组合。这些奇异数字的组合是 1、2、3、5、8、13、21、34、55、89、144、233……任何一个数字都是前面两个数字的和，即 1+1=2，1+2=3，2+3=5，3+5=8，5+8=13……以此类推。

有些人说这些数字是他研究金字塔得出的，因为这组奇异的数字组合跟金字塔息息相关，金字塔的几何形状有 5 个面、8 个边，总数为 13 个层面。金字塔由任何一边看去，都可以看到 3 个层面。金字塔的长度为 5813 寸（5–8–13），而高和地面百分比率是 0.618，这个比率正好是上述奇异数字组合的任何两个连续数字的比例，比如 34/55 ≈ 0.618，55/89 ≈ 0.618，89/144 ≈ 0.618。

一个金字塔五角塔的任何一边的长度都等于这个五角型对角线的 0.618 倍。还有人研究过向日葵，发现向日葵花有 89 个花瓣，55 个朝向一方，34 个朝向另一方，而 34/55 ≈ 0.618。此外，人们发现很多自然事物与 0.618 密切相关。因而，把这一组神秘数字得出的比例 0.618 及其倒数 1.618 称为黄金分割率。

2. 黄金分割率的神奇特点

（1）黄金分割率最基本的公式是将 1 分割为 0.618 和 0.382。

（2）在数列中任意一个数字都是前两个数字之和，前一数字与后一数字的比率趋近于固定值 0.618。

（3）后一数字与前一数字的比例趋近于固定值 1.618，而 1.618 和 0.618 之间又互为倒数，并且两者之间的乘积又趋近于 1。

（4）任意数字与后两位数字相比，其值趋近于 2.618。

（5）任意数字与前两位数字相比，其值趋近于 0.382，由此逻辑顺理后，还有两组神秘的比值，即：

① 0.191、0.382、0.5、0.618、0.809。

② 1.191、1.382、1.5、1.618、2、2.382、2.618。

3. 黄金分割率在股市中的运用

原本这一组神奇数字形成的黄金分割率并不用于股市之中，但是当证券分析师将黄金分割率引入股市之后，发现其在股市分析中的准确率很高，因此就成为股市中的黄金分割率理论。

在实战中运用黄金分割率理论时，有两种画法。

第一种是股价经过一段时间的上涨后出现回调，此时将近期股价走势最重要的低点和高点作为测量未来走势的基础。当股价经过上涨后回调时，黄金分割率的每一个比率位置都将成为其支撑位，当行情回落到这些支撑位时，则可能发生行情的反转。如股价经过一段时间上涨后高点为 10 元，随后股价开始回调，则下方的支撑位分别为 10×（1–0.191）=8.09，10×（1–0.382）=6.18，10×（1–0.5）=5，10×

（1−0.618）=3.82，10×（1−0.809）=1.91。

第二种是股价经过一段时间的下跌后出现反弹，此时从近期股价最重要的高点向最重要的低点拉出黄金分割率。当股价经过下跌后反弹时，黄金分割率的每一个比率位置都将成为其阻力位，当行情反弹至这些阻力位时可能发生反转。如经过一段时间的下跌后股价为 10 元,随后股价开始反弹。上方压力位分别为 10×（1+0.191）=11.91，10×（1+0.382）=13.82，10×（1+0.5）=15，10×（1+0.618）=16.18，10×（1+0.809）=18.09。

简单说来，上涨阶段遇到黄金分割率位置，会对股价形成阻力作用；下跌阶段遇到黄金分割率位置，则对股价形成支撑作用。

在股市中，黄金分割率结合艾略特的波浪理论一起运用，成功率会增加很多。当然，黄金分割率也存在一个重要的缺陷，即如何选择黄金分割率的起点和终点，这个问题经常困扰着市场投资者。因为波浪理论中的浪形总是存在浪中有浪，因此在使用黄金分割率时，选择的起点和终点对使用黄金分割率的准确率有着重要作用。

第八节　缺口理论

缺口是指股价在快速大幅波动中出现一段价格没有任何交易，显示在股价趋势图上是一个真空区域,这个真空区域就称为“缺口”,又称为跳空。当股价出现缺口后，经过一段时间的波动，再次回到原来缺口出现前的价位时，称为缺口回补，又称为补空。

K 线图中的缺口是指由于受到利好或利空消息的影响，股价大幅上涨或下跌，导致日 K 线图出现当日最低价高于前一交易日的最高价，或者当日最高价低于前一交易日最低价的图形形态。

1. 跳空缺口的类型

跳空缺口可以分为 4 种类型，即普通缺口、突破性缺口、持续性缺口、衰竭性缺口（又叫消耗性缺口）。从缺口发生的位置和大小不同，可以预测当前股价走势的强弱，同时确定缺口具体属于哪种类型。

（1）普通缺口。这类缺口研究的作用不大，对行情的影响也极小，主要出现在横盘整理过程中偶然出现的跳空，这类跳空通常很快就会被回补，对行情走势的影响不会太大。

（2）突破性缺口。这类缺口具有极强的攻击力，通常是在一个密集的反转或整理形态完成后，突破现有格局时产生的缺口。当股价以跳空缺口远离原有形态时，说明突破已经形成，并且突破性缺口越大，其攻击性越强，突破越有效。突破性缺口往往短期内不会回补。

（3）持续性缺口。这类缺口一般会出现在上升趋势或下跌趋势的中段。持续性缺口大都是在远离形态后，股价快速上涨或下跌时出现的缺口。这类缺口的攻击力较为强劲，代表趋势的延续，行情还将沿着原有趋势运行。持续性缺口通常不会被及时回补。

（4）衰竭性缺口。这类缺口一般会出现在上升趋势或下跌趋势的末端。衰竭性缺口一般都是在股价经过快速上涨或下跌后，股价波动进入最后的疯狂区时出现，如下跌过程中最后的恐慌抛售阶段，上涨过程中最后的拉升阶段。衰竭性缺口通常出现在趋势的末端，因此经常会很快被回补。

如图 4-80 所示，上证指数在 2015 年牛市行情结束后的 K 线图中，出现了一个完整的跳空缺口形态。在顶部开始下跌时，指数出现的跳空缺口是普通缺口，跳空后股价稍微反弹去回补缺口。指数下跌的第二个跳空缺口是突破上涨趋势线的破位性跳空，为突破性缺口，该缺口稍有回补但没有成功。指数下跌的第三个缺口为持续性缺口，是对行情极度弱势下跌的持续形态，该缺口也未能成功回补。指数下跌的第四个缺口为衰竭性缺口，在缺口形成后的第二天，行情便顺利回补，是这一阶段行情下跌过程中的末端缺口。

2. 跳空缺口的市场应用

（1）虽然普通缺口并无特别的研究意义，但其在实际交易中是很常见的一种缺口。通常来说，在个股基本面出现小程度的利好或利空消息时，会对股价造成短暂性波动，从而使股价出现短暂性跳空。但由于市场对信息的快速消化，行情又回归原点补回缺口，也就是说，普通缺口一般都会很快回补，通常出现在盘整格局中。

在普通缺口中适合做高抛低吸来降低成本。当股价呈上涨跳空缺口时，可以在上涨后做卖出交易，等行情回落补回缺口时再做买入交易。当股价呈下跌跳空缺口时，可以在下跌后做买入交易，等行情上涨补回缺口时再做卖出交易。如此操作的优点是能降低持仓成本，但必须明确缺口是普通缺口，否则将适得其反。

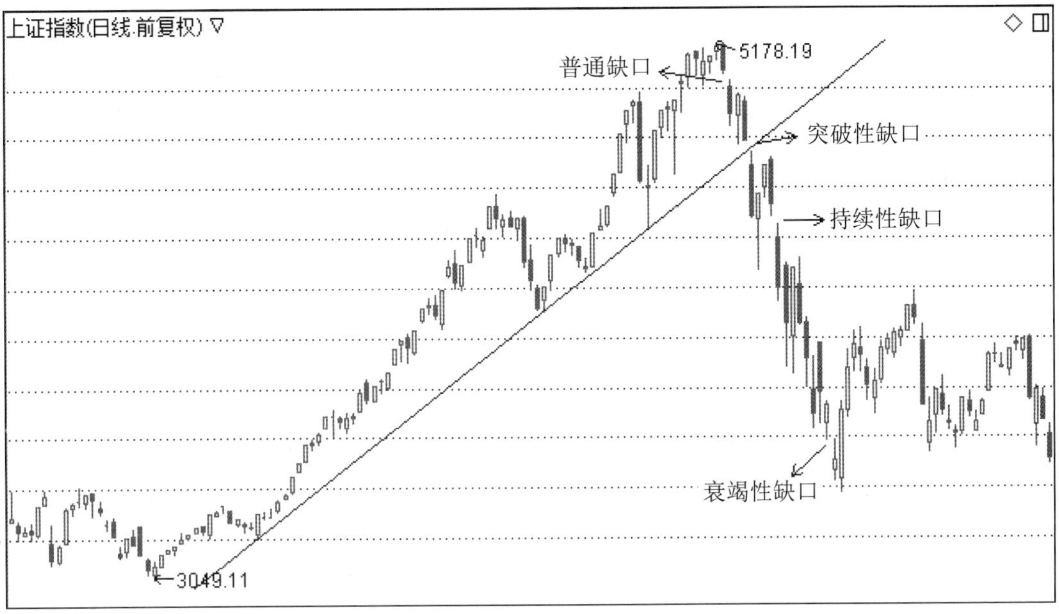

图 4-80

（2）突破性缺口的价值较大，经常出现在行情反转或形态破位时，出现突破性缺口一般是形态破位的确认信号。股价出现突破性缺口，说明行情将会强劲地沿着行情突破的方向发展。如果突破性缺口出现在行情上涨中，则是强烈的买入信号；如果出现在行情下跌中，则是强烈的卖出信号。

突破性缺口一般都带着强劲的动能，使得股价沿着破位趋势加速运行。如果出现突破性缺口之前成交量放大，出现后成交量缩小，则行情会适当回补部分缺口，但很难全部补完。如果出现突破性缺口之前成交量并不大，出现后成交量放大，则行情将顺势运行，缺口在短期内很难被回补。

（3）持续性缺口是股价沿着趋势方向发展的持续形态，具有重要的研究意义，它通常出现在股价远离原有形态至下一个反转或整理形态的中途。持续性缺口通常能预测股价未来可能运行的大致距离，因此又被称为度量缺口。其度量方法是从突破点开始，到持续性缺口开始的垂直距离，就是未来股价可能会达到的幅度。可以说，持续性缺口的跳空位置就是此轮股价波动运行的中间节点。

当股价在上涨趋势中出现持续性缺口，说明股价还将持续上涨，是加仓信号。当股价在下跌趋势中出现持续性缺口，说明股价还将持续下跌，是出局观望信号。

（4）出现衰竭性缺口表示股价的趋势即将到达末端。如果衰竭性缺口出现在上涨趋势中，说明股价可能即将反转下跌；如果出现在下跌趋势中，说明股价可能即将反转上涨。出现衰竭性缺口只是说明股价可能即将反转,并不说明股价会立即反转,也不说明股价一定会出现反转。因为在实际运行过程中，衰竭性缺口往往很难被准确判定，有时看似衰竭性缺口，可实际又形成持续性缺口。因此，虽然衰竭性缺口是股价即将走到终点的象征，但常常难以确认是否是真实的衰竭性缺口。

当股价在上涨阶段出现衰竭性缺口时，无论后市是否还会持续上涨，为了安全起见最好适当降低仓位。当股价在下跌阶段出现衰竭性缺口时，不要急于买入，需要等待行情底部确认之后方可入场。

在所有的跳空缺口中，缺口具备支撑或阻力作用。股价在上涨过程中出现跳空缺口，当股价回撤时跳空缺口起支撑作用；股价在下跌过程中出现跳空缺口，当股价反弹时跳空缺口起阻力作用。

第五章　超强指标系统

第一节　KDJ 指标

1.KDJ 指标的原理

KDJ 指标又叫随机摆动指标，最早起源于期货市场，由乔治·莱恩博士首创。时至今日，KDJ 指标已经成为股票和期货市场常用的分析指标之一。KDJ 指标是通过一个特定的时间周期内出现过的最高价、最低价以及最后一个计算周期的收盘价三者之间的比例关系，来计算最后一个计算周期的未成熟随机值 RSV，然后根据平滑移动平均线的方法来计算 K 值、D 值和 J 值，绘制成曲线图来研判股票的走势。

KDJ 指标最早是以 KD 指标的形式出现的，而 KD 指标是在威廉指标的基础上发展起来的。KDJ 指标中融合了移动平均线速度上的观念，形成比较准确的买卖信号依据。KDJ 指标在设计过程中主要研究最高价、最低价和收盘价之间的关系，同时融合动量观念、强弱指标和移动平均线的优点，使得 KDJ 指标能够比较迅速、快捷、直观地研判行情。

KDJ 指标是以最高价、最低价和收盘价为基本数据进行计算，最后得出的 K 值、D 值和 J 值分别在指标的坐标上形成一个点，用一条平滑的曲线分别连接 K 值、D 值和 J 值形成的点，得到的组合便是 KDJ 指标。通过 K、D、J 三者之间的分离程度和相互关系，能够敏锐地反映股价波动的趋势，从而研判短期价格走势。KDJ 指标主要利用价格波动的真实波幅来反映价格走势的强弱和超买超卖现象，是价格处于高位或低位时的买卖信号指标。

2.KDJ 指标的计算方法

（1）先计算出反映多空力量对比情况的未成熟随机值 RSV：RSV=（当天收盘价 – 最近 N 天的最低价）/（最近 N 天的最高价 – 最近 N 天的最低价）×100%。这一指标中（当天收盘价 – 最近 *N* 天的最低价）反映的市场含义是以当日收盘价作为平衡点时，最近 *N* 天内的市场空方力量情况，（最近 *N* 天的最高价 – 最近 *N* 天的最低价）则反映了最近 *N* 天内的多方力量与空方力量总大小（买力和卖力的绝对值总和）的情况，并以它们的比值来表示最近 *N* 天以来市场买方力量所占的比例如何，以此反映市场的多空形式。*N* 为 KDJ 指标的时间周期，通常默认为 9。

（2）计算 K 值与 D 值：当天 K 值 =（2/3× 前一天 K 值）+（1/3× 当天 RSV 值），当天 D 值 =（2/3× 前一天 D 值）+（1/3× 当天 K 值），若无前一天的 K 值与 D 值，则可以分别用 50 来代替。

（3）计算 J 值：J 值 =（3× 当天 K 值）–（2× 当天 D 值），最早的 KDJ 指标只有两条线，即 K 线和 D 线，指标被称为 KD 指标。引入 J 值增加了 KDJ 指标对行情反映的敏感程度，提高了指标的分析能力和对行情分析的准确性。

3.KDJ 指标的实际运用

（1）利用 KDJ 数值超买超卖关系判断行情。

通过利用 KDJ 指标中三个数值的大小与股价的运行关系，来分析市场上多空方的力量情况。在 KDJ 指标中，K 值、D 值、J 值的大小往往能很好地反映多空方的实力对比。当 K、D、J 三者运行在 50 附近时，说明多空方力量处于均衡状态。当 K、D、J 三者运行在 50 以下时，说明空方力量较强，股价通常处于下跌趋势中。当 K、D、J 三者运行在 50 以上时，说明多方力量较强，股价通常处于上涨趋势中。

KDJ 指标更适合于研究股价在中短期的波动情况，通过对 KDJ 所处的数值与股价运行的趋势相结合，判断股价短期内的波动操作。

当股价经过一段时间的快速上涨后，若 KDJ 值都高于 80，说明股价短期内已经进入超买状态，是卖出信号。

当股价经过一段时间的快速下跌后，若 KDJ 值都低于 20，说明股价短期内已经进入超卖状态，是买入信号。

（2）利用 KDJ 的交叉关系判断行情。

KDJ 指标由 K、D、J 三条线组成。当 J 线由下向上交叉并穿越 K 线和 D 线时，称为 KDJ 金叉。当 J 线由上向下交叉并穿越 K 线和 D 线时，称为 KDJ 死叉。在实际交易中，除了用 KDJ 数值来判断行情，还可以利用 KDJ 的交叉来判断行情走势。

当股价经过较长时间的下跌后，在低位出现止跌走势。如果此时的 J 线开始走平并从下往上穿越 K 线和 D 线出现 KDJ 金叉，说明股价即将由跌势转为升势，是买入信号。如果J线与K线和D线形成金叉后出现短暂的小幅回落，然后J线再次从下向上穿越K线和D线形成二次金叉，KDJ低位二次金叉时，是强烈的买入信号。

当股价经过较长时间的上涨后，在高位出现滞涨走势。如果此时的J值开始走平并从上向下穿越K线和D线出现KDJ死叉，说明股价即将由涨势转为跌势，是卖出信号。如果J线与K线和D线形成死叉后出现短暂的小幅上升，然后J线再次从上向下穿越K线和D线形成二次死叉，KDJ高位二次死叉时，是强烈的卖出信号。

另外，在上涨趋势中，一波回调或横盘整理后出现的KDJ金叉也代表买入信号，是上涨趋势中的加仓或再次买入机会。在下跌趋势中，一波反弹或横盘整理后出现的KDJ死叉也代表卖出信号，是下跌趋势中的减仓或清仓出局机会。

（3）利用KDJ的背离关系判断行情。

当股价经过较长时间的持续下跌后，K线每一波下跌的波谷呈现持续下跌走势，而KDJ指标线低点并没有持续下行，反而逐步上行，这种现象称为KDJ指标的底背离形态。在股价持续大幅下跌后，KDJ指标出现底背离形态时，说明股价下跌即将结束，是买入信号。

当股价经过较长时间的持续上涨后，K线每一波上涨的波峰呈现持续上涨走势，而KDJ指标线高点并没有持续上行，反而逐步下行，这种现象称为KDJ指标的顶背离形态。在股价持续大幅上涨后，KDJ指标出现顶背离形态时，说明股价上涨即将结束，是卖出信号。

第二节 MACD指标

1.MACD指标原理

MACD指标又称为指数平滑异同移动平均线，是技术分析大师杰拉尔德·阿佩尔在双指数移动平均线基础上发展起来的。它利用两条不同速度的指数平滑移动平均线来计算二者之间的差离状况作为研判行情的基础。

MACD指标通过研判周期长短不一的两条移动平均线，通过快线和慢线离散、聚合的特性来判断目前行情的多空状态和股价可能发展变化的趋势。MACD指标由移动平均线（EMA）、离差值（DIFF）和离差平均值（DEA）三部分组成，以12日为快速移动平均线（即 12 日 EMA），以 26 日为慢速移动平均线（即 26 日 EMA），利用两条指数平均线中一条快的指数移动平均线（EMA12）减去慢的指数移动平均线（EMA26）得到离差值（DIFF），即离差值（DIFF）=12 日 EMA–26 日 EMA。

MACD 还有一个辅助指标叫柱状线（BAR），柱状线是带有颜色的。当柱状线在零轴以上时是红色，代表买盘大于卖盘；当柱状线在零轴以下时是绿色，代表卖盘大于买盘。

2.MACD 指标的计算方法

（1）计算移动平均值（EMA）。EMA（12）= 前一日 EMA（12）×11/13+ 今日收盘价 ×2/13，EMA（26）= 前一日 EMA（26）×25/27+ 今日收盘价 ×2/27。

（2）计算离差值（DIFF）。DIFF= 今日 EMA（12）– 今日 EMA（26）。

（3）计算 DIFF 的 9 日 EMA，即离差平均值（DEA），从而求出 MACD。9 日 DIFF 平均值（DEA）= 最近 9 日的 DIFF 之和 /9。

（4）MACD=（当日的 DIFF– 昨日的 DIFF）×0.2+ 昨日的 MACD。

（5）柱状线（BAR）的值 =2×（DIFF–DEA）。

当离差值（DIFF）由下向上交叉离差平均值（DEA）时，此时的柱状线（BAR）将由绿变红，可视为多方市场力量较强，是买入信号。当离差值（DIFF）交叉离差平均值（DEA）并继续向上运行，距离持续扩大时，说明股价上涨趋势加快。

当离差值（DIFF）由上向下交叉离差平均值（DEA）时，此时的柱状线（BAR）将由红变绿，可视为空方市场力量较强，是卖出信号。当离差值（DIFF）交叉离差平均值（DEA）并继续向下运行，距离持续扩大时，说明股价下跌趋势加快。

3.MACD 指标的实际运用

（1）利用 MACD 的 DIFF 与 DEA 的交叉判断行情。

当 DIFF 由下往上交叉并穿越 DEA 时称为 MACD 金叉。当股价经过较长时间的下跌后，若 DIFF 开始走平并向上穿越 DEA，MACD 的柱状线由绿变红，说明股价即将由下跌趋势转为上升趋势，是买入信号。股价经过一段时间上涨后进行短暂回调或横盘整理时，若 DIFF 再次由下向上穿越 DEA，意味着形成 MACD 上升途中的二次金叉，是股价即将开始新一轮上涨的信号，也是买入信号。

当 DIFF 由上往下交叉并穿越 DEA 时称为 MACD 死叉。当股价经过较长时间的上涨后，若 DIFF 开始走平并向下穿越 DEA，MACD 的柱状线由红变绿，说明股价即将由上涨趋势转为下跌趋势，是卖出信号。股价经过一段时间下跌后进行短暂反弹或横盘整理时，若 DIFF 再次由上向下穿越 DEA，意味着形成 MACD 下跌途中的二次死叉，是股价即将开始新一轮下跌的信号，也是卖出信号。

（2）利用 MACD 的 DIFF 与 DEA 的背离判断行情。

股价经过较长时间的持续下跌，K 线呈现持续下跌走势，而 DIFF 与 DEA 并没有持续下行，反而逐步上行，这种现象称为 MACD 指标的底背离形态。当 MACD 指标在股价持续大幅下跌后出现底背离形态时，说明股价下跌即将结束，是买入信号。

股价经过较长时间的持续上涨，K 线呈现持续上涨走势，而 DIFF 与 DEA 并没有持续上行，反而逐步下行，这种现象称为 MACD 指标的顶背离形态。当 MACD 指标在股价持续大幅上涨后出现顶背离形态时，说明股价上涨即将结束，是卖出信号。

第三节　RSI 指标

1.RSI 指标的原理

RSI 指标又称相对强弱指标，与 KDJ 指标类似，最初也用于期货市场，由期市技术分析大师威尔斯·维尔德于 1978 年在其著作《技术交易系统新概念》中提出。RSI 指标的设计原理是基于供求关系，认为投资者的买卖行为是各种因素综合反应的结果，行情变化最终取决于供求关系。RSI 是通过测量某段时间内股价上涨或下跌的总幅度占股价变化总幅度平均值的百分比，来评估多空力量的强弱程度，从而对股价行情走势进行研判。

如果市场上某只个股出现卖盘大于买盘的情况，意味着供大于求，此时股价必然会下跌；如果市场上某只个股出现买盘大于卖盘的情况，意味着供不应求，此时股价必然会上涨。RSI 指标就是基于这样一种供求平衡关系来评估多空力量强弱，从而指导买卖交易的。

2.RSI 指标的计算方法

RSI 是通过将上涨力量与下跌力量进行对比来测算出市场强弱程度。如果市场上涨力量较大，则计算出的指标处于上升状态；如果市场下跌力量较大，则计算出的指标处于下行状态。具体计算方法为：

N 日 RSI=（N 日内收盘价涨幅的平均值）/（N 日内收盘价涨幅均值 +N 日内收

盘价跌幅均值）×100%

RSI 常用的数值是 6 日、12 日和 24 日三种不同的时间周期。

3.RSI 指标的实际运用

（1）利用 RSI 数值的超买超卖关系判断行情。

RSI 指标的数值在 1 ~ 100 之间，大都在 20 ~ 80 之间徘徊。通常把 RSI=50 作为市场供求关系平衡点，把 RSI 大于 80 作为超买区，把 RSI 小于 20 作为超卖区。当 RSI 运行在 50 上方时，通常认为当前股价处于供不应求的上升趋势中。当 RSI 运行在 50 下方时，通常认为当前股价处于供大于求的下跌趋势中。

当股价经过一段时间的快速上涨后，若 RSI 值都超过 80，说明股价短期内已经进入超买状态，是卖出信号。

当股价经过一段时间的快速下跌后，若 RSI 值都低于 20，说明股价短期内已经进入超卖状态，是买入信号。

（2）利用 RSI 的交叉关系判断行情。

RSI 指标由 R、S、I 三条线组成，通常用 6 日、12 日和 24 日作为时间周期。当 6 日 RSI 线由下向上交叉并穿越 12 日 RSI 线和 24 日 RSI 线时，称为 RSI 金叉。当 6 日 RSI 线由上向下交叉并穿越 12 日 RSI 线和 24 日 RSI 线时，称为 RSI 死叉。在实际交易过程中，除了用 RSI 数值来判断行情外，还可以利用 RSI 的交叉来判断行情走势。

当股价经过较长一段时间的下跌后，在低位出现止跌走势。如果此时的 6 日 RSI 线开始走平并从下往上穿越 12 日 RSI 线和 24 日 RSI 线出现金叉，说明股价即将由跌势转为升势，是买入信号。如果 6 日 RSI 线与 12 日 RSI 线和 24 日 RSI 线形成金叉后出现短暂的小幅回落，然后再次从下向上穿越 12 日 RSI 线和 24 日 RSI 线形成二次金叉，RSI 低位二次金叉时，是强烈的买入信号。

当股价经过较长时间的上涨后，在高位出现滞涨走势，如果此时的 6 日 RSI 线开始走平并从上向下穿越 12 日 RSI 线和 24 日 RSI 线出现 RSI 死叉，说明股价即将由涨势转为跌势，是卖出信号。如果 6 日 RSI 线与 12 日 RSI 线和 24 日 RSI 线形成死叉后出现短暂的小幅上升，然后 6 日 RSI 线再次从上向下穿越 12 日 RSI 线和 24 日 RSI 线形成二次死叉，RSI 高位二次死叉时，是强烈的卖出信号。

另外，在上涨趋势中，一波回调或横盘整理后出现的 RSI 金叉也代表买入信号，是加仓或再次买入机会。在下跌趋势中，一波反弹或横盘整理后出现的 RSI 死叉也代表卖出信号，是减仓或清仓出局的机会。

（3）利用 RSI 的背离关系判断行情。

当股价经过较长时间的持续下跌，K 线每一波下跌的波谷呈现持续下跌走势，而 RSI 指标线低点并没有持续下行，反而逐步上行，这种现象称为 RSI 指标的底背离形态。在股价持续大幅下跌后，RSI 指标出现底背离形态，说明股价下跌即将结束，是买入信号。

当股价经过较长一段时间的持续上涨，K 线每一波上涨的波峰呈现持续上涨走势，而 RSI 指标线高点并没有持续上行，反而逐步下行，这种现象称为 RSI 指标的顶背离形态。在股价持续大幅上涨后，RSI 指标出现顶背离形态，说明股价上涨即将结束，是卖出信号。

第四节　BOLL 指标

1.BOLL 指标的原理

BOLL 指标又叫布林带指标，也是股市中实用的技术分析指标之一，它是美国股市分析家约翰・布林，根据统计学中的标准差原理设计出来的一种非常简单实用的技术分析指标。BOLL 指标通过计算股价的标准差和信赖区间，从而确定股价的波动范围及未来走势。BOLL 指标是一种通道类指标，其认为股价的运动总是围绕某一价值中枢在一定范围内变动，而股价通道的宽窄会随着股价波动的幅度大小变化，股价通道又会随着股价的变化自动调整。

BOLL 指标在图形上是由三条线组成，其中上下两条线可以分别看成股价的压力线和支撑线，在两条线之间还有一条股价平均线，BOLL 指标参数通常设置为 20。一般情况下，股价通常会运行在压力线和支撑线构成的通道中，波动幅度大时通道也会随之变大，波动幅度小时通道也会随之变窄。

2.BOLL 指标的计算方法

BOLL 指标是由 BOLL 上轨线（UP）、下轨线（DN）和中轨线（MB）组成，并且 BOLL 指标的计算涉及标准差的计算，因此计算起来相对复杂一些。

日 BOLL 指标的计算公式如下：

中轨线 =N 日的移动平均线

上轨线 = 中轨线 + 两倍的标准差

下轨线 = 中轨线 − 两倍的标准差

日 BOLL 指标的计算过程如下：

移动平均值 MA=N 日内的收盘价之和 /N

标准差 MD= 平方根 N 日的（C−MA）的两次方之和 /N

中轨线 MB=（N−1）日的 MA

上轨线 UP=MB+2 × MD

下轨线 DN=MB−2 × MD

从公式中可以看出，BOLL 指标是基于价格围绕移动平均线的远离而设计的。在股价运行过程中，移动平均线可以很好地反映股价运行的总体趋势。当股价处于上升趋势时，大都会在移动平均线上方运行，均线对股价有支撑作用。当股价处于下跌趋势时，大都会在移动平均线下方运行，均线对股价有压力作用。

3.BOLL 指标的实际运用

（1）利用 BOLL 敞口来判断行情。

BOLL 的开口会随着股价的波动进行调整，当股价进行窄幅波动或横盘整理时，BOLL 会自动收窄，这时需要留意。因为这时多空双方力量趋于平衡，股价通常在 BOLL 中轨线附近运行，股价即将选择方向突破，BOLL 开口越小，股价突破的力度会越大。

当股价向上突破 BOLL 上轨线时，BOLL 敞口向外扩张，说明股价开始加速上涨。上轨线对股价有支撑作用，突破上轨线时是买入信号。

当股价向下突破 BOLL 下轨线时，BOLL 敞口向外扩张，说明股价开始加速下跌。下轨线对股价有压力作用，突破下轨线时是卖出信号。

当股价上涨幅度偏离 BOLL 上轨线过远时，有回调需求。当股价下跌幅度偏离 BOLL 下轨线过远时，则有反弹需求。

（2）利用股价在 BOLL 中的波动情况来判断行情。

当股价在 BOLL 上轨线和下轨线做区间运行时，说明股价处于震荡状态。当股价在下轨线受到支撑时是买入信号，当股价到达中轨线时是减仓信号；当股价上破中轨线时是加仓信号，当股价到达上轨线时是卖出信号。

第五节 VOL 指标

1.VOL 指标的原理和计算方法

VOL 指标即均量线指标，又叫成交量指标，反映一定时期内市场平均成交量的情况。成交量是指大盘或个股在当日或当时成交的总手数。如果当天收盘价高于或等于前一天收盘价，即股价上涨或平盘，则成交量能柱呈红色。如果当天收盘价低于前一天收盘价，即股价下跌，则成交量能柱呈绿色。

均量线是将一定时期内的成交量值相加后平均，在成交量能柱图中形成一条平滑曲线。一般情况下，均量线以 10 日为基本天数，即在 10 日平均成交量基础上绘制曲线。同时再设 20 日或 30 日的平均成交量为采样天数，如此绘制两条均量线，其中 10 日均量线代表短中期的成交量趋势，20 日或 30 日均量线代表中长期成交量趋势。选择的均量线周期越小，则对行情的敏感程度就越高；选择的均量线周期越大，则对行情的敏感程度就越低。

2.VOL 指标的实际运用

在有均量线的成交量图中，可以看到短期均量线经常穿越长期均量线，并且短期和长期均量线都在量能柱中起伏波动，从而反映短期或长期成交活跃度。

股价在上涨初期，均量线一般会随着股价的上涨不断上升，此时属于市场放量阶段，说明市场活跃度较高。当股价上涨行情进入末端时，尽管股价不断创新高，但是均量线已经疲软，说明市场交投活跃度开始减弱，形成量价背离，这意味着股价上涨可能接近尾声，是卖出信号。

股价在下跌初期，均量线一般会随着股价下跌持续走低，此时属于市场人气涣散阶段，对后市预期看弱。当股价下跌行情进入末端时，尽管股价不断跌出新低，但均量线开始走平或上升，形成量价背离，说明股价下跌行情即将结束，可以考虑伺机买入股票。这里所说的下跌行情即将结束，并不代表行情一定会上涨，也有可能会横盘整理。因此出现这种情况时，需要密切关注其他指标提示的买入信号。

设置两条均量线的能量柱图中，当短期均量线向上穿越长期均量线时，说明成交量在放大，是判断行情时的辅助买入信号。当短期均量线持续向上偏离长期均量线时，说明成交量在加速放大，市场成交活跃度在快速增加，是判断行情时辅助的持股信号。

当短期均量线向下穿越长期均量线时，说明成交量在缩减，是判断行情时辅助的卖出信号。当短期均量线持续向下偏离长期均量线时，说明成交量在加速减弱，市场成交活跃度在快速减弱，是判断行情时辅助的出局观望信号。

当短期均量线和长期均量线处于横向纠缠时，说明成交量呈低位稳定状态，通常股价处于弱势盘跌阶段、温和上涨阶段或横向盘整阶段。在快速上涨过程中，股价不会出现短期均量线和长期均量线横向纠缠的情况。

第六节　BBI 指标

1.BBI 指标的原理

BBI 指标即多空指标，是在移动平均线的基础上发展起来的，它是通过将几条时间周期不同的移动平均线，用加权平均方法计算出的一条移动平均线。BBI 指标一般选用 3 日、6 日、12 日和 24 日四条平均线。在使用移动平均线时，投资者可以根据不同的偏好设置不同的数值，短线偏好者选用短周期，长线偏好者选用长周期。

在使用移动平均线时，如果选择的周期过短，则均线很容易受到短期股价波动的干扰，容易发出错误信号。如果选择的周期过长，则均线反应往往比较迟钝，很难及时反映出市场价格变动的趋势。BBI 指标将移动平均线加权平均，很好地解决了中短期移动平均线的周期长短合理性问题。BBI 指标属于一条混合平均线，所以既有短期移动平均线的灵敏性，又有明显的中期趋势特征，适合稳健的投资者使用。

2.BBI 指标的计算方法

（1）3 日均价 =3 日收盘价之和 /3。

（2）6 日均价 =6 日收盘价之和 /6。

（3）12 日均价 =12 日收盘价之和 /12。

（4）24 日均价 =24 日收盘价之和 /24。

（5）BBI=（3 日均价 +6 日均价 +12 日均价 +24 日均价）/4。

从计算方法中可以看出，BBI 指标的值就是将不同周期的移动平均值通过求和之后再一次平均，从而得出一条新的指标线来反映不同周期下移动平均线的综合含义。在实际运用过程中，BBI 指标可以看成股价看涨或看跌的分水岭。

3.BBI 指标的实际运用

当股价位于 BBI 指标线上方时,视为多头市场。股价长时间位于 BBI 指标线上方，且呈现重心上移的走势，此时 BBI 指标线也呈现逐步上移走势，这是股价处于上升趋势的表现。

当股价位于 BBI 指标线下方时,视为空头市场。股价长时间位于 BBI 指标线下方，且呈现重心下移的走势，此时 BBI 指标线也呈现逐步下移走势，这是股价处于下跌趋势的表现。

在上涨行情中，如果当日收盘价在 BBI 指标线上方，预示着股价由空头方向转为多头方向，是买入信号。

在下跌行情中，如果当日收盘价在 BBI 指标线下方，预示着股价由多头方向转为空头方向，是卖出信号。

当股价经过一段时间持续上涨后开始回落，由上向下穿越 BBI 指标线，此时说明股价上升趋势已经基本结束，多方力量衰竭，空方力量增强，预示着下跌趋势可能即将开始，是卖出信号。

当股价经过一段时间持续下跌后开始上涨，由下向上穿越 BBI 指标线，此时说明股价下跌趋势已经基本结束，空方力量衰竭，多方力量增强，预示着上涨趋势可能即将开始，是买入信号。

在股价上涨行情中，每波回调 BBI 指标线都作为支撑线，对股价有支撑作用。

在股价下跌行情中，每波反弹 BBI 指标线都作为压力线，对股价有压力作用。

第六章　经典实用战法之建仓

在股市交易中，买（即买入）、卖（即卖出）、抄（即抄底）、逃（即逃顶），众多投资者都在不断耗费精力和金钱探寻其中的奥秘。如果只是单纯的买入和卖出交易，可以说每个投资者都会操作。但是只有极少数人能够在最佳点位买入和卖出，并且只是偶尔能做到，无法做到全部交易都操作在最佳位置。更不要说精准的抄底或逃顶了。

买、卖、抄、逃这四个字，看似简单实则极其深奥，需要投资者不停地去探索和研究，总结出一些富有规律性的交易方法，并且根据实际情况进行调整，从而提高准确率和盈利率。

第一节　基本面选牛股战法

基本面选牛股法是对个股的基本面信息进行分析和判断，完成建仓、持股、获利出局等一系列操作。利用基本面选股是很多散户投资者不擅长，机构投资者却经常运用的方法。散户投资者大多只能看到市场上公布的信息，并且很难对这些信息的真实性做出正确判断。他们很难全面了解上市公司的基本面，缺乏系统性分析，从而难以准确地分析出上市公司的投资价值。机构投资者通常会设置对上市公司基本面进行系统性分析的策略和方法，在全面调研和分析上市公司后得出较准确的价值投资结论，然后决定是否进行投资。

研究上市公司的基本面，能够帮助投资者清楚了解投资上市公司的具体情况，准确掌握上市公司所处的环境、公司的管理和盈利能力等，对其未来盈利做出预期。

基本面选股适用于中长线投资者。分析上市公司的基本面后，如果上市公司前景较好，公司盈利能力较强，投资者可以提前布局，长期持有。利用基本面分析来选股，相对来说，其安全性会高很多，并且盈利能力也非常可观。除非大环境变坏或上市公司出现意外，其投资价值才会转变。

基本面选股需要全面系统地研究上市公司的基本情况，判断是否具备投资价值。交易前必须先认真研究个股的基本面情况，主要研究以下几个方面。

1. 行业研究

行业研究是指对上市公司主营业务所处的行业进行研究，要研究清楚上市公司所处的行业和行业现状。上市公司所处的行业和行业现状，会对上市公司的未来发展和获利能力产生重要影响。

朝阳产业和夕阳产业，其未来发展潜力和获利机会明显不同。如果上市公司所处的行业发展形势较好，或者供需关系非常健康，那么个股在业绩方面就会有所保障。如果个股所处的行业发展缓慢，并且在走下坡路，那么上市公司的发展潜力和获利能力就会大打折扣。

2. 地位研究

地位研究是指上市公司主营业务在所处的行业中处于什么地位，是居龙头地位还是处在中游或中下游。如果上市公司居于行业龙头地位，说明上市公司对同行业的影响力很强，具有领头的风向标作用。如果上市公司处于行业中游或中下游，通常只能跟在龙头企业之后，对行业影响力较小。

研究上市公司在行业中的地位，能够判断出其未来发展潜力。在行业中所占比重越高，影响力越大的上市公司，其抗风险能力也会越强。

3. 周期研究

周期研究是指对上市公司主营业务所处行业的发展周期进行研究。上市公司的主营业务通常是其盈利的主要来源，研究上市公司所处行业正处于发展周期的哪个阶段，能够更准确地判断上市公司未来发展的潜力和投资价值。

行业的发展通常有四个周期，即萌芽期、成长期、成熟期和衰退期。

如果上市公司处于行业的萌芽期和成长期，则未来发展潜力巨大，操作的可行性和价值将会更高。处于萌芽期和成长期的行业，还可能会有很多利好政策，能推动股票行情的快速发展。

如果上市公司处于行业的成熟期或衰退期，那么上市公司可能面临的就是饱和状态或盈利空间被压缩，打破了产品供需平衡，出现供大于求的局面。同时为促进产业升级或淘汰落后产能，国家可能会出台一系列政策，从而导致股价难以上涨。

4. 政策研究

政策研究是指对上市公司所处行业的政策环境，以及上市公司所处的政策环境进行研究。如果属于政策性扶持行业，则经常会有利好政策出台。优质的政策环境能对股价起到强有力的支撑作用。一旦政策具有利好倾向性，所处的行业或板块将会整体受益。

比如，这几年新能源汽车行业在政策支持下接连出现很多优惠政策和补贴政策，如此一来，上市公司发展的速度会非常快，同时成本降低，盈利水平也会增加，从而有更多的价值投资机会。

反之，如果行业政策不利于上市公司的发展，其投资价值也就相对较低。

行业政策环境主要是国家针对某个行业的整体性政策。上市公司的政策环境主要是指地方或区域针对上市公司的政策，这种政策无法对整个行业构成利好关系，但是能对受地方或区域政策扶持的上市公司带来利好，同样也会带来更多的价值投资机会。

5. 发展研究

发展研究是指对上市公司的未来发展方向和发展潜力的研究。研究上市公司的战略发展方向，能够清楚地分析上市公司未来发展的潜力和盈利机会。

目前，很多上市公司都会涉足多个行业，有些上市公司甚至分不清哪个行业才是其主业，并且在战略规划和布局上都很模糊。因此，很难判断清楚其未来的发展潜力，这类上市公司的投资价值自然很低。

有些上市公司对主业则有很明确的界定，并且有很清晰的战略发展规划，这类公司能让投资者清楚地看到未来发展的蓝图，从而分析出上市公司未来的发展潜力和投资价值。

因此，要对上市公司的战略发展方向进行研究，看上市公司未来发展的规划或重点投资领域，并预期未来收益能力和成长潜力。

6. 运营研究

运营研究是指对上市公司本身内部管理和运营能力的研究。研究上市公司内部的运营能力和管理能力，能够让投资者清楚上市公司内部环境处于什么样的状态。

好的内部环境能给企业的发展带来积极作用，而不好的内部环境则会拖累企业的发展。公司的发展很大程度都是靠运营者做出成功的发展思路和稳定的运营环境。有的上市公司内部环境优越，管理井井有条，员工向心力十足。而有的上市公司却存在着非常严重的内斗或内耗，公司管理混乱，员工慵懒松散。一个差的运营和管理团队，即使再好的项目也难有好的结果。而一个好的运营和管理团队，就算是一般的项目也能给公司带来不错的发展效果。

因此，需要对上市公司的运营能力和管理能力进行研究，看是否有助于上市公司的长期稳定发展。

7. 财务研究

财务研究是指对上市公司的财务数据进行研究。财务研究是基本面研究最重要的环节，上市公司不管处于什么样的环境和状态，最终都要反映到财务数据上来。财务数据关系着投资者的投资回报，因此会是投资者非常关注的一点。

对上市公司的财务研究最主要的就是研究上市公司的盈利水平，因为只有上市公司盈利水平高，才能吸引更多的投资者前来投资买入，从而促进上市公司股价上涨。上市公司盈利能力越强，给投资者带来的回报就越大，其投资价值也就越高。反之，上市公司盈利能力越弱，则给投资者带来的回报也越小，其投资价值也就越低。

8. 背景研究

背景研究是指对上市公司的股东结构进行研究。都说靠着大树好乘凉，上市公司也一样。普通自然人股东组成的上市公司，其抗风险能力肯定没有国企上市公司强，地方政府投资参与控制的国企上市公司，其抗风险能力肯定没有央企上市公司强。

上市公司的股东背景和实力越雄厚，投资上市公司的安全性就越高。上市公司的股东背景和实力越弱，则投资该公司的安全性就越低。市场上有很多上市公司连年亏损或被 ST 为垃圾股，但总有一批上市公司最后又活过来，其中不乏有的上市公司有着深厚的背景。

因此，有必要研究上市公司的背景。上市公司的背景越深厚，其面对市场变化时抗风险的能力就越强，投资价值就越高。

第二节　集合竞价选股战法

集合竞价选股战法就是在上午股票集合竞价期间，选择出个股当天具备大涨或涨停因素的一种方法。在大多数时候，集合竞价选股法选择出来的个股当天走势表现都会比较强势，但偶尔也有表现一般的时候。利用这种方法只是提高选到强势股和涨停股的机会，并不能保证每次都能成功。

集合竞价是每天股市的开端。很多投资者希望每天都能买到大涨或涨停的股票，期待自己手中持有的个股每天都能涨停，但实际行情中每天能够涨停的通常也就那么几十只个股。因此，绝大多数个股当天大都不会涨停，甚至还有很多个股会下跌。

如何在两市 3000 多只股票中，每天都能成功地抓住大涨或涨停的牛股，是每个投资者都想搞清楚的。对普通投资者来说，做到这一点是件非常困难的事情。尤其在集合竞价时，选到当日能够大涨或涨停的个股更是极其困难。其实，在集合竞价阶段依然有方法能够快速选到强势个股，甚至选到当日涨停的个股。

在集合竞价时选牛股主要运用量比指标，同时以 K 线形态及指标为参考，选出市场资金关注的个股。如此一来，开盘后便能受到资金追捧快速拉升股价，并且经常能快速封死涨停板。

1. 集合竞价选股的步骤

第一步：在 9:25 集合竞价结束后，对两市个股的量比进行排行，快速浏览量比靠前的 50 只个股。集合竞价时量比靠前的个股，说明更受市场机构或市场投资者青睐，容易吸引更多资金流入。

第二步：首选涨幅在 4% 以下的个股，其次是涨幅在 7% 以上的个股。竞价涨幅在 4% 以下的个股，主力通常利用小幅高开来洗出部分意志不坚定的投资者，让这部分投资者认为股价可能会高开低走，他们会在高开后选择卖出，主力便会趁机收集这些筹码后快速拉升，不再给他们低位入场的机会。竞价涨幅在 7% 以上的个股，一般是主力手中有足够的筹码，不想让其他投资者介入，因此大幅高开，让很多投资者都担心会出现高开低走而不敢买入，同时部分意志不坚定的投资者也会选择卖出，这样的个股通常会在开盘后快速拉升并在很短的时间内封死涨停。

第三步：在选出前两步的基础上，选择流通股本数量较小的个股，最好流通数量能在 4 亿以下，并且是非全流通个股，中小创为优先选择对象。通常情况下，流通盘越小，主力在拉升时需要的资金会越少，将股价推上涨停板就越容易。

第四步：选择连续多日换手率都在 5% 以下，近期平均换手率也在 5% 以下的个股。换手率低说明个股活跃程度较低。如果活跃度一直处于不温不火的个股，突然间进入大众关注的视野，很容易吸引投资者的注意。

第五步：选择近几日成交量呈现温和放量或近期成交量较为均衡的个股。温和放量的个股说明近几日资金已经开始悄悄潜入，这样的个股一旦进入公众视野很容易受到市场资金追捧。成交量较为均衡通常为主力沉寂或是没有主力操作的个股，这类个股一旦量能突增，大多数都是主力开始发力或是被主力资金盯上，此种情况也容易受到市场投资者的青睐。

第六步：优先选择个股在跳空高开后正好处于破位形态上涨的个股。跳空高开本身说明市场承接意愿较强，而股价同时在形态上破位，很容易吸引投资者的目光。破位形态上涨时出现跳空缺口多为突破性缺口，具有强劲的动力，很容易受到资金青睐，因此，比较容易被推到涨停板。

通过以上六步选出来的个股当日不一定都会涨停，但是当日表现一般都会非常强势，并且大部分个股大概率会封板。当然选择要操作的个股时，最好看看个股历史走势。如果该股很长一段时间都没有出现过涨停板，那么该股当日能涨停的概率会较低，通常会在冲击涨停板附近，然后逐步回落，这种个股适合在冲高后做高抛低吸来降低操作成本。如果该股历史上经常出现涨停板，那么该股当日出现涨停板的概率会较高。

2. 集合竞价选股的后市操作

由于中国股市是 T+1 交易模式，买入后当天不能卖出，因此投资者买入个股后不论当天上涨了多少，如果第二个交易日行情不好转为下跌，可能依然无法盈利出局。所以，需要对买入当天该股的整体表现进行分析，然后决定后市应该如何操作。

（1）如果选择操作的个股当日涨停，换手率和成交量都未见放大，说明主力资金并未出逃，该股在第二个交易日继续大涨或涨停的可能性非常大，可以继续持有。

（2）如果选择操作的个股当日涨停，换手率和成交量均明显放大，该股在第二个交易日通常会高开。如果高开后股价没有快速封上涨停板，则可以选择在高开后逢高获利出局。如果高开后股价再次快速封死涨停板，说明前一天是很明显的换手涨停板，这类个股走势通常会非常强势，有走出妖股的潜质。

（3）如果选择操作的个股当日冲击涨停后回落，换手率和成交量均明显增加，该股在第二个交易日通常会继续冲高。如果该走势出现在底部起涨位置，则股价后市继续上涨的概率较大，可继续持有。如果该走势出现在股价上涨或下跌途中，投资者可以选择在第二个交易日股价冲高后获利出局。

（4）如果选择操作的个股当日未涨停，换手率和成交量均未见放大，则观察第二个交易日成交量和换手率是否增加。如果增加可继续持有；如果未增加，则考虑卖出换股。

（5）如果选择操作的个股当日未涨停，换手率和成交量均明显放大，则观察第二天成交量和换手率是否持续增加。如果持续增加可继续持有；如果未增加反而减少，则考虑在股价冲高时出局。

（6）如果选择操作的个股未涨停，连续多个交易日的成交量持续保持温和放量，量能逐步放大，则该股行情还会继续冲高，可以继续持有。

集合竞价选股是寻找短线强势个股的实用方法之一，只适合短线操作，不适合中长线操作。在实际操作中，集合竞价选股法成功的概率极高，但同时也存在一定的风险。其风险在于，当日行情还没开始运行就通过集合竞价行为预测其个股为当日强势个股，开盘后就立即买入，甚至有些投资者会在开盘前买入个股，当开盘后行情出现空头打压下跌时，被套的风险较高。

第三节　共振爆破点战法

共振爆破点战法是一种非常有效，且成功率非常高的选股战法，尤其是对中长线投资选股的成功率非常高。共振爆破点，顾名思义，最重要的要落在"共振"两个字上，共振的含义是指运用多项技术指标进行组合性分析，这几项指标的指向产生了一致共鸣。共振爆破点战法就是对多个非常关键的指标进行组合分析，以增加对行情判断的准确性，从而提高获利的概率。

在如今的技术分析中，各种各样的指标或方法都有，让很多投资者不知道应该选择哪些指标才能更加有效。实际上，很多指标都具有相似性，运用多个指标组合，最主要的目的是为了验证指标对行情的反映是否有效。

有时部分指标反映行情可能有下跌风险，也有部分指标反映行情会有上涨机会，在这样的情况下，投资者就很难通过指标判断行情具体的走向，从而难以抉择应该如何操作。但是，如果所有的技术指标反映行情可能上涨，那么股价即将上涨的概率就会大增，如果所有的技术指标反映行情可能下跌，那么股价即将下跌的概率就会大增。

共振爆破点战法就是利用指标组合相互验证后形成趋于一致的反应，从而提高交易的准确性。其共振要求如下。

1.K 线在重要位置做出关键趋势线突破

很多个股经历长时间下跌后，都会进入一段时间的盘整期，而在行情盘整期间，各项指标开始逐步修复。在下跌阶段往往会有一条重要的下跌趋势线，下跌阶段的每次反弹在遇到趋势线后，都会被趋势线压制再度转为下跌，这条趋势线就是下跌行情中的重要趋势线。随着行情在底部震荡休整，行情将逐步靠近趋势线，在某天或某几天行情开始突破趋势线上涨。股价从下往上突破下跌趋势线，说明股价趋势可能即将反转上涨。

2. 股价自下而上穿越多条高度黏合的长期和短期均线

均线在股市中的表现总是合久必分，分久必合。均线对行情既有支撑作用，又有压制作用，主要看价格处于均线的上方还是下方。股价处于均线下方，则均线对股价具有压制作用；股价处于均线上方，则均线对股价具有支撑作用。多条短期和长期均线黏合说明新一波行情可能即将启动；股价自下而上穿越多条高度黏合的均线，说明股价在逐步走强。股价冲破多条均线的压制站上均线上方，从而使得均线对股价形成支撑作用，对股价未来的上涨有助推作用。

3. 破位上涨伴随着成交量的增加

股价在突破趋势线或高度黏合的均线上涨时，需要成交量的配合，才能更强劲地突破趋势线和均线对股价的压制。如果突破时没有成交量的增加,则可能只是虚破，很容易再度跌回趋势线和均线下方。因此，只有突破时伴随着成交量的增加，才能说明该股开始逐步走强。

4.MACD 指标金叉向上发散

MACD 指标的快线从下向上穿越慢线，即为金叉。MACD 金叉时所处的位置最好在零轴附近或在负值区域，如此形成金叉向上运行的空间更大，有利于股价在后市上涨过程中能够持续更长时间而不背离。

5.KDJ 指标金叉向上发散

KDJ 指标值的大小能反映多空双方的实力对比。当 KDJ 指标出现从下向上穿越的金叉时，说明多空双方经历短暂平衡后，多方力量开始占据优势。KDJ 金叉时所处的位置最好在超买区域，如此形成的金叉向上运行的空间更大，有利于股价在后市上涨过程中能够持续较长时间而不背离。KDJ 金叉的时间往往会比 MACD 金叉的时间提前几日。

6. 筹码在股价附近高度集中

筹码集中度是反映市场投资者持仓量和持仓成本的指标。当筹码集中度分散时，不利于个股的上涨，尤其大部分筹码都分散在股价上方时，股价上涨压力将会很大。只要股价稍微有所上涨，就容易受到抛盘打压。只有当筹码在股价附近集中度非常高时，才容易被拉升，因为在股价拉升时，上方很少有抛盘压力，所以上涨也会更轻松。

将以上 6 种指标进行组合，当所有指标形成共振趋向于看涨时，股价基本上已经处于行情起爆点，在此位置进场的成功率非常高，并且往往都会买在股价起飞的底部阶段。股价一旦上涨，后市的发展空间将会非常可观，同时收益也会非常可观，是中长线投资者选择个股的绝佳方法。

如图 6–1 所示，蓝焰控股（000968）的 K 线图中，股价经过一段时间的横盘整理后，均线开始黏合，筹码高度集中。之后股价开始向上破位趋势线，使得均线出现金叉，成交量持续增加，MACD 在零轴线上出现金叉，KDJ 提前出现金叉，多种指标组合均显示股价看涨，形成指标共振。均线金叉并破位趋势线的位置就是股价上涨的共振爆破点。

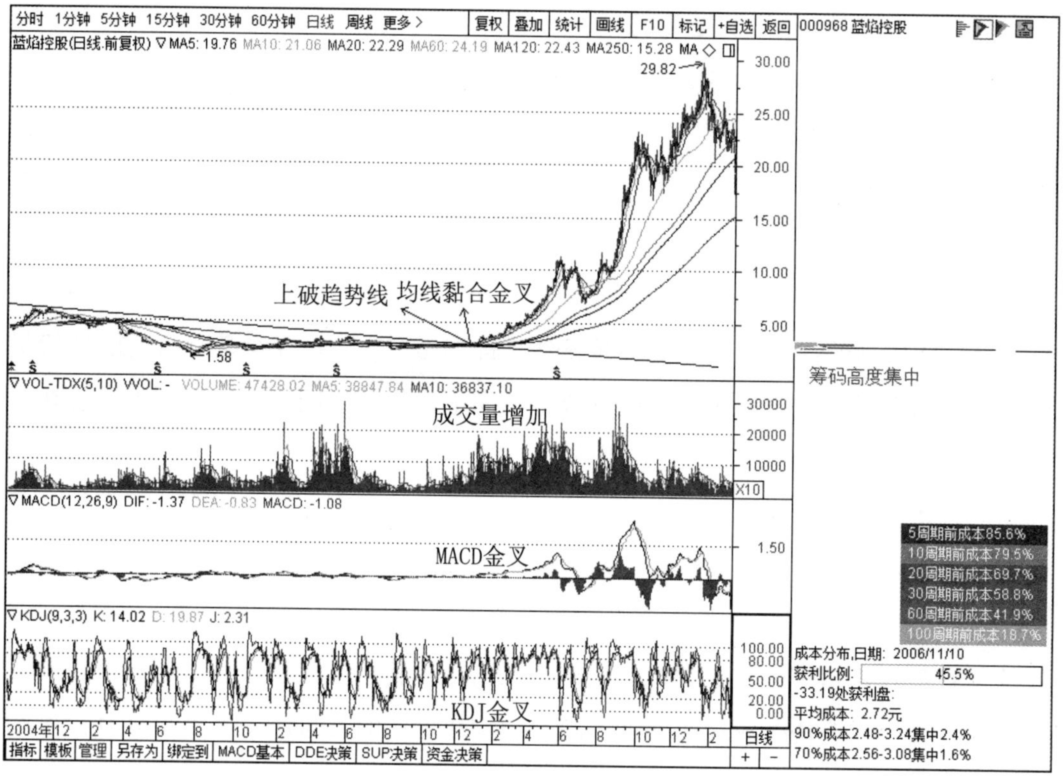

图 6–1

第四节　梅开二度战法

梅开二度战法与共振爆破点战法类似，也是将多样指标进行组合形成共振。但二者也有一定的区别：共振爆破点战法一般都是股价在底部起飞阶段刚刚开始起涨，往往买入就相当于抄底，安全性较高；梅开二度战法则是股价已经经过一段时间的上涨，在上涨途中出现休整，随后再次开始第二波拉升，就像飞机在空中加油一样，因此梅开二度战法又被称为“空中加油战法”。

股价上涨能出现梅开二度，必然是前期已经上涨了一段距离，且通常是短期大涨。因此，在梅开二度的分析和操作中，其安全性要比共振爆破点战法稍微低一些，但在实战运用中成功率也是非常高的。

梅开二度战法的要求如下。

1. 股价经过一段时间上涨后进入盘整期

梅开二度的前提条件是，股价前期已经上涨一定的空间，并且必须是经过上涨后进入整理期。当前期股价上涨时，大多数指标和均线都是金叉后向上发散的。由于股价上涨与指标产生偏离过大，因此出现短暂停留修正指标，短暂的停留可能是横盘震荡，也可能是小幅回调。

2. 短期均线重新黏合并形成金叉

当股价经过上涨后进入横盘震荡或小幅调整期时，5 日均线和 10 日均线会走平或回落。当 5 日均线和 10 日均线回落至 20 日均线附近时便会交汇，重新黏合。当 5 日均线和 10 日均线再次从 20 日均线下方穿越 20 日均线上行时，短期均线黏合金叉宣告成立。这里需要强调的是，梅开二度中的黏合金叉是短期均线，没有长期均线。因为股价在经过前一轮上涨时，短期均线上涨速度比较快，而长期均线涨速很慢，因此，梅开二度行情很难等到长期均线靠拢。

3. 成交量持续放大

成交量的大小是推动股价上涨的基本条件。一只优质的股票在股价经过一段时间上涨后，部分获利盘就会选择获利出局，因此行情开始走出小幅回撤或横盘震荡行情。在小幅回撤或横盘震荡行情期间，成交量会逐步减少，当成交量再次逐渐增加时，说明该股市场活跃度在增加。如果伴随着价格逐渐上涨，则说明多方力量占据主导优势。

4.MACD 指标再现金叉

在股价经过一轮上涨后，MACD 指标应该处于金叉后向上发散的运行状态，也可能是高位背离状态。当股价进入短线回撤或横盘整理期时，则 MACD 指标的快线将会逐渐走平并回落，慢线依然逐渐上涨。当快线从上方穿越到慢线下方后，再次从下方向上穿越慢线时，说明 MACD 指标再次形成金叉。梅开二度中，MACD 指标再度出现金叉的位置一般在零轴线上方。

5.KDJ 指标再现金叉

股价经过一轮上涨后，KDJ 指标通常处于金叉后向上发散的运行状态，也可能是高位背离状态。当股价进入短线回撤或横盘整理期时，则 KDJ 指标会回落下行或横盘运行休整指标。当 KDJ 指标休整完成后，KDJ 三条线再度黏合向上发散，则 KDJ 指标再次形成金叉。梅开二度中 KDJ 指标再度出现金叉的位置一般会在 50 附近，偶尔会出现在 80 以上的超卖区域。

6. 筹码集中度再次集中

这里的筹码集中度跟共振爆破点战法的筹码集中度有所差别：在共振爆破点战法中，筹码集中度通常会呈现出一个峰值；在梅开二度行情中，筹码集中度可能呈现一个峰值，这个峰值在梅开二度行情的位置；也可能是两个峰值，第一个峰值在行情启动时共振爆破点的位置，还有一个峰值在梅开二度行情的位置。总而言之，梅开二度行情时，筹码集中度必定会很高，不会出现筹码分布特别散乱的情况。

将以上 6 个指标进行组合分析，如果能够同时满足，则形成梅开二度行情的概率非常大。只要走出梅开二度行情，一般向上的空间会很大，盈利能力也会非常强。但是在操作梅开二度行情时，由于行情前期已经有过一段不小的涨幅，所以要控制好仓位，尽量不要重仓操作。在梅开二度行情上涨过程中需要逐步降低仓位，以免行情出现意外反转。

如图 6-2 所示，旺能环境（002034）的 K 线图中，股价前期经过一段时期的持续上涨后，进入横盘整理阶段。当股价经过短期横盘整理后，短期均线开始黏合，筹码再度集中。之后股价自下而上穿越短期均线上涨，使得短期均线出现金叉，成交量持续增加，MACD 在零轴线上方出现金叉，KDJ 提前出现金叉，多种指标组合均显示股价要继续上涨，形成空中加油的指标共振。股价突破均线上涨，且均线出现金叉的位置就是股价上涨的梅开二度共振爆破点。

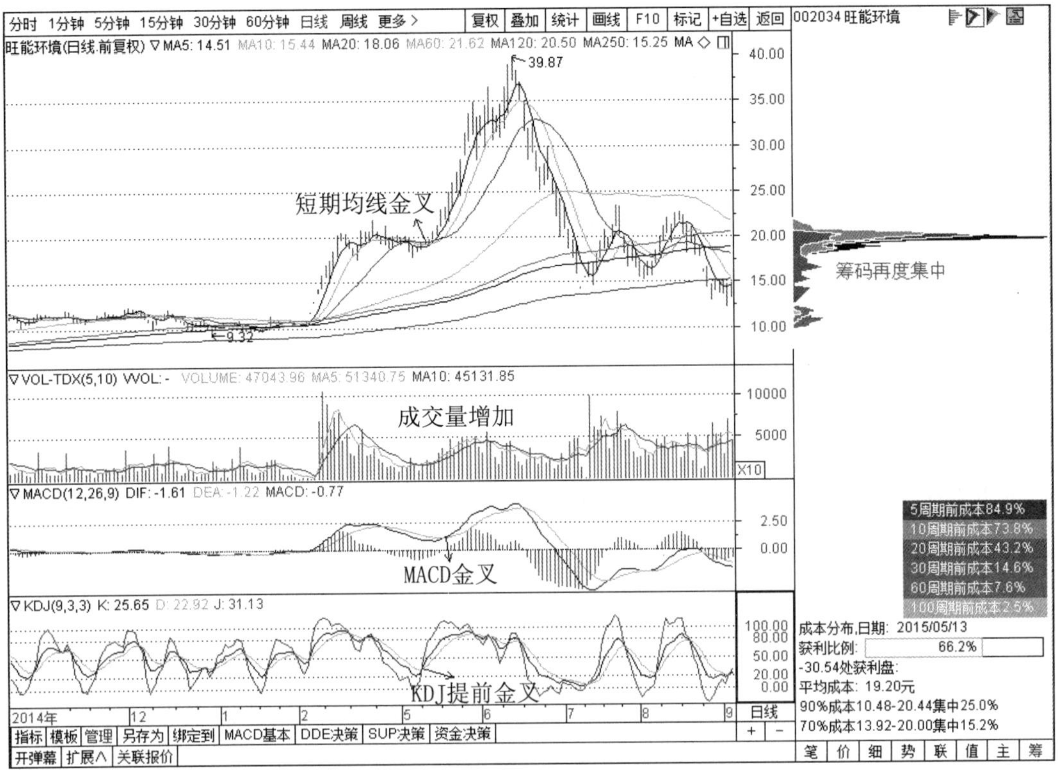

图 6-2

第五节　分时线涨停战法

分时线涨停战法是指通过观察当日分时线走势，判断个股是否属于强势股，并且通过分时线走势选择日内最合适的进场点位。

很多投资者喜欢通过观察分时线来进行交易。分时图中有两根线，一根是价格线，一根是均线。均线对价格线有支撑和阻力作用。当价格线在均线上方时，均线对价格线起支撑作用，支撑价格不往下跌；当价格线在均线下方时，均线对价格线起阻力作用，阻挡价格往上涨。

每天涨停的个股从分时线上看，会存在各种各样的形态走势。利用分时线进行交易时，均线是重要的参考工具；价格上涨和回落时，均线是寻找买入点的参考依据。分时线追踪涨停板的买入方式有很多种，在此只介绍比较常见并且成功率较高的分时线涨停方法。

1. 价格线直线拉升封板结构

价格线直线拉升封板结构是指股价开盘后涌入大量买盘，股价快速上涨，并且快速封死涨停板。这样的涨停板只能在开盘前进行筛选，然后在开盘时进行跟踪。如果买盘强势，股价直线拉升，则可以轻仓跟进追买。

价格线直线拉升封板的股票，一般开盘时多数都会高开 1% ~ 4% 的涨幅，所以很多投资者在追入时都会在股价上涨到 5% ~ 7% 的位置。这种追高买入只适合轻仓操作，主要是为预防股价冲板后出现回落。

现在市场上有一些做超短线的机构客，他们的操作模式是前一天尾盘建仓，第二天开盘后快速拉高股价吸引市场投资者买入，他们则趁机出货以此获取利润。所以，在操作价格线直线拉升封板结构的股票时，需要预防买入这种机构客的超短线个股。

如图 6-3 所示，飞力达（300240）的分时图中，股价在开盘后直接拉升上涨，中间没有任何停顿，并且买盘非常大，快速推升股价直至封死涨停板。操作这种股票主要看买盘是否强大，还有买入资金是否非常充足。

2. 价格线 3 浪上涨封板结构

价格线 3 浪上涨封板结构是指股价在开盘后经过 1 浪上涨，2 浪回调，3 浪再度拉升至封死涨停板。要想获取这种股票，可以观察开盘后的强势股，从中筛选出来，然后买入。

在 3 浪上涨结构中，通常是机构操作者有序地强势拉升股价。在中途部分前期获利者盈利卖出，导致股价在分时线上出现短暂回落。机构操作者经常利用中途的回落来洗出意志不坚定的投资者，随后再用大买单快速将股价推升至涨停板。

在 3 浪上涨封板走势中，股价在 1 浪拉升过程中是投资者发现异动股的时候，通常能在这个阶段买进的投资者比较少。大多数有经验的投资者买入点会在 2 浪回调靠近均线的位置，一些经验不足的投资者通常会追买在 3 浪拉升途中。

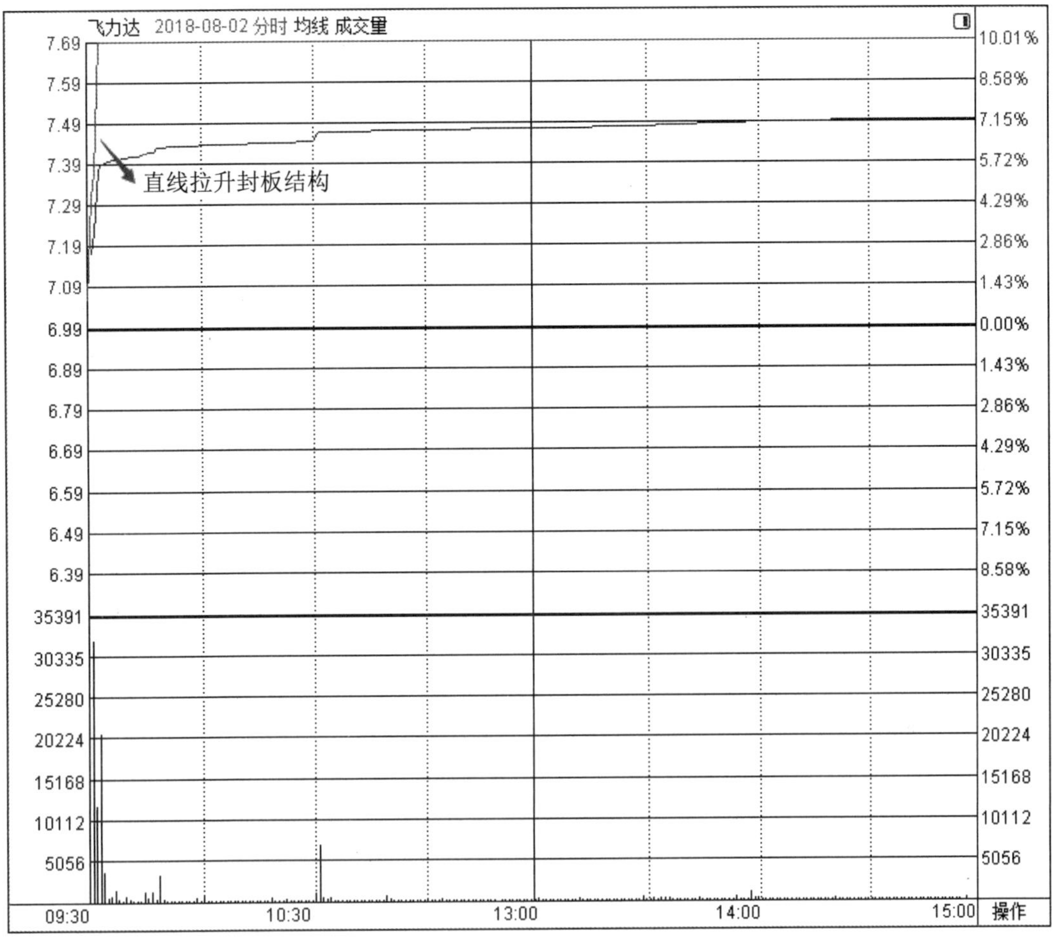

图 6–3

如图 6–4 所示，园城黄金（600766）的分时图中，股价在开盘后先小幅下探，然后快速拉升，出现 1 浪上涨。当股价拉升到 7 个点左右时，短暂下跌，出现 2 浪回调。在股价回调靠近均线时，再次出现大量买盘，并快速将股价推升至涨停板，完成 3 浪封死涨停板结构。图中 1 浪成交量明显增加，2 浪成交量有所减少，3 浪成交量大幅增加。

3. 价格线快 5 浪上涨封板结构

价格线快 5 浪上涨封板结构是指股价经过 3 次快速的拉升浪和 2 次短暂的回调浪，在第 3 次拉升浪后股价封死涨停板。这种股票可以在开盘后通过对异动股的观察，从而筛选出来，然后买入。

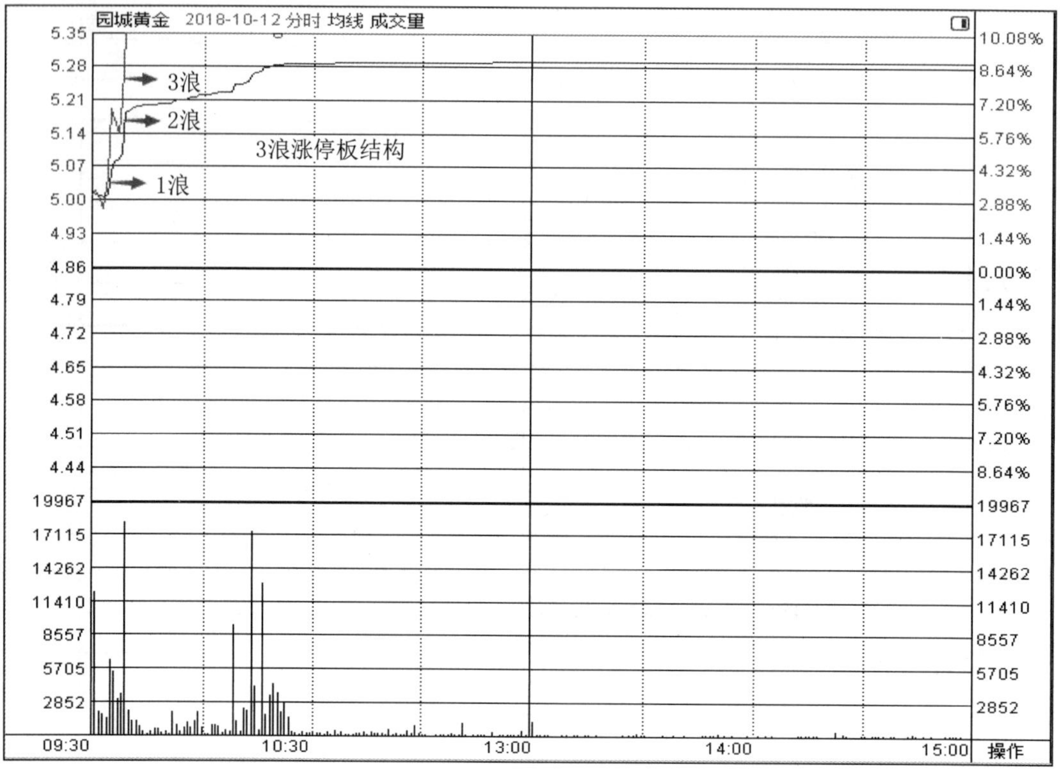

图 6–4

在快 5 浪上涨封板结构中，股价在 1 浪快速上涨时，股价出现异动，经过短暂拉升后上方很快出现抛压，导致股价短暂回落，形成2浪回调。但是由于买盘持续增加，使得股价又快速拉升，形成 3 浪拉升。股价在连续拉升后再次出现一些获利盘抛压，使得股价第二次短暂回落，形成 4 浪回调。之后出现大量买盘，推动股价上涨，并快速封死涨停板。

在快5浪上涨封板结构中，股价从开盘后开始拉升上涨到封死涨停板的速度很快，中途只经过两次短暂的停留，很快被强大的买单推动价格强势封板，所以称之为快 5 浪上涨封板结构。在这种上涨结构中，大多数投资者是在股价出现 1 浪拉升时，股价异动发现的股票，2 浪短暂回调时还来不及买入，通常会在 3 浪、4 浪或追高 5 浪买入股票。此结构中，2 浪和 4 浪的暂时性回调大都会在靠近均线时再度拉升。

如图 6–5 所示，通达动力（002576）的分时图中，股价开盘后经过短暂的拉升（即 1 浪）后，出现短暂的回调（即 2 浪），随后买盘开始增加推动股价强势拉升（即 3 浪）。当股价拉升一定高度后，部分前期获利盘开始卖出，导致股价短暂回落（即 4

浪），很快又涌现大量买盘，快速推升股价上涨并封板，完成快 5 浪封板结构。从图中可以看出，1 浪和 2 浪的成交量偏少，3 浪和 4 浪的成交量开始明显增加，5 浪时成交量大幅增加。

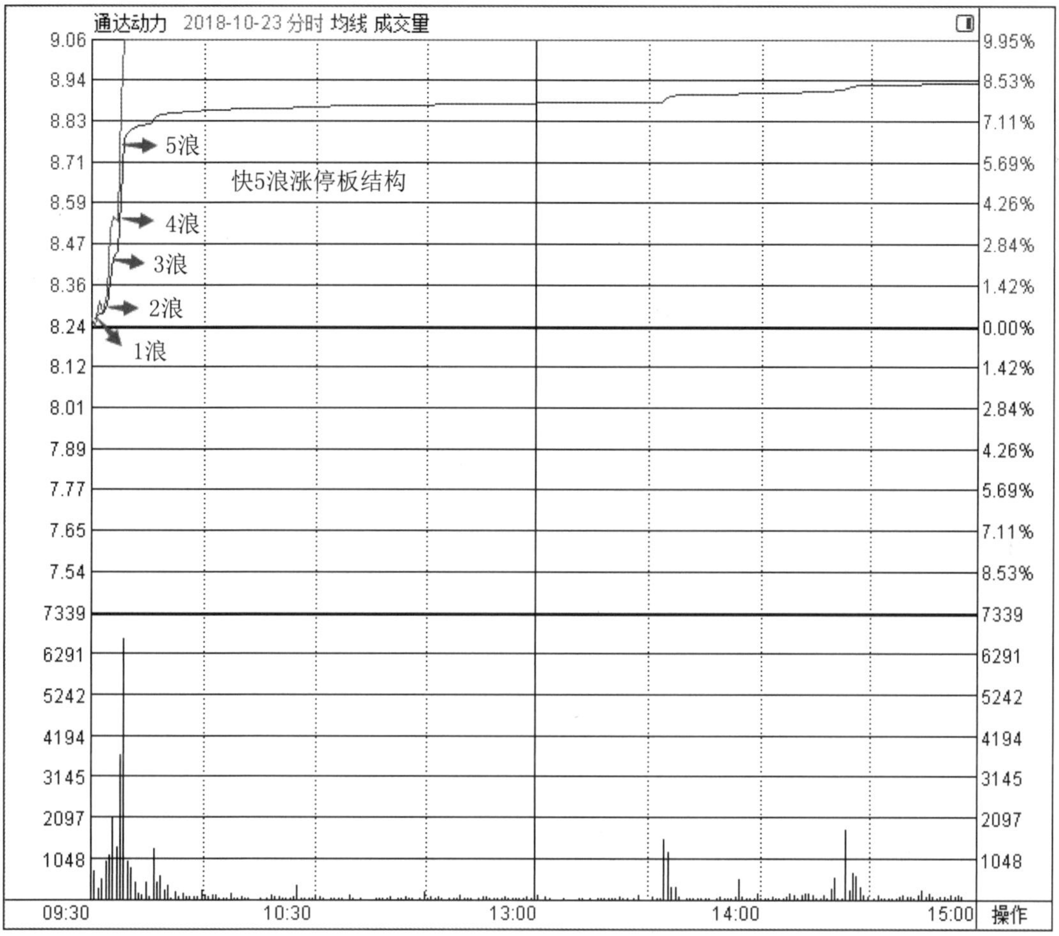

图 6–5

4. 价格线慢 5 浪上涨封板结构

价格线慢 5 浪上涨封板结构是指股价经过 3 浪上涨和 4 浪回调，在最后一次拉升浪后股价封死涨停板。慢 5 浪上涨封板结构与快 5 浪上涨封板结构类似，都是以 5 浪上涨并成功封死涨停板。二者的不同之处在于：快 5 浪上涨封板结构的上涨和封板的速度都很快，中途出现的 2 浪和 4 浪回调很短暂；慢 5 浪上涨时，上涨和封板的速度则比较慢，通常在 2 浪和 4 浪回调时都会经过一段时间的震荡波动，然后才开始新一波的拉升，直到最后成功封板。

在慢5浪上涨封板结构中，股价在1浪快速上涨时，股价出现异动，经过短暂拉升后上方出现抛压，导致股价回落，形成2浪回调。此时买盘承接意愿比较强，使得股价开始横盘震荡。当股价线靠近或碰触到均线时，市场买盘再度增加，推动股价二度拉升，形成3浪上涨。当股价拉升到一定高度后，前期获利盘出现抛压，导致股价再度回落，形成4浪回调。此时买盘承接意愿依然较强，继续维持股价横盘震荡。当股价线再次靠近或碰触均线时，市场买盘大幅增加，推动股价快速上涨，并快速封死涨停板。

在慢5浪上涨封板结构中，通常1浪、3浪、5浪三个升浪时的成交量会逐次增加，尤其是在5浪时的成交量会大幅增加，2浪、4浪成交量相对比较少，并且在回调震荡期间成交量比较均衡。

在慢5浪上涨封板结构中，大多数投资者在股价出现1浪拉升时，因股价异动而发现股票，部分投资者会在2浪回调价格线靠近均线时买入股票，也有部分投资者会在向上突破2浪震荡期间的高点，即3浪拉升时买入。当股价在3浪拉升到一定高度后，部分前期获利盘便会卖出，导致股价出现4浪回调，部分投资者会在4浪回调价格线靠近均线时买入股票，也有部分投资者会在5浪拉升，股价向上突破4浪震荡期间的高点时买入。

如图6–6所示，金明精机（300281）的分时图中，股价经过快速拉升（即1浪）后，出现一段时间的回调震荡（即2浪）。随后买盘开始增加，使得股价再次拉升（即3浪）。当股价拉升到一定高度后，部分前期获利盘开始卖出，导致股价出现一段时间的回调震荡（即4浪）。价格线靠近均线时市场涌现大量买盘，快速推升股价上涨，并封死涨停板（即5浪）。

图中1浪、3浪、5浪三个升浪的成交量逐次增加，尤其是5浪的成交量出现大幅增加，2浪、4浪成交量相对较少，并且在回调震荡期间成交量比较均衡。

5. 价格线波段爬升封板结构

价格线波段爬升封板结构是指股价在开盘后价格线逐步往上拉升，每拉升一段距离便停下来休整一段时间，然后再次往上拉，待拉升一段距离再次停下来休整一段时间，如此不停地重复“拉升 – 休整 – 拉升 – 休整”的过程，直到股价成功涨停并封死涨停板。股价在每波上涨过程中的高点都高于前一波，每波回调的低点都高于前一波。

在价格线波段爬升封板结构中，股价按照波段式结构逐次上涨。在前期的回调过程中价格线会靠近或碰触均线，到后期上涨时，价格线通常会偏离均线上涨。这种结构中一般前期股价上涨的速度会较慢，越到后期上涨的速度会越快，最后涌现大量买盘推升股价至涨停板。

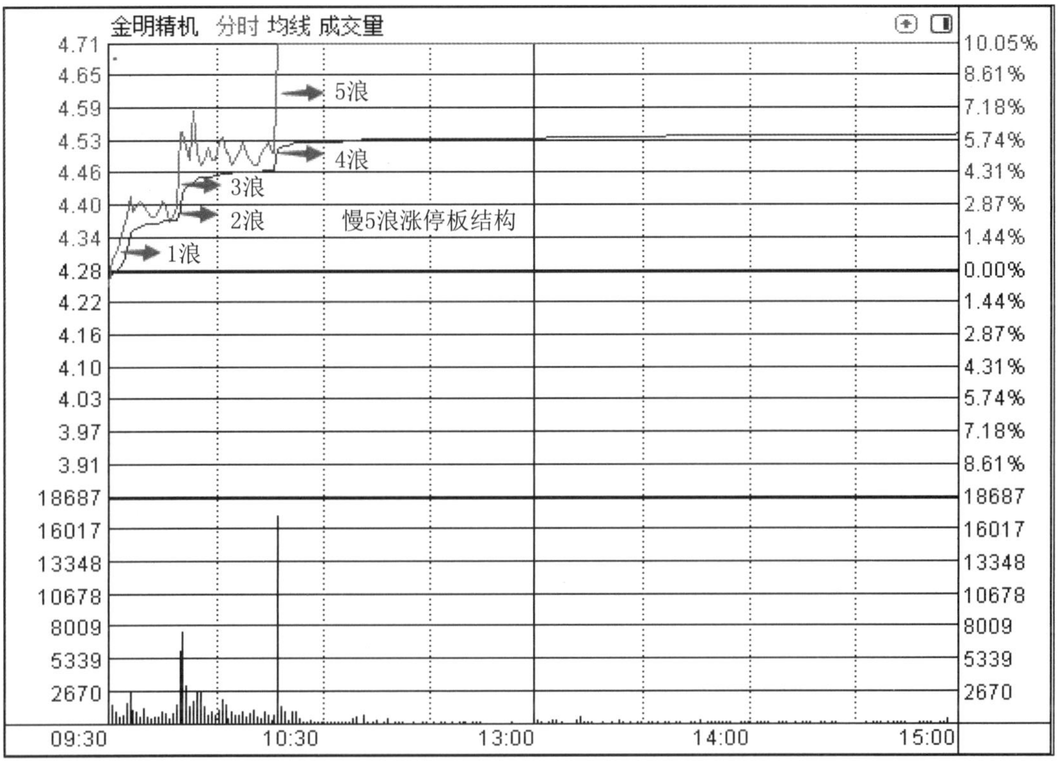

图 6–6

在价格线波段爬升封板结构中，股价上涨和回调的波浪次数不等，这属于边拉边洗的操作模式，在每波拉升时成交量都会逐次增加，最后一波拉升封板时成交量会大幅增加。这种结构中，投资者通常会在前三次股价回调靠近均线时买入，或在前三次回调后股价拉升突破回调前的高点时买入，只有少部分投资者会在 3 波拉升之后的拉升中追高买入。因为一般经过 3 波拉升后股价上涨的幅度都高于 6 个点，很多投资者都不愿意再追高买入。

如图 6–7 所示，飞力达（300240）的分时图中，股价开盘后快速拉升，随后出现回调。当价格线回落到均线位置时，股价再次上涨。之后经过多次上涨和回调，最后经过一波强势拉升封死涨停板。股价在上涨过程中，价格线回落的低点逐渐偏离均线。成交量也在每波拉升过程中渐次放量，直到最后一波拉升时量能大增推动股价强势上涨封板。

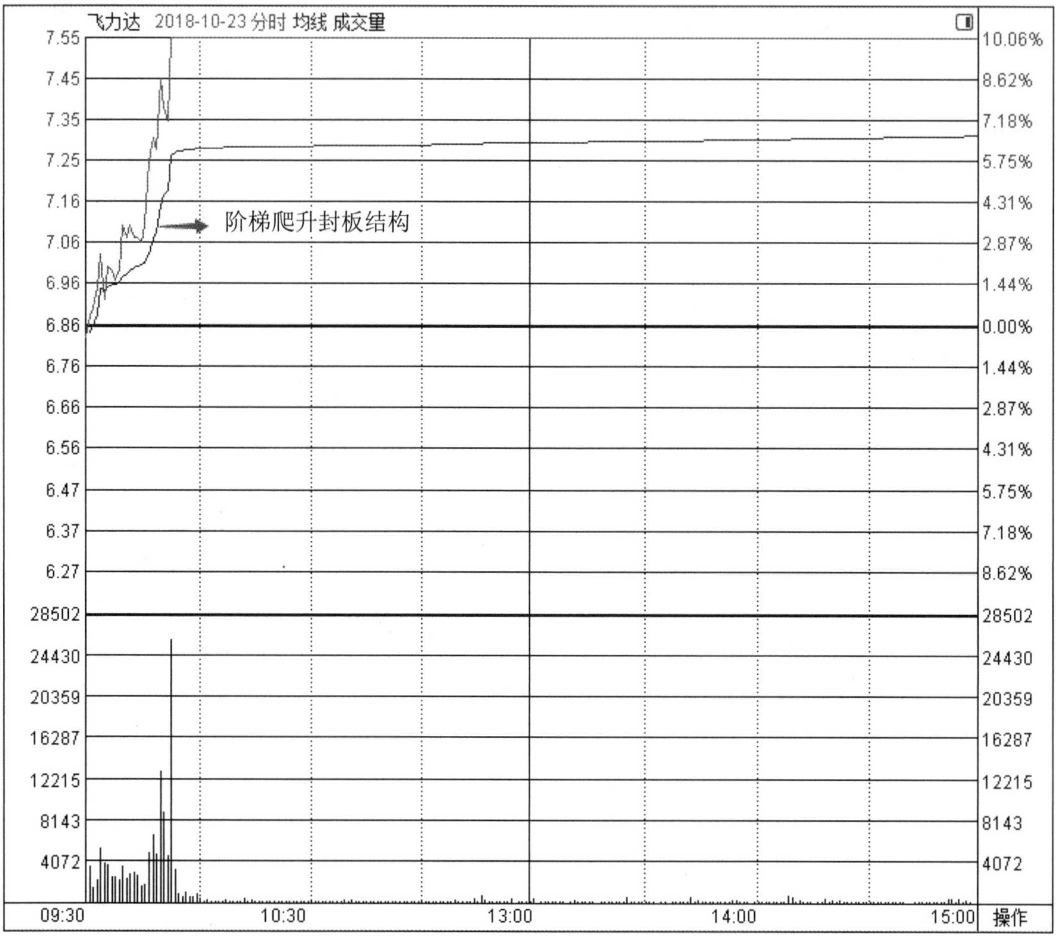

图 6-7

6. 价格线渐次爬升尾盘拉升封板结构

价格线渐次爬升尾盘拉升封板结构是指股价在开盘后逐渐往上攀升，走势比较温和，每上涨一波就要经过一段时间的回调整理，而每次回调到前一波上涨的高点时，股价受到前高点支撑再度上涨，如此反复多次后，直到尾盘阶段成交量快速增加，推动股价强势拉升，并快速封死涨停板。

在价格线渐次爬升尾盘拉升封板结构中，股价每上涨一波的回调通常不会低于前一波，就算偶尔会跌破前一波上涨的高点，但很快又会被拉回到前一波上涨的高点之上，就像台阶式的上涨。在这种结构中，大多数投资者会在每波上涨突破前一波时买入，或者是在每一波回调时，价格回落到前一波上涨时的高点附近买入，还有一部分投资者会在最后一波强势拉升时追高买入。

在价格线渐次爬升尾盘拉升封板结构中，每波上涨时的成交量都会放大，而在上涨后的回调阶段成交量比较小，且比较稳定。所以，在这种结构中，成交量通常会出现多个峰值，但最后一波强势拉升封板时的峰值最大。

如图6–8所示，美联新材（300586）的分时图中，股价低开，经过一段时间的震荡后，进入第一波拉升，拉升至零轴线时受压回落展开第二次震荡。股价震荡一段时间后开始第二波拉升并成功翻红。之后再次展开第三次横盘震荡，临近午盘休盘时股价再度拉升。午后，股价经过一段时间回调震荡后再次开始向上拉升。随后股价再次回落调整，尾盘成交量大幅增加，推动股价强势拉升，并快速封板。下方成交量形成多个峰值，尾盘拉升时的成交量峰值最大。

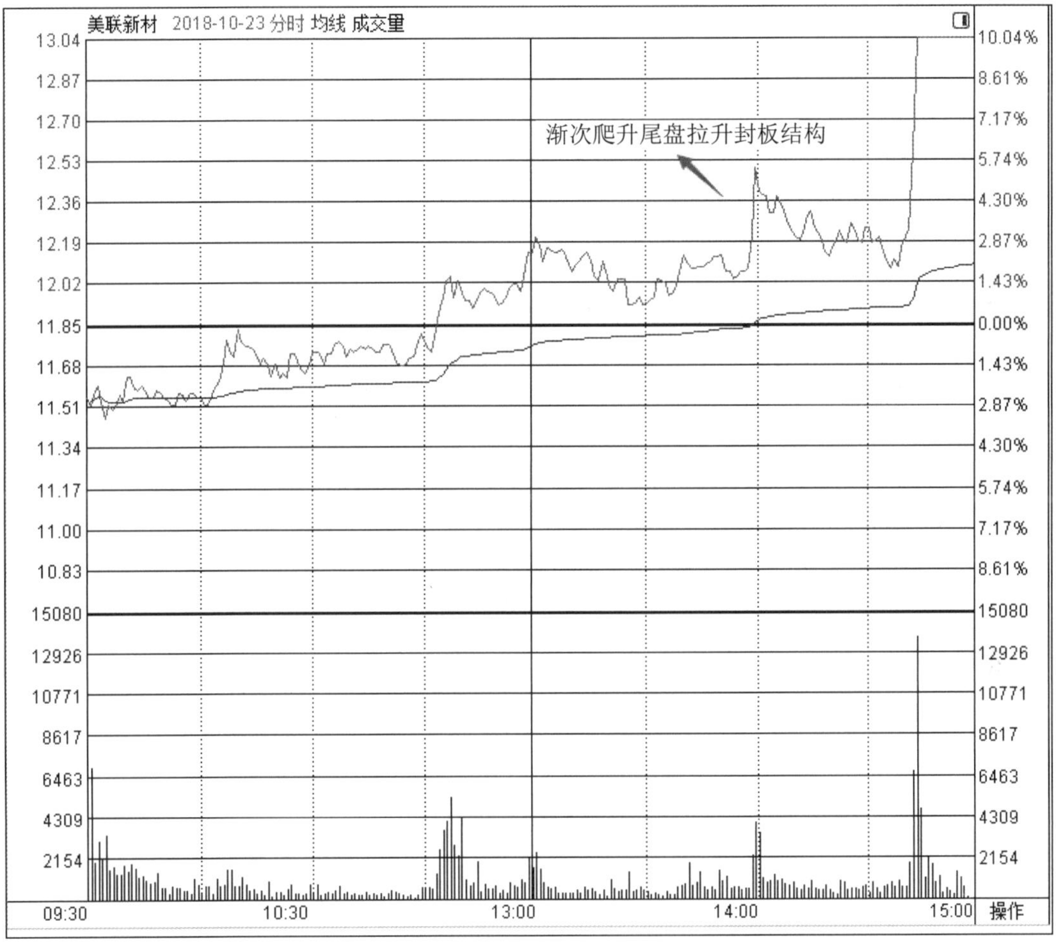

图6–8

7. 均线支撑尾盘拉升封板

均线支撑尾盘拉升封板是指股票开盘后维持横盘震荡，价格线始终维持在均线上方震荡，就算偶尔价格线会下破均线，但很快又会被拉升到均线之上运行，如此震荡运行到尾盘阶段，某一时段成交量快速增加推动股价强势拉升，并快速封死涨停板。

在均线支撑尾盘拉升封板中，股价在尾盘强势拉升前，通常会在上涨 1% ~ 3% 的涨幅区间震荡，尾盘拉升时通常会是直线拉升封板和两拨拉升封板。在这种结构中，大多数投资者会在震荡期间股价回落到均线附近时买入，或在股价尾盘强势拉升突破前期震荡高点时买入。在成交量上，前期震荡期间成交量相对较少，并且比较均衡，在尾盘拉升时成交量大幅增加。

如图 6–9 所示，宁波精达（603088）的分时图中，股价开盘后缓慢向上爬升，维持在均线上方。其后一段时间，股价一直维持在水平均线上方进行窄幅震荡，到尾盘阶段成交量快速放大，推动股价快速拉升，并封死涨停板。

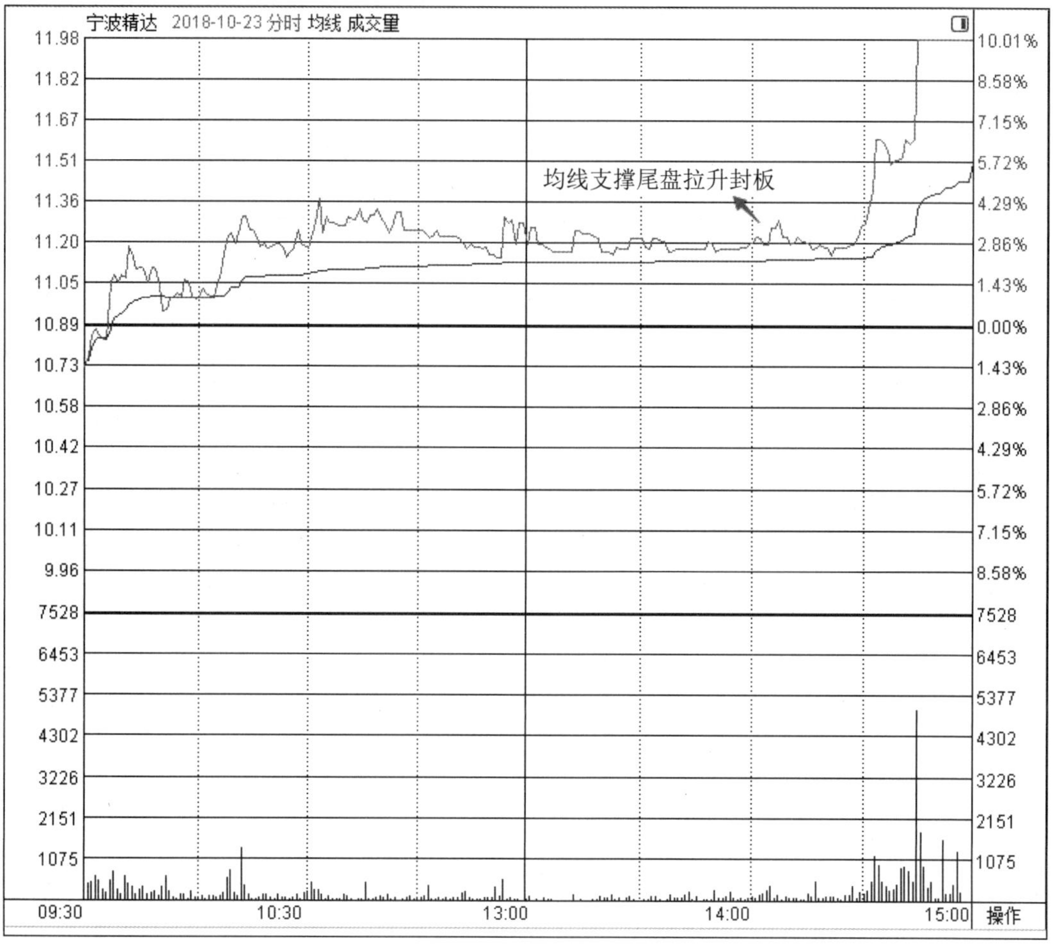

图 6–9

第六节　有效高抛低吸战法

股市操作中，高抛低吸是一种十分常见的降低成本、提升收益的交易方法。A股市场执行 T+1 交易，即买入股票次日才能卖出。很多投资者买入股票后，看到买入的个股获利了，却无法当日卖出，随后行情回落，导致买入个股出现浮亏被套。因此，很有必要选择高抛低吸模式。

在 A 股中，高抛低吸大多出现在两种情况中。一种是当买入个股后，股价下跌，手中持有的股票被套的时候，通过高抛低吸降低成本，以便早日解套。另一种是中长期投资者长期持有一只个股，通过对这只个股做阶段性的高抛低吸来降低成本，提高收益。

高抛低吸操作分两种模式。一种是在行情上涨过程中做高抛低吸，中长期投资者经常使用这种模式。另一种是在行情下跌过程中做高抛低吸，持股被套的投资者经常使用这种模式。这两种模式都能降低成本，但在实际运用中很多投资者经常失败，成本不但没有降低，反而会增加。因此，高抛低吸是绝大多数投资者面临的一个难题，他们虽然知道，却不敢冒险去操作。

高抛低吸的主要目的是为了利用行情的起伏来赚取利润差价。做高抛低吸尽量操作熟悉的个股。因为对个股熟悉，所以比较了解其平常走势，操作的准确度会更高。如果操作不熟悉的个股，就需要精准把握技术走势。做高抛低吸时，一定要与大盘结合起来。因为绝大多数的个股走势与大盘相似，因此参照大盘走势来操作，其准确率会大大提高。

利用高抛低吸将持有的个股做到负成本，是很多投资者的梦想。这样无论股价如何波动，手中持有的个股总是处于获利状态。对长期看好并持有个股的投资者来说，无疑会增加底气，这就是所谓的持仓成本决定持仓底气。但是在高抛低吸过程中，很多投资者不但不能降低成本，反而越操作成本越高。

做高抛低吸的前提是手中连续持有个股，不是当日买入个股。并且要想做高抛低吸，手中最好留有部分可用资金，这是笔者提倡永远不满仓操作的重要原因。高抛低吸看似简单，但在实际操作中并非易事，需要掌握很多方法和技巧。

高抛低吸有多种方式。一种是日内高抛低吸，也称 T+0 高抛低吸；另一种是隔日高抛低吸，也称为 T+1 高抛低吸；还有一种是波段高抛低吸。

1.T+0 高抛低吸

T+0 高抛低吸是指通过对个股在当天交易日内完成买入和卖出动作而形成的高抛低吸。T+0 高抛低吸有四种情况：在上涨过程中的高抛低吸；在下跌过程中的高抛低吸；跳空高开高抛低吸；跳空低开高抛低吸。

（1）在上涨过程中的高抛低吸是指通过分析判断行情走势，认为行情即将上涨，因此事先买入一定比例手中持有的个股，等股价如期上涨后再抛出同比例的个股。

还有一种情况是，股价突然快速拉升后，通过分析判断行情走势，认为股价快速拉升后会有回落，因此在股价拉升后卖出一定比例手中持有的个股，等股价如期回落时，再买入等比例的个股。

（2）在下跌过程中的高抛低吸是指通过分析判断行情走势，认为行情即将出现短暂下跌，因此事先卖出一定比例手中持有的个股，等股价如期下跌后再买回同比例的个股。

还有一种情况是，股价突然快速下跌后，通过分析判断行情走势，认为股价会在快速下跌后反弹，因此在股价快速下跌后买入一定比例手中持有的个股，等股价如期反弹后再卖出等比例的个股。

（3）跳空高开高抛低吸是指股价在集合竞价开盘时跳空高开，通过分析判断行情走势，认为行情可能出现高开低走的情况，因此在股价跳空高开后卖出一定比例手中持有的个股，等股价如期回落后再买入同比例的个股。

（4）跳空低开高抛低吸是指股价在集合竞价开盘时跳空低开，通过分析判断行情走势，认为行情可能出现低开高走的情况，因此在股价跳空低开后买入一定比例手中持有的个股，等股价如期上涨后再卖出同比例的个股。

2.T+1 高抛低吸

T+1 高抛低吸，是指在前一交易日买入或卖出个股，在后一交易日再卖出或买入等比例的同一只个股而形成的高抛低吸。T+1 高抛低吸前一日买入或卖出交易，一般发生在尾盘阶段。T+1 高抛低吸分为两种形式，即 T+1 看涨高抛低吸和 T+1 看跌高抛低吸。

（1）T+1 看涨高抛低吸是指在前一交易日尾盘阶段，通过分析判断行情走势，认为手中持有的个股在下一交易日可能出现跳空高开或上涨，因此提前买入一定比例手中持有的个股，待下一交易日股价如期高开或上涨后，再卖出同比例的个股。

（2）T+1 看跌高抛低吸是指在前一交易日尾盘阶段，通过分析判断行情走势，认为手中持有的个股在下一交易日可能出现跳空低开或下跌，因此提前卖出一定比例手中持有的个股，待下一交易日股价如期低开或下跌后，再买入同比例的个股。

3. 波段高抛低吸

相对于 T+0 高抛低吸和 T+1 高抛低吸，波段高抛低吸在时间上会长一些。波段高抛低吸是通过股价短期内的走势进行高抛低吸。波段高抛低吸也分为两种，即波段看涨高抛低吸和波段看跌高抛低吸。

（1）波段看涨高抛低吸是指通过分析判断手中持股走势，认为短期内股价会持续上涨，因此买入一定比例手中持有的个股，待股价如期上涨，持股至即将见顶回落时，在高位附近卖出前期买入的同比例个股。

（2）波段看跌高抛低吸是指通过分析判断手中持股走势，认为短期内股价会出现下跌，因此卖出一定比例手中持有的个股，待股价如期下跌，持股至即将见底反弹时，在低位附近买入前期卖出的同比例个股。

T+0 高抛低吸注重观察股价的日内分时图走势，T+1 高抛低吸注重预测第二天的股价走势，波段高抛低吸则注重预测股价的短期走势。

在股价呈现单边走势时，最好不要做高抛低吸，这样的情况下做高抛低吸很容易踏空或套牢。

4. 高抛低吸的误区

大部分投资者不能灵活运用高抛低吸，他们的操作模式大都是跌时买入、涨时卖出，即看到手中持有的个股下跌时补仓，等股价反弹上涨时再卖出。

他们并不关注行情走势会跌到什么位置，只想着跌了补仓成本会低一些，并没考虑股价还可能下跌很多。并且，有些个股遇到基本面变坏或庄家出逃时，他们依然不愿意放弃，死抱着手中持有的个股。

这种情况下，无论怎么做高抛低吸，也很难挽回亏损。因为行情后市可能经历很长时间的下跌，如此情况下只会越补越亏。因此做高抛低吸时，一定要先判断股价所处的市场环境和价格趋势。

第七节　老鸭头战法

对于老鸭头战法，虽然很多投资者听说过，但在实际操作中只有少部分人能够从中获利。大部分投资者对老鸭头走势又爱又恨。爱是因为，如果能准确抓住老鸭头走势，未来收益相当可观。恨则是因为，他们难以准确地识别有效的老鸭头走势，并且经常掉进失败老鸭头走势的圈套中。

老鸭头战法是指股价经过一段时间上涨后，受获利盘出局影响，开始震荡回落，当股价回落到重要均线位置时受到支撑，随后在均线位置经过短期横盘休整后逐步走高，将股价走势的轨迹用曲线连接起来就像鸭子的头部，因此而得名。当股价走势出现老鸭头形态时，后市通常还有较大幅度的上涨空间。

老鸭头战法看似简单，其形态就是走势看起来像鸭头，但实际操作中也存在失败型老鸭头走势。因此如果不能准确地识别行情走势是有效老鸭头走势，那么盲目进入的话，反而容易被套高位。并且如果不能把握好老鸭头走势的最佳买点，那么未来获利的空间将会大打折扣。

1. 老鸭头战法的图形特征

（1）老鸭头战法中，股价已经出现一轮上涨，在股价上涨阶段，通常是 5 日、10 日和 20 日均线金叉穿越 60 日均线，同时成交量放大，MACD 指标金叉向上穿越零轴线。均线金叉穿越位置构成老鸭头的鸭颈部分，随后股价沿着 5 日均线或 10 日均线上涨，盘面呈现量价齐升走势。

（2）当股价经过一段时间的上涨后，KDJ 和 MACD 等指标出现顶背离，获利盘开始抛盘出局，使得股价承压回落，出现小幅回调走势，有时股价也呈横盘整理走势。股价开始回落前的高点形成老鸭头的头顶。

（3）当股价回落时，5 日、10 日均线会跟随回落，通常回落到 20 日均线附近便形成横盘震荡走势，等待 60 日均线。当行情走势靠拢 60 日均线时（通常不会与 60 日均线交汇），5 日、10 日和 20 日均线再次金叉推动股价向上运行，从而形成老鸭头的鸭嘴部分。均线金叉推动股价上涨的同时，伴随着成交量的放大和 MACD 指标的再次金叉。

通过以上三步，老鸭头形态宣告完成。在实战过程中，只有当股价在鸭嘴位置上涨突破前期上涨的高点（即老鸭头头顶）位置时，有效老鸭头才宣告成立。否则，老鸭头形态随时可能面临反转，尤其是股价从鸭嘴开始上涨，遇到前高点时经常会遇到严重的抛压，如果不能放量突破前高点，则股价很容易掉头下行。

如图 6–10 所示，葛洲坝（600068）的 K 线图中，股价经过一段时间的缓慢上涨后开始加速上涨，缓慢上涨期间构成老鸭头的颈部位置。当股价加速上涨到一定高度时，上涨动力不足，开始小幅回落，同时伴随成交量的下降，此阶段构成老鸭头的头部，上涨时的最高点构成老鸭头的顶部。当股价回落到靠近 60 日均线时买盘增加，使得股价开始温和震荡上涨，底部逐渐抬升，此阶段构成老鸭头的鸭嘴部分。当股价上涨到前高点（即老鸭头顶部位置）时，受压出现短暂回落，随后买盘再度增加，推动股价上涨并向上突破老鸭头顶部位置，其后短期内股价呈现持续上涨走势。

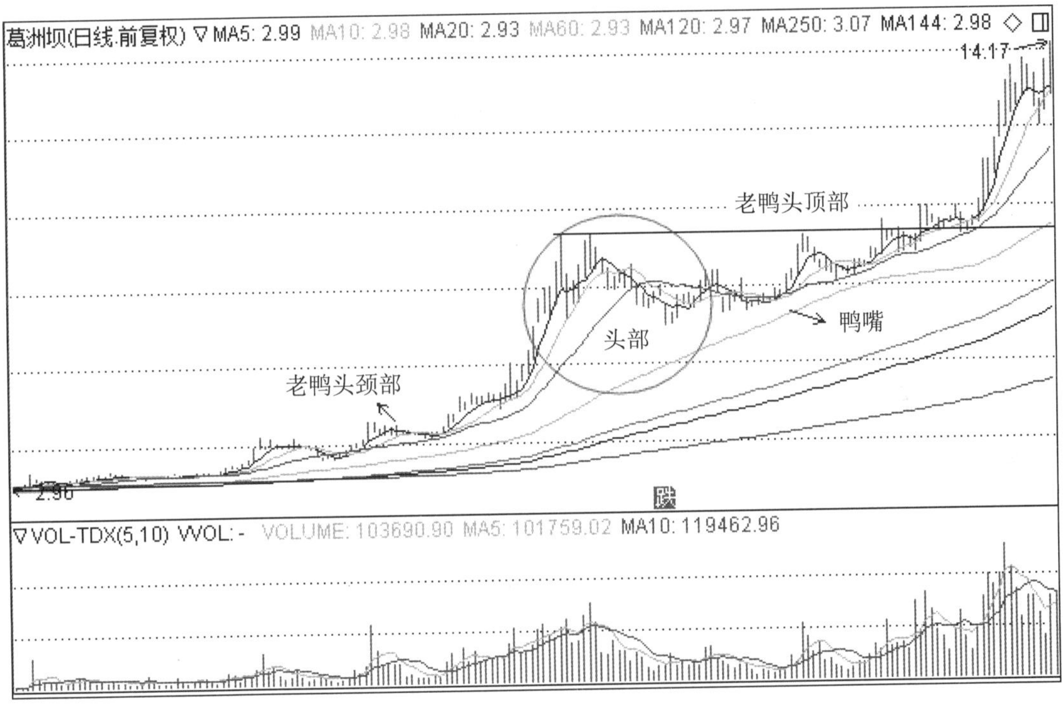

图 6–10

2. 老鸭头形态的买入时机

（1）第一次买入机会是，在股价突破均线上涨，行情开始走老鸭头颈部阶段前买入，也就是在股价上涨，均线出现金叉时买入。

（2）第二次买入机会是，当股价上涨至老鸭头顶部回落靠近20日均线或60日均线，成交量急剧减少，呈现地量状态时买入，此时轻仓买入为宜。

（3）第三次买入机会是，当股价从鸭嘴末端再次上涨，股价放量突破前高点鸭头顶部位置时买入或加仓。

3. 老鸭头形态的市场意义

老鸭头形态的鸭颈形成时，股价通常经过一段时间的横盘震荡，主力在震荡期间收集筹码。当出现均线金叉，推动股价上涨时，代表主力洗盘已经完成，股价即将开始走出上涨行情。

当股价经过一段时间上涨后，市场投资者已经收获部分利润，从而选择平仓出局，导致股价回落。还有一个可能是，主力为了后期能够更顺利地拉升，在股价经过一段时间上涨后，故意制造市场压力，导致股价回落，吸引市场意志不坚定的投资者抛盘卖出，主力趁机继续收集筹码，从而使得股价形成一段时间的回落震荡。在股价震荡期间，震荡时间越长，成交量越低。

主力通过打压股价使其回落形成震荡行情来洗盘，在洗盘期间，他们收集到足够的筹码并清洗完市场浮筹后，就会再次发力拉升股价，使股价再次上涨，同时伴随成交量的放大。

第八节　龙头股战法

龙头股是投资者最热爱、最向往的目标，每位投资者都希望自己买入的个股能成为龙头股。因为龙头股容易吸引市场资金进入，涨得快，涨幅也大，并且常常会出现龙头股变妖股的情况。一旦买到妖股，就意味着获利将会非常可观。因此，几乎每位投资者都有一个龙头梦。

龙头股是指某一时期在股票市场的炒作中，对同行业板块的其他股票具有影响力和号召力的股票。它的涨跌往往对同行业其他个股的涨跌起引领作用。

龙头股并非一成不变，往往只能维持一段时间，一段时间后可能会有另一只同行业的股票成为龙头股，引领同一板块个股走势的风向。成为龙头股的依据是，市场上任何与某只股票有关的信息都会立即反映在股价上。也就是说，市场上出现任何信息，龙头股总是跟随消息最先动的一只个股，当龙头股有了动作之后，其余同板块的个股才会跟随龙头股而动。

1. 龙头股的特征

（1）龙头股一般是板块中第一个开涨的个股，且不仅是领涨，还能带动板块跟随上涨。通常龙头股都是以涨停板开始，涨停板是多空双方最准确的进攻信号，不能涨停的个股，一般不能作为龙头股。龙头股上涨能快速积攒人气，从而推高股价，往往妖股都是从龙头股开始，但不是所有龙头股都会成为妖股。

（2）龙头股通常在某一基本面上具有垄断地位，在行业中具有一定的影响力，或有突出的业绩表现。因为只有质地优质的个股，才更容易受到市场的关注和资金的青睐，并且在炒作过程中会有更多理由助推价格上涨。

（3）龙头股一般都是只涨不跌，市场上有句话说“两板定龙头”。也就是说，龙头股是以涨停板开始，不过第一个涨停板并不能确定哪只股票为真正的龙头，可能在当天同一板块很多个股涨停，日内通常会把率先涨停的个股定为龙头股，但是日内的龙头股不一定是真正的龙头股，可能很多涨停都只是跟风涨停，而在第二个交易日，再次率先涨停的个股便可认定为龙头股。第二个交易日再次涨停一般都是人气助推的结果，这样的龙头股更具有确定性和安全性。

（4）龙头股通常在大盘下跌末端，市场恐慌时，逆势涨停，提前见底，或者先于大盘启动，并且能经受住大盘下跌的考验。龙头股通常强于大盘，大盘下跌时，龙头股往往具有很强的抗跌性，经常出现逆势上涨，大盘上涨时，先于大盘上涨。

（5）龙头股通常是前期涨停干脆，后期涨停纠结。前期，龙头股大都先于板块其他个股率先涨停，并且涨停非常干脆，中间很少出现烂板的情况。但上涨到末端几个涨停时，通常会出现盘中烂板，尾盘涨停，或者尾盘烂板的情况，因为需要换手支撑股价上涨。如果一直是缩量涨停板，很难吸引更多投资者跟风买入，这样后期容易出现集中抛压，股价上涨空间容易受到限制。

（6）龙头股一般是第一个崛起，最后一个倒下，即使没有走出第二波拉升行情，也会反抽出现双顶结构。龙头股大都会一路换手拉升，如此一来，前面基本没有太多获利盘，每个涨停板都相当于首板。用筹码跟随推高股价，这样一来成本随着股价上涨而上涨，因此很难出现暴跌，所以即使有回调，也会有大量的承接，从而保持股价的稳定。哪怕同一板块的其他个股都出现调整，龙头股一般也是最后一个倒下的。

投资者要敢于买入并持有龙头股或妖股。只有买到并坚定持有龙头股，才能获得丰厚利润。很多投资者虽然买到了龙头股，但是基本在第一个或第二个涨停板就会卖出离场，只有很少一部分投资者会坚定持有，获取后面更大空间的利润。

2. 龙头股的识别方法

股价要想拉升，师出必有名，炒作必有逻辑，在次新股中容易出现妖股，龙头股的人气决定龙头股拉升的高度。要炒作龙头股，首先必须识别龙头股。股市行情中，不论是大牛市还是反弹行情，抑或震荡行情，甚至熊市行情，经常会崛起几只个股引领市场，在市场上呼风唤雨，引领相关题材逐渐走强。

在操作过程中发现市场龙头股，就必须密切留意行情，特别是在股市经过长期下跌后，必然会有几只个股扛起率先反弹的大旗，此时，虽然不敢确定哪只个股会突围而出，引领市场，但可以肯定的是，龙头股必然就在其中。因此，要把率先反弹的几只股票圈定起来，然后再研究这几只股票的整体技术走势和基本面情况，进而判定哪只可能成为最强的龙头股。

每次行情的上涨或中级反弹，都会伴随着题材或概念的炒作。因此，首先要选择在未来行情中可能形成的热点板块，并且热点板块持续的时间不会太短，拥有的题材要具备想象空间，板块的领头股要能激发市场人气，带动整个板块。

每个题材板块或概念都有很多个股。选择个股进行观察时，不需要选择太多，要选择几只长期以来走势比较活跃，并且具备引领板块或概念联动能力的个股进行观察分析。这样的个股对题材消息更具敏感性，比如一带一路题材中，长期最为活跃的是天山股份、西部建设和北新路桥。如果跟踪分析这几只个股，只要是一带一路题材开始活跃，那么这几只个股必会率先受到市场追捧，从而引领整个板块走势。

龙头股的赚钱逻辑分为以下三个阶段。

第一阶段是一些有格局、有预判能力的投资者，通过分析题材热度，提前预知某个题材将要出现超级热点，提前针对几只潜在龙头股进行分散性买入，待题材爆发成为热点，龙头股便会率先崛起。这一阶段通常是预埋捕捉龙头股，分散性买入，属于广撒网。

第二阶段是已经出现题材热点，已经开启上涨行情，赚钱效应显现，一些跟风投资者会勇敢地追涨进入。这一阶段追入的人，通常看好题材后市。

第三阶段是一些胆大的人，看着题材持续成为热点，股价已经连续上涨较大幅度，一些投资者通过复盘，认为股价还有可能继续上涨，因而不想错过热点题材的赚钱机会，从而选择追高买入。

3. 操作龙头股的技巧

（1）根据板块强势个股选龙头股。密切关注板块中重点个股的资金动向。当某一板块中的重点个股资金均出现持续增仓时，说明板块开始异动，有可能成为热点，特别留意有可能成为领头羊的几只个股。一旦某只个股率先放量启动，确认同一板块其他个股是否有跟风异动。如果出现跟风异动，则可以追涨买入率先拉涨的这只个股，这就叫"擒贼先擒王"。这样操作虽然是追高买入，但龙头股先于板块启动，相比较而言，追涨买入龙头股的安全系数，要比跟风买入其他个股的安全系数高很多，并且获得的收益也会高很多。

（2）第一个涨停板前追入。在个股拉升前，很难确定某只股票会成为龙头股。只有当某只个股快速拉升，并且带动整个板块拉升，如果确定某只个股为龙头股，那么在这只个股拉升即将封涨停板时追涨买入，或者在龙头封涨停板后打开涨停板时追涨买入。通常来说，龙头股拉升会非常迅速，并且很快封涨停板，这种快速封涨停板的个股，往往在刚封涨停板时会出现大量抛盘，使得股价立足未稳出现短暂回落，这就给投资者有了追涨买入的机会。

（3）利用龙头股强势整理时机买入。即使最强劲的龙头股在拉升过程中也有强势整理阶段。因为龙头股价格拉升太快，会面临很多抛压盘，主力为了用更少的资金换取更多意志不坚定投资者的筹码，通常会在快速拉升后选择强势整理，在整理完成后再次快速拉升并封涨停板。龙头股出现快速拉升后的强势整理阶段是投资者追涨龙头股的最后时机。因为强势整理意味着股价不会回落，随后快速拉升封板，意味着股价不会再回到强势整理区。

这样的操作方式也存在一定的风险，就是当整体市场趋势走弱时，龙头股也会从强势整理演变为见顶回落。这时关键要看成交量，如果当日大比例资金流入，那么就算是龙头股当日走势出现见顶回落，在下一交易日依然会再次崛起。

（4）确定龙头股后再买入。有时第一天率先涨停的个股并不一定是真实的龙头股，并且很多投资者没有机会在第一个涨停板前买入。因此，可以在第二个交易日观察谁是真正的龙头股后再买入。两板定龙头，如果是龙头股，第二天也会率先启动拉升，并且带动整体板块异动跟随，这时可以买入率先启动的龙头个股。

这样操作的好处在于，能确定哪只股票是真正的龙头股，但也存在很大风险。因为追入时价格往往已经拉升，此时追涨买入距离前一交易日已经有 10 多个点的利润差，如果整体行情趋势走弱，龙头股二板拉升失败则容易被套。

4. 龙头股战法的市场意义

龙头股必定会有强大的炒作逻辑支撑，可能是并购重组，可能是政策支撑，也可能是公司所处的行业地位支撑，还可能是公司业绩收入支撑。总之，龙头股一定要有让投资者足够看好它的理由。

龙头股不是一成不变的，也并不是谁先涨停、谁封单多，谁就是龙头股。出现龙头股全靠人气，并且龙头股变成妖股通常也是由市场人气决定的。当市场对某只龙头股形成合力时，投资者买入意愿将会极其强烈。后期能涨多高，完全由市场人气和情绪决定，市场人气越高，投资者情绪越疯狂，造就的妖股涨幅就越大。

面对龙头股操作，要能发现、敢于买、拿得住才是真正的龙头股交易，不要怕出现特停。只有强势上涨的个股才会出现特停，可以说特停就是妖股的象征，特停的个股出来后经常会继续上涨，就算低开也会快速拉升。

市场普遍认可的龙头股和妖股都有两条命，即轻易不会死掉，通常都是领先其他个股率先上涨，最后一个下跌。龙头股一般都以 5 日均线为依托上涨，只要股价不破 5 日均线就坚定持有不放手。强势龙头股经常会有第二波上涨，出现第二波上涨的启动点一般是在第一波上涨之后股价回落时，依托 10 日均线或 20 日均线支撑，然后再次拉升。

第九节　龙头股联动战法

龙头股联动战法与龙头股战法有着一定的联系，但又有很大的区别。龙头股战法主要是买入龙头个股，而龙头股联动战法则是主动放弃龙头个股，退而求其次，选择跟龙头股有紧密联动关系的龙二或龙三。

龙头股联动个股是指与龙头个股走势有联动关系的个股。具体说来，就是当龙头个股上涨时，联动个股会跟随龙头个股上涨，当龙头个股下跌时，联动个股会跟随龙头个股下跌。只是上涨时龙头股会率先上涨，并且涨速和涨幅都比联动个股强。

龙头股联动战法是指操作与龙头股走势有密切联动关系的个股。在龙头股出现强势上涨时，大多数投资者没有办法准确识别龙头股，从而无法在第一时间买入龙头股，因此可以利用与龙头股的联动关系，通过股价拉升走势的时间差，买入与龙头股具有联动关系的个股，可能是龙二也可能是龙三。龙头股联动战法是对龙头股战法的一种补充。

在龙头股联动战法中，虽然买入的不是龙头股，看似会比龙头股弱，但实际上盈利能力也很强。因为龙头股往往不是固定的,有时某只个股可能在前两天是龙头股，之后却出现龙头转换，经常会出现龙二或龙三补位成为新龙头股的情况。一旦龙二或龙三补位成为新龙头股，通常会有不小的涨幅。

龙头股联动战法中具备联动关系的个股可能是同一板块或同一概念。如锂电池板块中，赣锋锂业、天齐锂业、当升科技、星源材质、亿纬锂能等个股具备联动关系。如一带一路概念中，天山股份、西部建设和北新路桥等个股具备联动关系。当某只个股成为龙头股快速拉升时,如果投资者没有及时入场,便可以放弃追入龙头股,选择买入其他具有联动效应的个股。

龙头股联动战法中具备联动关系的个股有时也可能不是同一板块或同一概念，有时同一批上市或开板的次新股具备一段时间的联动效应，有时同一批高送转个股也具备一段时间的联动效应，如有段时间煌上煌、名家汇、天润数娱等个股刚高送转时便具备联动效应。只要具备联动效应,就可以根据联动效应的时间差来买入个股。不是同一板块或同一概念的联动效应会随着时间的推移，联动效应逐步降低。

第十节 双龙出海战法

双龙出海又称多方炮，也叫双响炮，是一种经典的技术形态，由左右两个中阳线或大阳线，中间一根或多根阴线或阳线组合而成，是强烈的买入信号。多方炮是指 K 线经过长期下跌后横盘整理，或者行情经过一段时间上涨后出现横盘整理，并且底部逐渐抬高，价格随时可能向上突破盘整区间的一种形态。

当股价出现放量中阳线或大阳线并突破平台时，多方炮左边 K 线宣告完成。股价放量中阳线或大阳线突破平台后第二天，K 线往往会上升乏力，走出高开低走的阴线。如果行情表现强势，第三天股价再次以中阳线或大阳线反包第二天的阴线，通常会收光头阳线，此时多方炮宣告成立。如果行情表现稍微弱势，则行情会在第一根中阳线或大阳线的价格区间做整理。当股价再次以中阳线或大阳线拉升反包前面所有整理的K线时，多方炮宣告成立。

当多方炮形态出现后，股价不一定就会上涨，需要看多方炮形成的下一交易日走势。如果下一交易日股价跳空高开，放量上涨，则说明多方炮有效，后市还有上升空间。如果下一交易日股价没有跳空高开上涨或继续放量上攻的情形，那么说明多方炮无效，行情可能会再次回落形成区间盘整。

1. 多方炮形态的构成要点

（1）多方炮形态一般出现在一轮明显的下跌行情之后，估计要经过一段时间的低位止跌横盘过程。由于股价长期下跌或横盘，人心涣散，大多数投资者都习惯于稍涨即抛。股价想快速上涨的压力主要来源于下跌前期的套牢盘。而股价上涨到一定阶段后，压力则主要来源于底部的获利盘。

（2）通常多方炮的第一根阳线突破都是放量突破近期连续横盘阶段，创近期新高，同时伴随着短期和中期均线的破位。第一天的放量突破通常是试盘动作，主力通过放量突破测试上方抛压盘是否严重，同时放量突破时测试个股是否受到市场资金关注。

（3）多方炮的第二根阴线成交量必须是缩量或小幅放量，绝对不能放巨量，并且股价不能再回到均线下方，也不能破位前一天价格的低点。在第一天的中阳线或大阳线破位后，第二天经常会小幅高开，并小幅冲高后回落，形成一根带上影线的阴线，这通常是主力为了洗去意志不坚定浮筹的做法。在两阳之间有多根K线的，中间K线可以是阴线也可以是阳线，但是不能放巨量，同时也不能出现大阴线下跌或大阳线上涨，通常都是小阴线或小阳线来回横盘，目的也是为了吸取松动的筹码。

（4）在多方炮走势中，最后一根阳线收盘价应高于第一天的收盘价，并且量能也需要比第一天放大，但是不能放巨量。主力会在冲高时继续收集筹码，最后这根阳线经常是光头光脚中阳线或大阳线。

（5）多方炮形成后的第二天，股价一般会跳空高开。如果股价高开、放量高走，则后市持续看涨；如果放量冲高回落，则还将继续横盘整理。

如图6-11所示，昊志机电（300503）的K线图中，股价经过一段时间下跌后，在底部形成横盘震荡。股价在2018年9月19日出现一根大阳线，其后多日出现阴跌回调，当回调到大阳线底部后，于10月9日股价再度强势上涨收大阳线，与前一根大阳线形成多方炮形态。其后两天再度阴跌回落，在10月12日股价再度强势上涨，以大阳线涨停，形成多方炮形态，其后短期股价呈缓慢上涨走势。

图 6–11

2. 多方炮形态的市场意义

多方炮形态中两阳夹一阴的市场意义在于，股价经过长期下跌后，在底部反复盘整以夯实底部。因此，无论是两阳夹一阴还是两阳夹十字星，或者是两阳中间夹多根小 K 线都是为了达到筑底的效果。还有一种多方炮行情是，股价经历一段时间的上涨后，开始持续横盘整理，然后再形成多方炮走势，这种走势是多方为了继续发动上涨行情的中途盘整。出现多方炮形式，同样是为了清洗浮动筹码，好发动新一轮上攻。

出现多方炮时是底部起涨最佳买入机会。与多方炮对应的还有一个空方炮，是指股价在上涨之后经过一段时间的横盘整理，形成两阴夹一阳或两阴夹多阳走势。此种空方炮走势的意义与多方炮正好相反，是强烈的卖出信号。

第十一节 出水芙蓉战法

出水芙蓉战法又叫一阳穿多线战法，是指股价经过一段时间低位震荡或横盘整理后，多条均线高度黏合，股价运行在均线下方。当均线黏合时，股价一根大阳线自下而上穿越黏合均线向上拉升。股价收盘时，通常为光头阳线（以股票当日涨停为最佳），第二天低开高走或高开高走的中阳线或大阳线使股价创近期盘整后的新高，将黏合均线拉升至均线向上发散状态，同时伴随着成交量的增加。

股价出现大阳线，市场上普遍流行一句话："一根大阳线，千军万马来相见；二根大阳线，龙虎榜上机构现；三根大阳线，股评大师齐推荐；四根大阳线，散户追高不听劝；五根大阳线，游资砸盘说再见。"所以，当出现出水芙蓉形态时，容易很快积累市场人气，吸引很多市场投资者买入，从而推动股价持续上涨。

1. 出水芙蓉战法的构成要点

（1）股价必须经过一段时间的低位震荡或横盘整理，因为只有经过一段时间的低位震荡或横盘整理才会形成均线黏合。不论是在底部进行低位震荡或横盘整理，还是在上升途中进行的横盘整理，都有效。

（2）股价上涨前必须运行在多条黏合均线的下方，并且上涨时自下而上穿越多条均线，同时 K 线必须是一根中阳线或大阳线，收盘必须收在黏合均线的上方。

（3）股价穿越多条黏合均线上涨后第二天必须低开高走或高开高走，并且股价必须以中阳线或大阳线创近期盘整后的新高。

（4）连续两日的阳线拉升必须伴随量能的持续放大，并且第二交易日最好是温和放量，但不能放巨量。

（5）在形成一阳穿多线时，通常 KDJ 和 MACD 也都形成金叉状态。

出水芙蓉战法是强烈的看涨信号，是主力做多的重要标志。如果一阳穿多线的第二天股价高开高走，说明主力做多意愿较强；如果第二天直接低开高走，说明主力还希望借助低开方式收集更多浮筹。

2. 出水芙蓉战法的买入时机

（1）在股价向上穿越黏合均线上方后买入。

（2）在第二交易日股价低开在黏合均线上方，且低开高走时买入。

（3）在第二交易日股价高开回撤不破黏合均线时买入。

如图 6-12 所示，必创科技（300667）的 K 线图中，股价经过一段时间的横盘，多条短期均线黏合。股价运行到黏合均线下方，某天股价一根大阳线从黏合均线的下方穿越多条均线向上，形成一阳穿多线形态。同时成交量增加，KDJ 和 MACD 金叉上行，说明行情表现强势。第二天股价高开至所有均线上方，且高开高走，带动市场做多人气，其后短期内股价强势上涨。

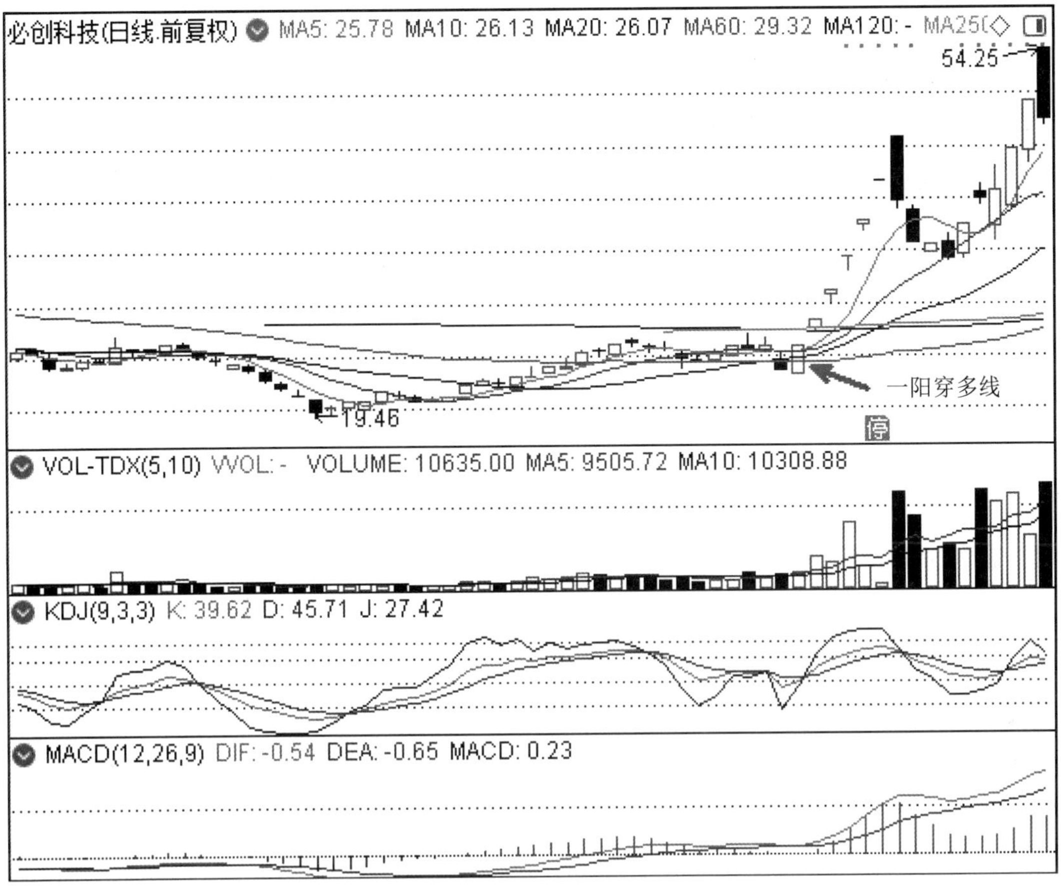

图 6-12

第十二节　地量转势战法

地量转势战法与 K 线形态关系不大，最主要是量能和短期均线的配合。地量转势战法是指股价经过一段时间的横盘整理后，股价开始温和上涨，同时伴随均线开始拐头向上运行，此时股价经过几天连续上涨后回落，当股价回落至 20 日或 60 日均线位置时，成交量出现地量，则是买入的最佳时机，随后行情或将加速上涨。

1. 地量转势战法的构成要点

（1）股价经过一段时间的横盘整理后，开始呈现上涨走势，也就是上涨的初始阶段。

（2）均线必须已经开始拐头向上发散运行。

（3）股价经过几天上涨后出现连续几日的回调。

（4）股价回调至 20 日或 60 日均线位置附近。

（5）成交量出现极低的地量状态，这是最关键的一点。

在实际运用中，虽然很少有人使用地量转势战法，但是其成功率却很高。投资者大都无法分辨如何才算是地量，他们认为前一天量能很低，可能第二天的量能会更低。因此，只要看到行情上涨，他们就不再关注量能和其他指标的变化，只盯着价格的变动。

2. 地量转势战法买入的时机

上涨趋势形成后的回调阶段，股价在 20 日或 60 日均线位置出现地量时，其 K 线形态通常为小阴或小阳。买入的时机一般在出现地量交易日的尾盘，或在第二交易日股价上涨时。

如图 6–13 所示，世名科技（300522）的 K 线图中，股价在 2018 年 2 月 6 日筑底完成后开始缓慢上涨。股价上涨一段时间后出现回落，于 4 月 9 日回到 10 日均线位置形成地量，随后继续上涨。当股价上涨一段时间后再次出现回落，于 5 月 2 日在 120 日均线和 20 日均线黏合位置形成地量，随后股价再度开始持续上涨。

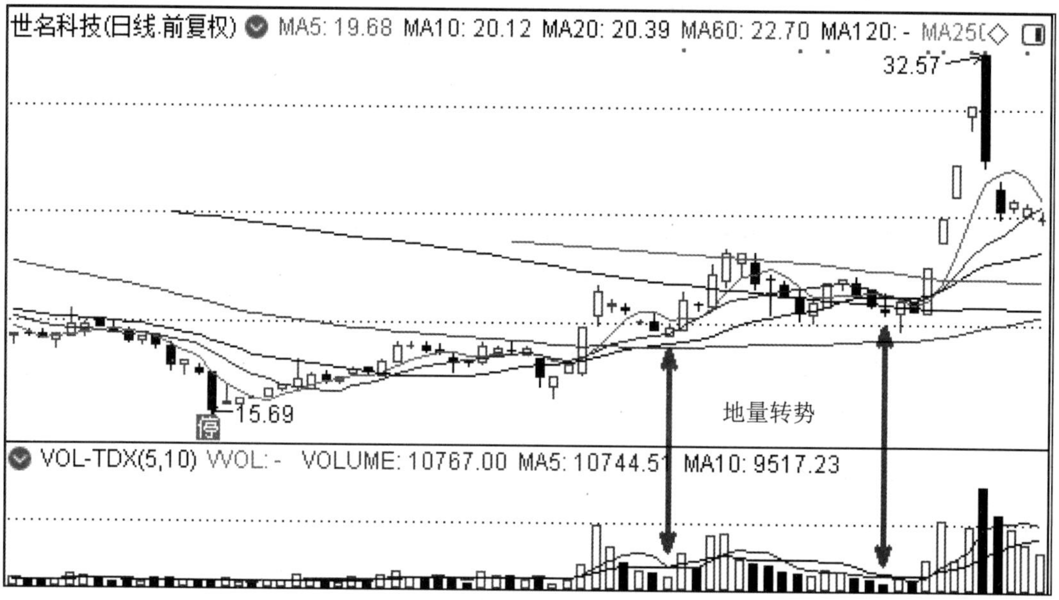

图 6–13

第十三节　海底捞月战法

海底捞月战法，在实战中也是经常出现的一种经典抄底战法，这种战法虽然不能保证买在股价最底部，但基本买在股价相对底部位置。海底捞月战法是指股价经过长时间的持续下跌后出现连续横盘整理走势，当股价整理一段时间后，突然快速下跌，随后开始缓慢上涨，再次涨到前期横盘整理位置，稍作休整后开始破位前期盘整区间上涨。

1. 海底捞月战法的构成要点

（1）股价必须在长期下跌后经过一段时间横盘整理。

（2）股价经过一段时间整理后出现突然加速下跌走势，也就是所谓的挖坑走势。

（3）股价下跌小幅空间后再度缓慢上涨至前期横盘区间位置，也就是所谓的挖坑后的填土走势。

（4）股价在横盘整理后的下跌过程中量能逐步减少，在随后的缓慢上涨过程中量能逐步增加。

（5）股价回到前期横盘整理区间后，经过短暂的横盘休整开始逐步上扬，并破位横盘整理区间上涨。

2. 海底捞月战法的买入时机

（1）在股价经过一段时间的横盘整理，快速下跌之后的二次横盘整理期间买入。

（2）在股价加速下跌经过二次横盘，再度上涨至前期横盘位置，且上破前期横盘位置高点时买入。

（3）如果股价破位前期横盘震荡位置高点上涨后出现回撤，在回撤至前期横盘震荡位置高点附近时买入。

在海底捞月战法中，当股价挖坑填土后，横盘阶段便是逐步买入阶段。其实，股价横盘后下跌挖坑的过程，一般就是主力洗掉意志不坚定浮筹的过程，投资者很少在这段时间买进股票。随后股价开始缓慢上涨，也是主力在洗掉没有耐心的那部分投资者之后。为了在低位时不被市场关注,主力会选择缓慢上涨至前横盘区间位置。当股价再次回到横盘区间位置缓步上扬后，一旦破位横盘整理区间便会加速上涨。

如图 6–14 所示，德新交运（603032）的 K 线图中，股价经过一段时间的横盘整理，突然快速下跌，经过短暂横盘后又快速上涨，并且很快突破前期横盘的高点后持续上涨。

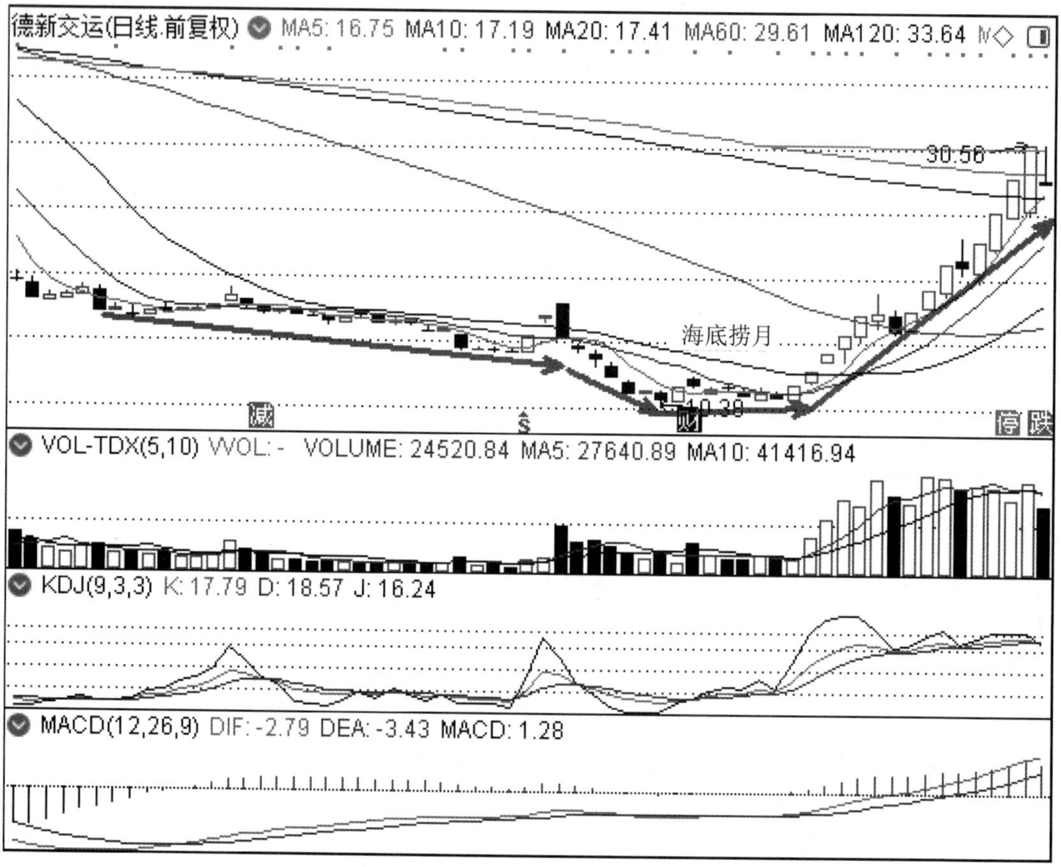

图 6–14

第十四节　日出东方战法

日出东方战法在实战操作中十分常见。日出东方战法是指股价经过长期下跌或一轮上涨后，经历一段时间的横盘整理，横盘整理的高点构筑成一个平台，后期股价逐步走高，量能逐步放大，当某天股价以光头中阳线或大阳线收盘，并且收盘价在盘整区间的顶部位置附近，第二天股价跳空高开突破盘整区间，同时放量高开高走。如果出现高开低走，低点不能填补高开缺口。其形态结构就像刚跳出海平线初升的太阳。

1. 日出东方战法的构成要点

（1）股价经过一段时间下跌或上涨后的横盘整理，且整理区间上方构筑成一个平台。

（2）股价在破位上涨的前一天必须以光头中阳线或大阳线收盘（以当日涨停收盘为最佳），并且收盘位置需在整理区间上方顶部位置附近。

（3）破位盘整区间时，必须是跳空高开，并且是高开高走，就算有回撤也不能回补缺口。

（4）股价上涨必须伴随着成交量的持续增加。

（5）股价短期均线呈现金叉状态。

日出东方战法中的第一天强势大涨并且收盘在平台破位边缘时，很容易积累大量人气，很多投资者喜欢这样的形态，选择在第二天开盘后买入的投资者会较多，因此容易推动价格上涨。偶尔会有一些超短线机构投资者利用这种形态引诱散户在第二天买入，而这些超短线机构投资者则顺利获利出局。

2. 日出东方战法的买入时机

（1）当股价出现强势上涨时，在K线收光头大阳线的尾盘买入。如果股价出现涨停板，则在涨停前买入。

（2）在K线出现光头长阳的第二天股价高开后，回撤不回补缺口时买入。

（3）在股价破位上涨一段距离后，回踩至前期区间横盘震荡时形成的高点位置附近买入。

如图6–15所示，江化微（603078）的K线图中，股价经过一段时间下跌后，形成横盘整理走势。某天股价一根大阳线上涨将前面横盘期间的所有K线吞没，并且收盘时K线收光头阳线，且收盘位置在前期横盘震荡区间的高点位置附近。第二天股价跳空高开，回落不回补跳空缺口，其后短期内股价呈现持续上涨走势。

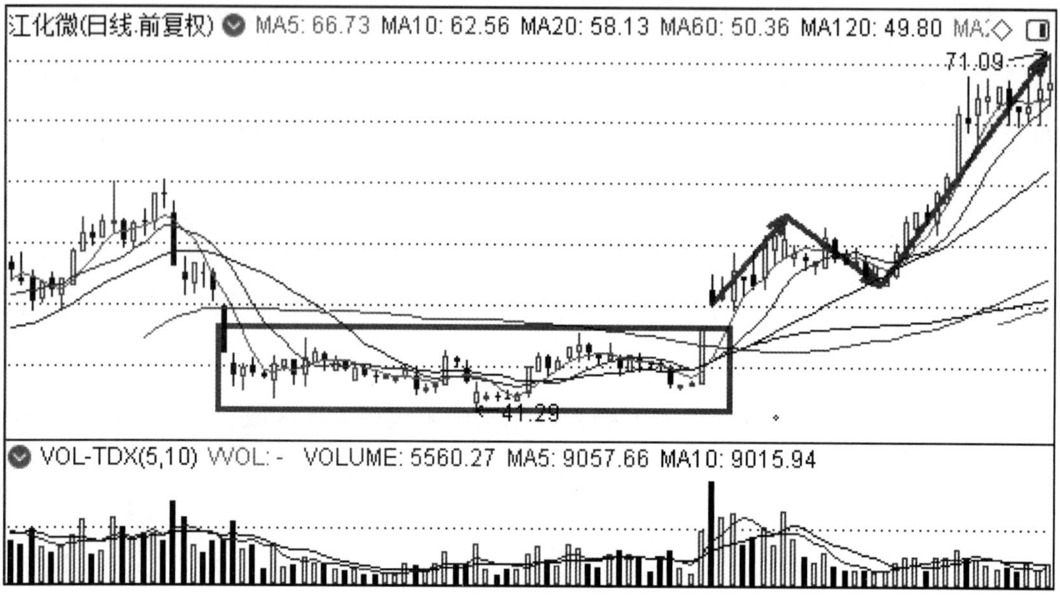

图 6–15

第十五节　舍子定底战法

舍子定底战法主要是利用 K 线走出舍子线时，判断行情筑底的一种抄底战法。舍子定底战法是指股价经过一段时间快速下跌后，突然出现跳空下跌，并且收出一根带长下影线的小阳 K 线，且成交量呈现地量状态，第二交易日股价再次跳空高开高走，收中阳线或大阳线，且成交量放大。

1. 舍子定底战法的构成要点

（1）股价经过一段时间的快速下跌行情。

（2）股价出现跳空下跌，并且收出一根带长下影线的小阳 K 线或阴 K 线，K 线实体部分比较小，可以是十字星 K 线，也可以是锤子线。

（3）跳空下跌后的第二交易日股价必须跳空高开，并且是高开高走形成中阳线或大阳线。

（4）出现舍子线当天成交量大幅萎缩，呈地量状态，第二交易日必须放量上涨。

舍子定底通常是股价持续下跌后，空方动能衰竭，而多方看到有利可图后便增加买入量，从而将空方力量彻底逼出，使股价出现反转的一种形态。舍子定底出现当天，多空双方通常争夺比较激烈，但最终多方力量更显优势。

2. 舍子定底战法的买入时机

（1）舍子线出现当天，股价跳空低开低走后，受买盘增加影响，股价逐步上涨。在尾盘阶段，基本可以确定收盘会收出带长下影线的小实体 K 线时买入。

（2）在舍子线出现的第二天，股价高开高走时买入。如果盘中股价有回落，在股价回落不填补当天向上跳空缺口时买入。

如图 6–16 所示，敦煌种业（600354）的 K 线图中，股价经过一段时间横盘后加速下跌，在 2018 年 2 月 1 日出现一根长阴线下跌，第二天股价跳空低开低走。其后买盘增加，推动股价逐步上涨。收盘时收出长下影线短实体的阴 K 线，收盘价接近开盘价，未能回补向下跳空缺口。第三天股价跳空高开高走，收出一根长阳线，其后股价开始震荡上涨，第二天的舍子线定底成功。

图 6–16

第十六节　长阳定底战法

长阳定底战法是指股价经过一段时间持续下跌后，在某天出现一根大阳线筑底，大阳线通常为光头大阳线，如果股价当日能涨停最佳。

1. 长阳定底战法的构成要点

（1）股价必须经过一段时间的持续下跌，并且近期出现急速下跌行情。

（2）股价上涨必须是一根大阳线，并且通常是光头阳线。

（3）收出光头大阳线后第二交易日跳空高开，且下探低点不能低于大阳线前一天阴线下跌的低点或前一根大阳线的 1/2 位置。

（4）股价大阳线上涨当日的成交量，一般比前一天杀跌的成交量少。

股价在连续下跌后出现一根光头大阳线，尤其是涨停的阳线，很容易刺激市场人气，吸引更多投资者关注并买入。投资者大都在出现大阳线的第二天买入股票，从而推动股价上涨。

2. 长阳定底战法的买入时机

（1）出现长阳定底当天，在股价强势上涨阶段，基本可以确定收盘会收成长阳实体 K 线时买入。

（2）出现长阳定底的第二天，开盘后股价低开高走或高开高走时买入。如果盘中股价出现回落，可以在回落不超过前一天长阳定底的 1/2 位置买入；如果下跌超过 1/2 位置则不要买入，以防前一天的长阳定底失败。

如图 6–17 所示，冀凯股份（002691）的 K 线图中，股价经过一段时间下跌后，于 2015 年 7 月 9 日微幅高开后，经过小幅下探，随后买盘增加，推动股价快速上涨，并封死涨停，K 线收出一根长阳线，结束下跌行情，第二天股价高开回落后继续冲高上涨。

图 6–17

第十七节　单针探底战法

单针探底战法是由单根带长下影线、实体较短的 K 线形成，K 线可以是阳线也可以是阴线，是行情止跌反转的信号。这种形态出现在下跌趋势末端，股价经过一段时间持续下跌后，在某天开盘后深幅下跌，随后股价又震荡回升，收出一根带长下影线的 K 线。这种情况一般预示着空头力量衰竭，多头即将展开反攻。

当单针探底形成后，多头市场逐渐掌握主动权，后市将会逐步展开上涨行情。如果后市行情震荡下行跌破单针探底的低点，则单针探底失败，行情重回下跌趋势。前面单针探底形成时有买入的投资者需尽早卖出，离场观望。

1. 单针探底战法的构成要点

（1）股价前期必须经过一段时间的持续下跌趋势。

（2）股价当日开盘出现大幅下跌后震荡回升，收盘出现长下影线的 K 线，下影线越长，定底效果越强。

（3）单针探底 K 线形成后的第二天，股价下跌的低点不能低于单针探底前一天阴线下跌的低点。如果第二天股价放量上涨，则探底效果越强。

（4）股价形成单针探底当天的成交量，一般比前一天下跌时的成交量少，形成股价低点见地量状态。

2. 单针探底战法的买入时机

（1）出现单针探底当天，在尾盘阶段基本可以确定收盘会收成带长下影线的实体 K 线时买入。

（2）出现单针探底的第二天，开盘后股价低开高走或高开高走时买入。如果盘中股价出现回落，可以在股价回落不超过前一天单针探底的 1/2 位置买入。如果下跌超过 1/2 位置则不要买入，以防前一天的单针探底失败。

如图 6–18 所示，洲明科技（300232）的 K 线图中，股价经过一段时间的连续下跌，在 2017 年 1 月 16 日微幅低开后开始缓慢上涨，股价上涨途中受到强大的抛盘压力，导致股价反转快速下跌。当股价大幅下探后，买盘迅速增加，使得股价又快速回升，收盘时收长下影线阳 K 线，图形上看起来就像一根长针扎在那里，形成单针探底形态，其后在短期内股价呈逐步上涨走势。

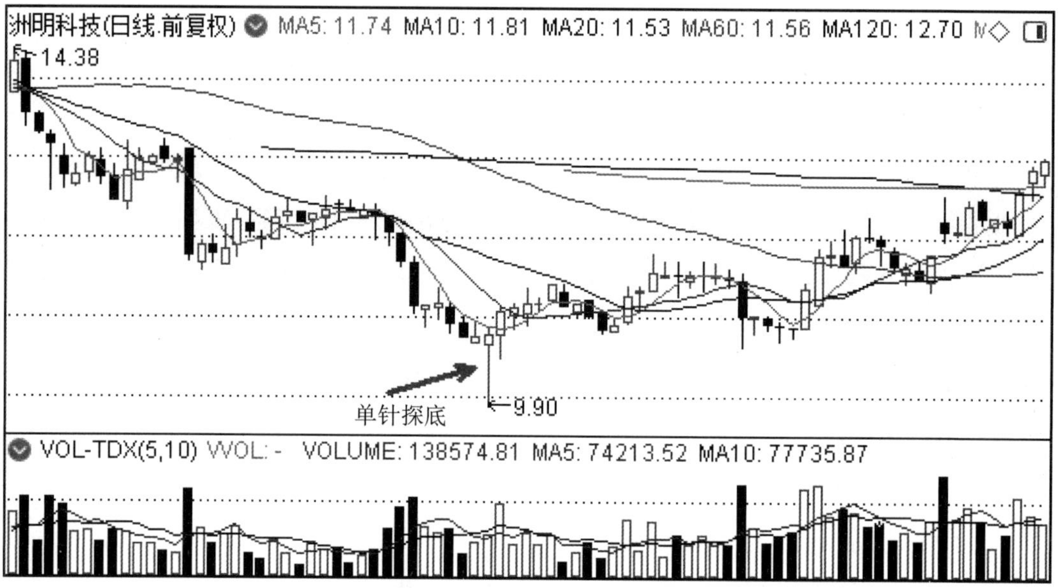

图 6–18

第十八节　仙人指路战法

仙人指路战法是 K 线出现的一种特殊形态，一般出现在股价连续下跌整理后即将拉升的初期或中期阶段。股价当天放量高开高走，股价冲高之后，主力开始打压盘面，而股价开始在盘中反复震荡盘跌，最后形成带长上影线的小阳线或小阴线收盘，并且收盘前一定要较前一交易日有所上涨，如此 K 线即称为仙人指路 K 线。

出现仙人指路 K 线形态主要是主力在展开向上拉升前进行的试盘动作，意在测试盘面筹码的稳定程度和抛压程度，同时发出进一步加大建仓力度的信号。主力在当天反复盘跌过程中，通过打压洗盘，为即将到来的正式拉升做好充分的蓄势准备，其后股价经过短期调整后，将会非常猛烈地快速拉升。

仙人指路 K 线一般是多头主力的洗盘行为。在实际操作过程中，仙人指路 K 线形态的安全性和可操作性较强。但是，并不是所有带上影线的小阳线或小阴线都是仙人指路。

1. 仙人指路战法的构成要点

（1）出现仙人指路的 K 线位置，最好在前期重要压力区间。

（2）出现仙人指路 K 线形态前，市场通常会有一定的横盘震荡区间，并且市场获利空间一般不超过 15%。

（3）股价必须是以一根带长上影线的小阳或小阴收盘，收盘时仍然保持 1% ~ 3% 的涨幅。

（4）出现仙人指路 K 线的当日量比一般为 1 倍以上，振幅通常在 7% 以上。

（5）出现仙人指路 K 线形态时，一般都伴随着量能的逐步放大。

（6）出现仙人指路 K 线形态前一天的阳线，最好是超过 5% 的大阳线，并伴有成交量的增加。

（7）出现仙人指路 K 线形态后，一到两个交易日内股价必须是高开高走或低开高走的强势上涨走势，绝不能出现高开低走的下跌现象，这是决定主力是否继续上攻的重要标志。

如图 6–19 所示，世嘉科技（002796）的 K 线图中，股价在下跌后经过一段时间的横盘整理，在 2018 年 9 月 13 日开盘后强势冲高，随后逐渐回落，形成带长上影线的光脚阳线。第二天再次开盘后股价冲高回落，收出带上影线的光脚阴线。第三天股价开盘后强势上涨，并封死涨停板，其后短期内连续上涨。股价在第一天的强势冲高回落即形成仙人指路走势。

图 6–19

2. 假仙人指路的形态特征

（1）股价处于下跌过程中，当天出现长上影小阳线或小阴线不属于仙人指路特征。

（2）当天量比达到 5 倍以上，换手率达到 10% 以上的巨量长上影阴阳 K 线不属于仙人指路特征。

（3）当天收盘时股价下跌至前一日收盘价下方，跌幅超过 2% 以上，不属于仙人指路特征。

（4）股价出现在下跌阶段的反弹行情中，当天出现长上影小阳线或小阴线不属于仙人指路特征。

当股价经过一段时间下跌横盘整理后，出现仙人指路 K 线时，应当在出现仙人指路 K 线当天的尾盘阶段或第二天买入股票。如果仙人指路有效，则后期上涨的空间将会非常可观；如果仙人指路无效，则应及时卖出手中股票。

第十九节　涨停板连板战法

涨停板是众多投资者一直追逐的目标，几乎所有投资者都希望自己每天都能买到涨停板的股票，更希望自己手中的股票天天都能涨停。但实际操作中，绝大多数投资者不知道该如何寻找能大概率涨停的股票，更不知道应该何时买入强势股。

涨停板连板战法，顾名思义，前一交易日个股必定是以涨停收盘，在前一交易日涨停的个股中去寻找并加以分析。股票在前一日能够涨停，必然会有支撑其涨停的理由，因此需要去分析个股涨停的因素，重点分析个股的涨停因素是否能支持其股价继续走强。具有强势因子的涨停股，通常在第二交易日会跳空高开，并且这种类型的个股还会有大概率连板的机会。

1. 涨停板连板战法的构成要点

（1）股价前一日是以涨停板收盘，且股价拉升非常干脆利落，涨停板封单较大。

（2）前一日涨停板收盘时，收盘价高点处于前期盘整区间的高点破位边缘或形态破位边缘。

（3）当日开盘股价跳空高开，同时破位前期 K 线形成的形态压力位。

（4）前一日股价涨停，成交量增加。

2. 涨停板连板战法的买入时机

股票出现第一个涨停板后的第二天开盘，如果股价跳空高开，且在集合竞价时量能表现充足，可以在集合竞价时以现价挂单买入。但是，买入数量不能太多，等开盘后看股价是否会有回撤打出下影线。如果股价回撤，则在回撤不填全跳空缺口时买进。

如图 6–20 所示，德新交运（603032）的 K 线图中，股价经过一段时间的持续下跌后，在底部形成小 W 底部形态。股价在 2018 年 8 月 20 日强势上涨，并以大单封死涨停板。第二天股价跳空高开在 W 底部形态的颈线位置，开盘后稍微有所下探，未能封死缺口，随后股价便快速拉升，并再次封死涨停板。

图 6-20

第二十节　强龙回首战法

强龙回首战法是操作强势龙头股第二波走势的战法，是指股价经过连续的强势拉升后，出现短期回调，当在某条均线位置受到支撑后，又展开第二波上涨走势。

市场上经常有“龙头不会轻易死掉”的说法,并不是说强势龙头股一定不会下跌，而是说强势龙头股通常都会有第二条命。具体说来，强势龙头股一般不会在股价强势拉升后直接出现强势跌回原点的情况，通常在下跌回调一段空间后还会走出第二波上涨行情，而这第二波上涨行情就是龙头股的第二条命，也是给第一波高位接盘投资者第二次卖出的机会。操作龙头股的回首战法，就是去争夺强势龙头股的第二波上涨机会，操作这波上涨往往是机会与风险并存。

1. 强龙回首战法的构成要点

（1）股票前期必须是连续强势上涨的龙头股，至少要有两个涨停板以上。

（2）股价经过第一波强势上涨后，短期内股价回调下跌。

（3）股价在回调过程中受到 10 日或 20 日均线支撑。

（4）股价在 10 日或 20 日均线支撑时，成交量快速萎缩。

（5）股价受到支撑且明显缩量后的第二天，股价上涨收出阳线。

2. 强龙回首战法的买入时机

当股价受到 10 日或 20 日均线支撑，且成交量明显减少时买入股票，或者在第二天股价上涨时买入股票。在操作强势龙头股第二波时，最好轻仓参与，因为股价经过第一波的强势上涨，本身就已经有很多获利盘，需要谨防主力通过第二波拉升诱导市场投资者买入，主力趁机出货。

如图 6–21 所示，大烨智能（300670）的 K 线图中，股价经过短期强势大涨成为龙头股，在股价大幅上涨后部分获利盘开始卖出，导致股价出现回落。股价经过短暂回落后，在 20 日均线位置受到支撑，再次展开第二次强势上涨。第二次的上涨速度和力度较第一次上涨要弱。

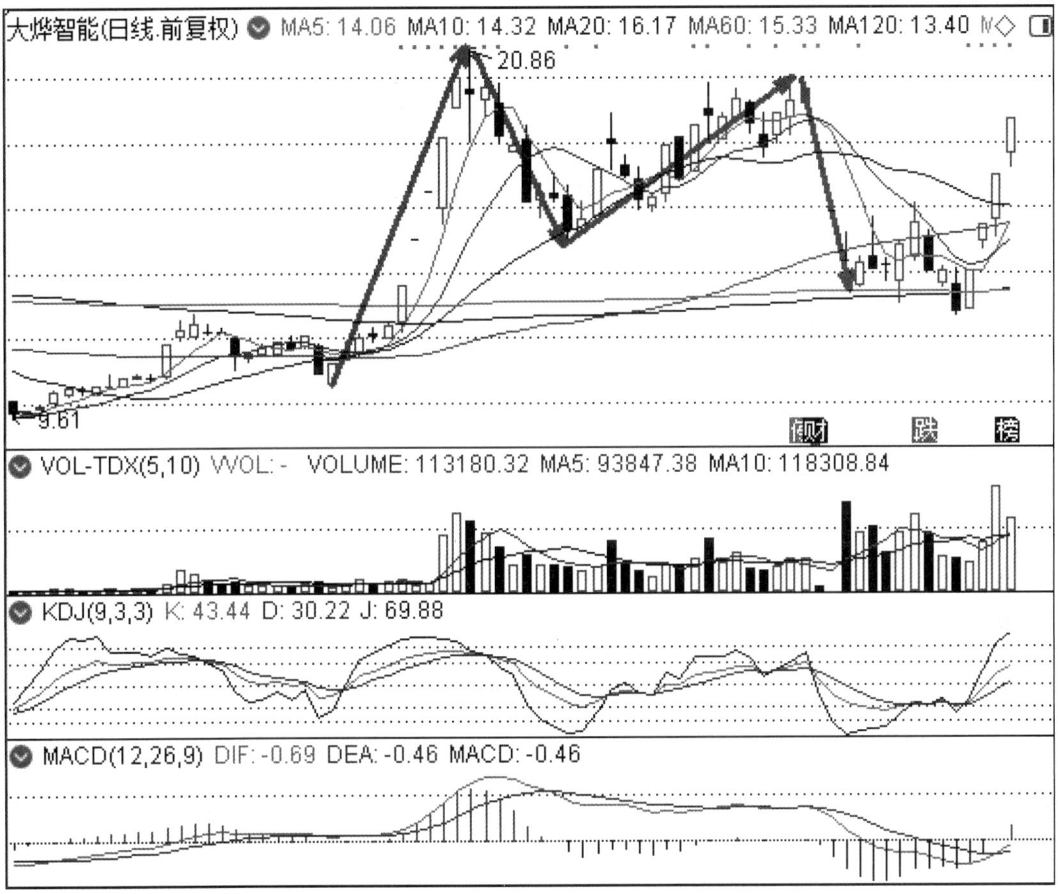

图 6–21

第七章　经典实用战法之逃顶

前面主要介绍了一些买入个股的方法，接下来讲述如何卖出个股。正所谓“会买的是徒弟，会卖的才是师傅”，说明对投资者来说，卖出更重要。然而，很多投资者虽然买进了个股，却不知道应该何时卖出。如果卖早了，会错失股价后期上涨带来的利润；如果卖晚了，就会眼看着已经获得的利润被回吐。

虽然逃顶有些难度，但并不说明不能逃顶。很多投资者逃顶失败，其原因在于他们无法识别股价顶部阶段的形态。其实，散户逃顶难度更大，他们大都有追涨杀跌的从众心理。顶部到来时，恰恰是散户追涨最疯狂的时候，他们认为此时买入是最安全的。当绝大多数投资者认为追高很安全时，顶部风险就已经开始集结，随时可能给他们来个迎头痛击，使其高高站岗。

第一节　高位顶背离战法

高位顶背离战法是指股价经过一段时间的持续上涨后，处于高位状态，在缓慢上涨，而各项指标出现缓慢下行走势。通常有量价背离，即股价在上涨，而量能在逐步减弱。还有股价与 KDJ 背离，即股价在上涨，KDJ 在逐渐下行。同样 MACD 和 RSI 等指标也可能与股价形成顶背离结构。当股价与指标形成顶背离结构时，说明股价可能即将见顶，是卖出信号，应减仓操作。如果多项指标同时与股价产生顶背离，则股价后市下跌的概率会更高。

高位顶背离是大多数股票上涨后都会发生的情况，尤其是当各项指标形成共振，与股价产生顶背离时，大多数投资者此时会选择将盈利落袋为安，从而抛售手中股票。而未进场的投资者在看到各项指标与股价产生顶背离后，通常也不会有人愿意再买进股票。因此，股价会因抛压过重下跌，投资者应在股价与指标高位出现顶背离时卖出股票。

1. 高位顶背离战法的构成要点

（1）股价呈上涨趋势，经过一段时间的持续上涨后，股价走势每波上涨的波峰比前一波上涨的波峰高。

（2）成交量、MACD、KDJ、RSI 等指标，在图形上形成的走势每波波峰都比前一波的波峰低，呈下跌走势。

当股价在高位与指标形成顶背离时，反转信号比较可靠。通常只需要一次背离形态，就可以确认股价反转形态，尤其在多项指标同时与股价形成顶背离时，判断行情即将反转的成功率较高。在上升途中，如果股价与指标形成背离，通常要经过多次背离才能确认其反转形态。

2. 高位顶背离战法的卖出时机

股价涨势放缓，指标开始死叉下行，这时就要卖出股票。高位顶背离战法很难说明具体的卖出位置，所以操作高位顶背离形态时，最好在指标和股价形成背离时逐步减仓。

如图 7–1 所示，紫光学大（000526）的 K 线图中，股价经过一段时间的持续上涨后，成交量、MACD 和 KDJ 开始出现顶背离现象。虽然股价在继续上涨，但成交量、MACD 和 KDJ 都开始出现下行状态，其后股价很快见顶回落，开始走出下跌行情。

图 7–1

第二节　乌云盖顶战法

乌云盖顶是一种常见的顶部反转 K 线形态。一旦出现这种形态，意味着股价的上涨趋势即将结束，可能会反转下跌，是看跌信号。

乌云盖顶形态出现在上涨趋势中。这种形态主要由两根 K 线组成，第一天是一根坚挺的中阳线或大阳线实体，第二天是一根中阴线或大阴线。第二天开盘通常为跳空高开，随后高开低走形成阴线，阴线收盘大都深入到前一天阳线实体的 1/2 以下位置，并且以接近当日最低价收盘。这个组合形态是比较常见的看跌反转信号，常发生在一个较长的上升趋势中。如果第二天的高开低走伴随着成交量的增加，是非常明显的卖出信号。出现乌云盖顶当天应适当减仓处理，如果在之后的交易日股价逐步走弱，需要清仓出局。

1. 乌云盖顶战法的构成要点

（1）形成乌云盖顶走势的前提是发生在股价上升趋势中。

（2）K 线第一天的表现形态必须是一根实体的中阳线或大阳线。

（3）K 线第二天的表现形态必须是高开低走的一根实体中阴线或大阴线。

（4）第二天的阴 K 线实体必须深入第一天阳 K 线实体之中，最好能下探至第一天实体阳 K 线 1/2 以下。

（5）第二天股价高开低走，需伴随成交量的增加。

（6）第三天股价呈弱势下跌走势，确认乌云盖顶的反转形态成立。

形成乌云盖顶形态之后即第三天，可以确认乌云盖顶反转是否有效。如果形成乌云盖顶后，第三天出现一根长阳线反包第二天的乌云盖顶长阴线，其收盘价超过了乌云盖顶的最高价，并且伴随量能增加，说明乌云盖顶反转失败，预示着后市行情还会继续冲高。如果形成乌云盖顶后，第三天股价呈现下跌走势，则乌云盖顶反转成功，股价将开启持续下跌行情，应及时出局。

2. 乌云盖顶战法的卖出时机

在股价冲高回落跌入前一天实体 K 线时卖出股票，或在次日股价弱势下跌，确认行情出现反转时卖出。

图 7-2 所示为佳都科技（600728）在 2015 年 3 月 26 日至 8 月 21 日期间的股价走势。在经历持续上涨后，股价开始加速上涨，先出现大阴线下跌，第二交易日再用大阳线反包,造成股价强势假象。第三日股价跳空高开给市场一种多头强势的错觉，增加投资者的买入意愿。随后股价高开低走，收盘价在前一交易日实体的 1/2 处，乌云盖顶形态完成，预示股价上涨趋势即将结束，其后开始持续下跌。

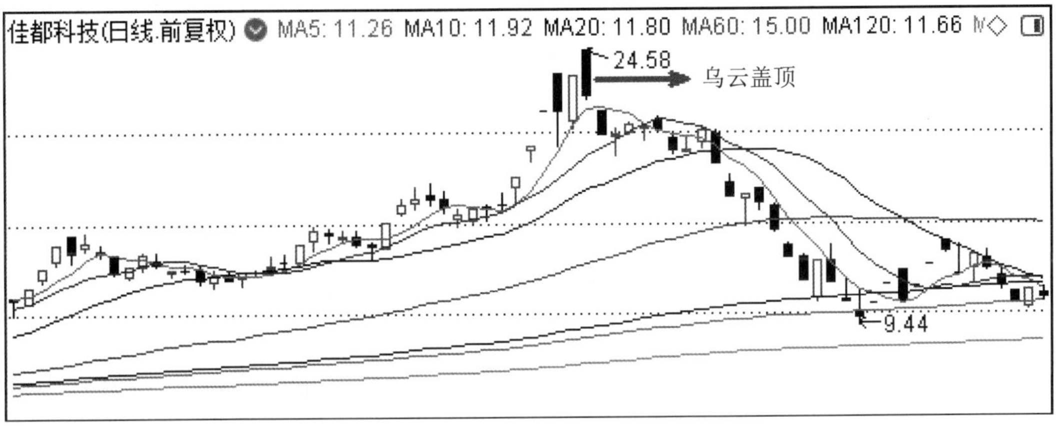

图 7-2

图 7-3 所示为合纵科技（300477）在 2017 年 8 月 31 日至 12 月 6 日期间的股价走势。在经过持续上涨后，股价开始筑顶，先出现长上影阳线，第二交易日再次冲高回落，高点比前一交易日低。细心的投资者会发现，股价已经出现疲弱现象，第三日股价跳空高开至第一交易日的高点附近，给市场一种多头强势要冲击新高的错觉，使投资者增加买入意愿。随后股价高开低走，收盘价在前一交易日实体的 1/2 以下，乌云盖顶形态完成，预示股价上涨趋势即将结束，其后开始持续下跌。

图 7-3

第三节 高位揉搓线战法

高位揉搓线形态是上涨趋势中出现一根长下影线的T字线，之后的一个交易日出现一根长上影线的倒T字线，或者先出现长上影线的倒T字线，之后一个交易日再出现长下影线的T字线。两根K线的收盘价和开盘价都相差不大，成交量也相对较小。

高位揉搓线形成的原因是，股价出现很大幅度的上涨后，主力会制造各种K线形态来扰乱投资者的视线，从而掩饰主力悄悄出货。如果揉搓线出现在上升趋势途中，则是主力的洗盘动作。如果揉搓线出现在股价上涨加速后的高位，则是主力的出货动作。如果股价在高位出现上下揉搓线，其后的交易日股价逐渐走弱，应及时清仓出局。

1. 高位揉搓线战法的构成要点

（1）判断高位揉搓线的前提是股价在上涨趋势中，且经过一段时间的持续上涨，已处于高位状态。

（2）股价在第一天出现一根长下影线的T形K线或长上影线的倒T形K线。

（3）股价在第二天出现一根与第一天方向相反的倒T形K线或T形K线。

（4）股价在第一天和第二天的成交量呈缩量状态。

（5）股价在第三天持续走弱，且成交量增加，确认高位揉搓线顶部结构成立。

形成揉搓线之后，如果第三个交易日股价出现中阳线或大阳线上涨，反包前两日的上下揉搓线，并伴随成交量增加，则高位揉搓线反转形态失败，预示后市股价还会继续冲高。

2. 高位揉搓线战法的卖出时机

在股价第二天T形线或倒T形线形成的尾盘卖出，或在第三天股价弱势下跌，确认行情出现反转时卖出。

图7-4所示为卧龙电气（600580）在2015年4月14日至7月16日期间的股价走势。股价经历持续上涨后，开始筑顶走弱，6月11日股价平开低走尾盘拉升呈T形收阳，

第二交易日跳空高开冲高回落，收盘呈倒T形，形成高位揉搓线。第三交易日股价冲高回落开始下跌，预示股价上涨趋势已经结束，其后开始走出下跌趋势。

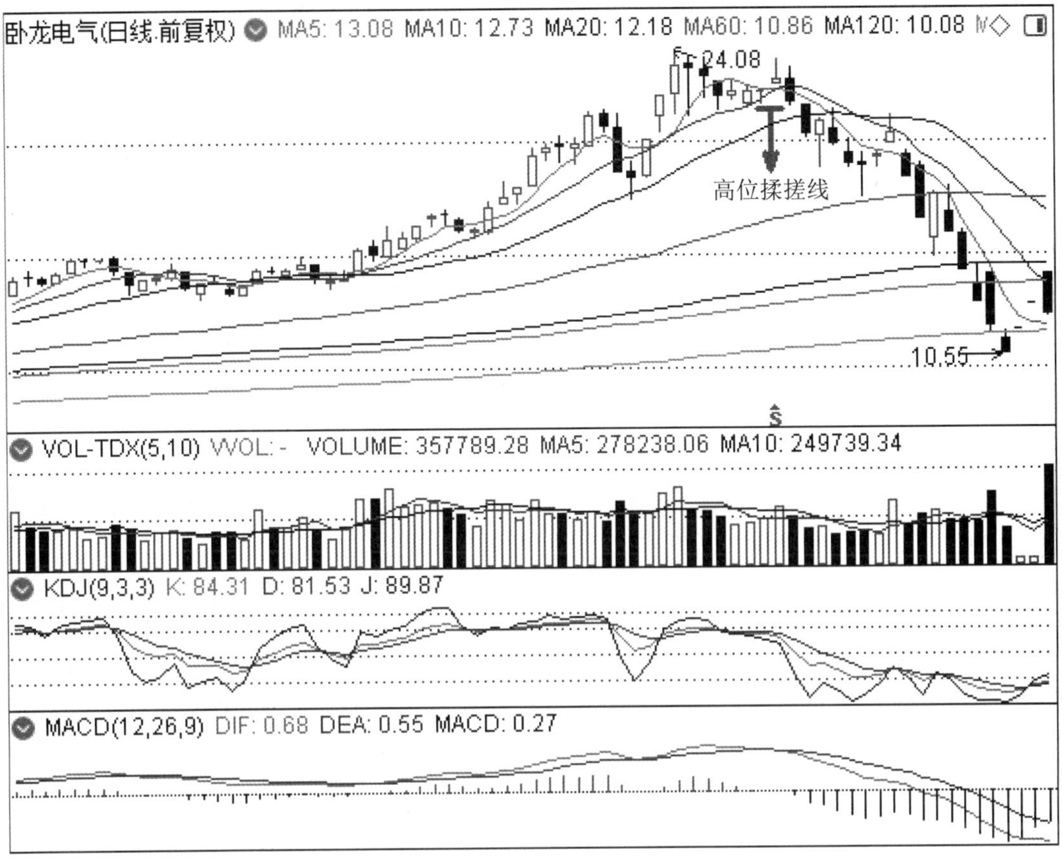

图 7–4

第四节　顶部流星线战法

流星线又叫射击之星，其形态为上影线较长，至少2倍于实体部分，并且基本上没有下影线或者下影线很短，实体部分也较小。

顶部流星线只出现在上升趋势中，是指股价经过一段时间的上涨后，在某天冲高回落，且上影线较长，实体部分较小，并且收盘处于当天价格的底部位置，实体部分是阳线和阴线都可以，但是下方没有下影线，即使有下影线也非常短。

如果股价在上涨中途出现流星线，通常是主力洗盘，下一交易日需要反包拉升，这种情况后市股价还会继续上涨。如果股价在高位出现流星线，应适当减仓。如果股价在其后的交易日逐步走弱，则是见顶的明显信号，应及时清仓出局。

1. 顶部流星线战法的构成要点

（1）出现顶部流星线的前提是股价在上涨趋势中，且经过一段时间的持续上涨，已处于高位状态。

（2）股价在某天冲高回落，且盘中高点创近期新高。

（3）K 线形态为收盘时长上影线短实体 K 线，且收盘价在当日最低位附近。

（4）当日成交量增加。

（5）第二天股价呈弱势下跌状态，确认顶部流星线反转成立。

2. 顶部流星线战法的卖出时机

在股价冲高回落的尾盘卖出，或在顶部流星线形成后，第二天确认行情出现反转时卖出。

图 7–5 所示为紫光国微（002049）在 2015 年 9 月 30 日至 2016 年 5 月 12 日期间的股价走势。在经历持续大涨后，11 月 20 日股价跳空高开高走，尾盘回落下跌，收盘呈现倒锤子流星线，K 线收阴线，第二交易日跳空低开，冲高回落，显示主力在诱导散户资金接盘。随后几个交易日，股价虽有冲高，但依然没有超过流星线实体上方，预示股价已经出现上涨乏力现象，上涨趋势可能即将结束。其后股价将开始走出下跌趋势，遇到股价高位流星线时，应适当减仓或清仓出局。

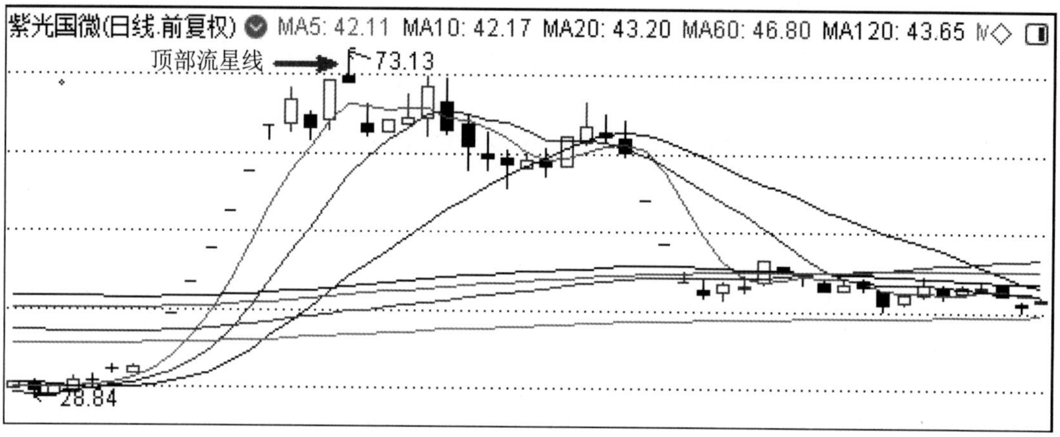

图 7–5

图 7-6 所示为新黄浦（600638）在 2015 年 4 月 7 日至 7 月 22 日期间的股价走势。在经历持续上涨后，6 月 12 日股价冲高回落，收阳线。第二交易日股价跳空高开高走，尾盘回落下跌，收盘呈现倒锤子流星线，K 线收阳。第三交易日跳空低开，稍微冲高便快速回落，显示股价已经出现上涨乏力现象，上涨趋势可能即将结束。其后，股价开始走出下跌趋势，遇到股价高位流星线时，应适当减仓或清仓出局。

图 7-6

第五节 黄昏之星战法

黄昏之星形态出现在上涨趋势的末端。当股价经过一段时间的持续上涨后，某天出现上下影线的高位十字星，这种十字星通常是上升趋势中股价见顶的标志。高位十字星上影线越长，则见顶标志越明显。如果十字星前一天出现大阳线，并且十字星出现后的交易日股价逐渐走弱，则应及时清仓出局。

1. 黄昏之星战法的构成要点

（1）出现黄昏之星的前提是股价在上涨趋势中，且经过一段时间的持续上涨，已处于高位状态。

（2）第一天股价持续上涨走势，收盘为一根阳 K 线。

（3）第二天股价跳空高开，全天呈上下波动震荡走势，盘中走势创近期新高，收盘时形成上下影线都很长的十字星状态的 K 线。

（4）当日成交量增加。

（5）第三天股价呈弱势下跌走势，形成一根实体阴线，吞掉前两天大部分走势。

2. 黄昏之星战法的卖出时机

在股价高开冲高回落后的尾盘卖出，或在黄昏之星形成后的第二天，股价弱势下跌，确认行情出现反转时卖出。

图7–7所示为腾达建设(600512)在2015年3月16日至7月16日期间的股价走势。在经历持续上涨后，6月15日股价跳空高开，经过短暂下行后开始逐步上涨，冲击新高，尾盘股价再度回落，最终收盘时收阴十字星。第二交易日股价开盘后逐步走低，其后两个交易日也逐步走低，显示股价已经开始走弱，上涨趋势宣告结束。其后，股价开始走出下跌趋势，遇到股价高位十字星时，应适当减仓或清仓出局。通常出现高位十字星时，出现十字星当天和前后两个交易日的交易量都比较大。

图 7–7

图7–8所示为千山药机(300216)在2015年4月1日至7月15日期间的股价走势。在经历持续上涨后，6月2日股价跳空高开，经过短暂下行后开始逐步上涨，冲击新高，尾盘股价再度回落，最终收盘时收阳十字星。第二交易日股价开盘后逐步走低，其后两个交易日也逐步走低，显示股价已经开始走弱，上涨趋势宣告结束。其后，股价开始走出下跌趋势，遇到股价高位十字星时，应适当减仓或清仓出局。通常出现高位十字星时，出现十字星当天和前后两个交易日的交易量都比较大。

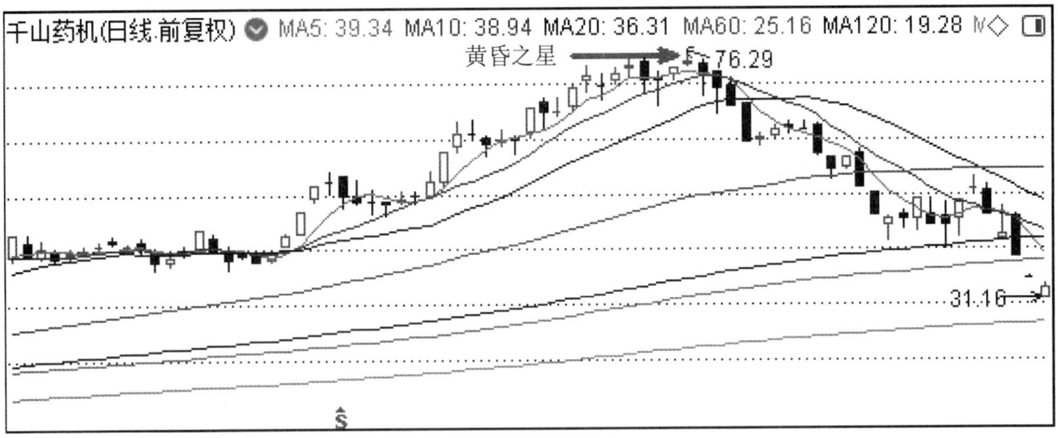

图 7–8

第六节　一针推顶战法

一针推顶战法是指股价在上涨趋势中，经过一段时间持续上涨后，某日大幅上涨冲高后回落，收长上影 K 线，K 线可以是阳线也可以是阴线，还可以是十字星，这种 K 线形态被称为一针推顶形态，在经过持续上涨后出现的长上影 K 线通常是股价见顶标志。上影线越长，则见顶标志越明显。如果出现长上影 K 线后，连续两个交易日股价都逐渐走弱，则应及时清仓出局。

一针推顶走势有些类似黄昏之星和顶部流星线的走势，但又有很大不同。类似的地方是都有很长的上影线，不同点在于一针推顶的上影线更长，K 线可以有实体部分（这是与黄昏之星的区别），也可以有下影线（这是与顶部流星线的区别）。如果一针推顶只有长上影线，没有下影线，且 K 线为小实体，这种形态又叫做墓碑十字星。

1. 一针推顶战法的构成要点

（1）出现一针推顶的前提是股价在上涨趋势中，且经过一段时间的持续上涨，已处于高位状态。

（2）第一天股价持续上涨走势，收盘通常为一根阳 K 线。

（3）第二天股价大幅冲高后回落，盘中股价创近期新高，收盘时上方留下很长的上影线，下方留下较短的下影线，实体部分也较小。

（4）当日成交量增加。

（5）第三天股价呈弱势下跌走势，形成一根实体阴线，确认行情出现反转。

一针推顶走势的形成是因为上涨趋势中多空双方产生分歧，多方力量逐渐衰竭，空方力量开始掌握主动权，从而使得股价上涨趋势开始反转。

2. 一针推顶战法的卖出时机

在股价高开冲高回落的尾盘卖出，或在一针推顶形成后，第二天确认行情出现反转时卖出。

图 7-9 所示为信雅达（600571）在 2015 月 3 月 13 日至 8 月 7 日期间的股价走势。在经历持续上涨后，6 月 5 日股价跳空低开，在大幅上涨冲击新高后，开始逐步盘跌，最终收盘时收出长上影阴 K 线。第二交易日股价开盘跳空低开低走，显示股价已开始走弱，上涨趋势宣告结束，其后开始走出下跌趋势。当股价经过一段时间的持续上涨后，在高位出现一针推顶时，应及时清仓出局。

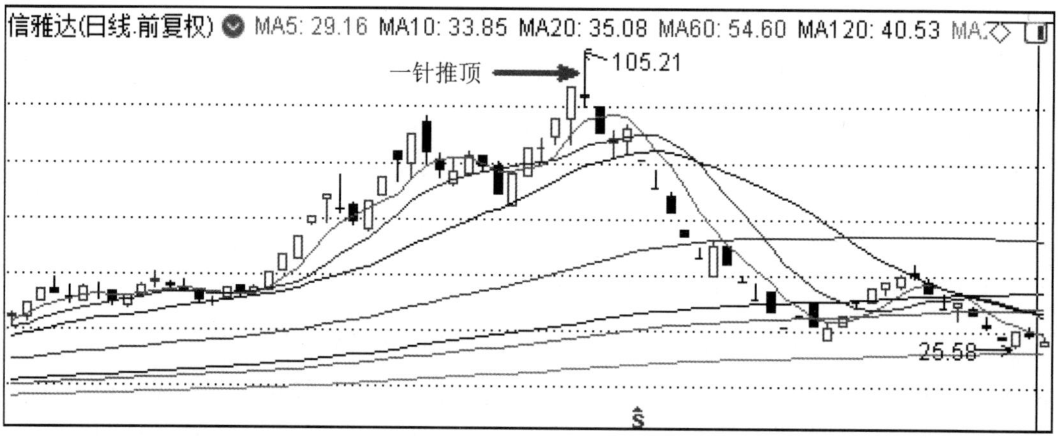

图 7-9

图 7-10 所示为天津普林（002134）在 2015 年 2 月 26 日至 7 月 16 日期间的股价走势。在经历持续上涨后，6 月 15 日股价微幅高开，大幅上涨冲击新高后，开始逐步盘跌，最终收盘时收出长上影阴 K 线。第二交易日股价开盘跳空低开低走，显示股价已经开始走弱，上涨趋势宣告结束，其后开始走下跌趋势。当股价经过一段时间的持续上涨后，在高位出现一针推顶时，应及时清仓出局。

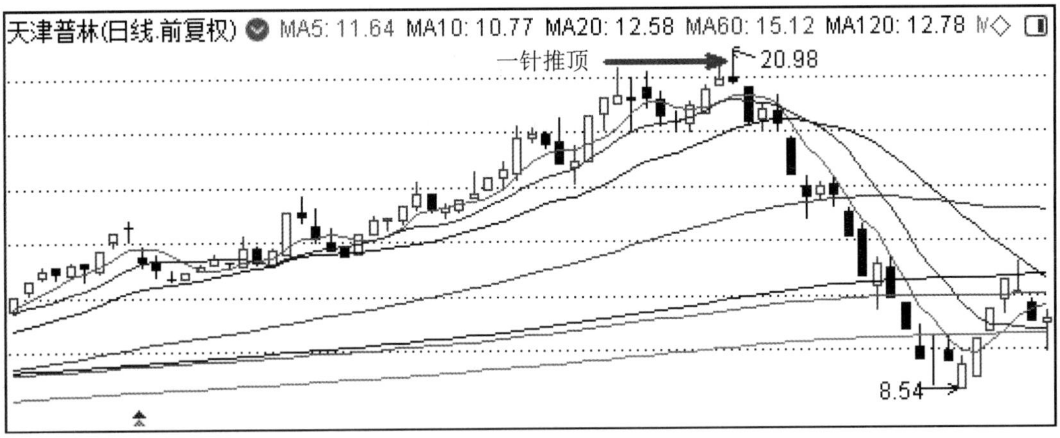

图 7–10

第七节 看跌吞没战法

看跌吞没 K 线形态是常见的判断行情反转的形态之一，其预判行情准确性较高，得到了市场的验证和认可。

看跌吞没战法是指股价经过一段时间的持续上涨后，某日出现中阳线或大阳线，第二交易日高开低走，收盘价低于前一交易日的最低价，后面一根阴 K 线全部吞没前面一根阳 K 线，称为阴包阳，又叫阴吞阳。当股价经过一段时间持续上涨后，出现阴吞阳这样的看跌吞没形态时，应适当减仓或及时出局。

1. 看跌吞没战法的构成要点

（1）出现看跌吞没形态之前，股价处于清晰的上涨趋势中。

（2）第一天股价呈上涨走势，收盘为一根实体阳线。

（3）第二天股价为下跌走势，收盘时以一根实体阴 K 线覆盖第一根阳 K 线，呈吞没状态。

（4）股价的下跌伴随成交量的增加。

（5）第三天股价继续弱势下跌，确认看跌吞没反转形态成立。

2. 看跌吞没战法的卖出时机

在股价高开低走破位前一根阳线的 1/2 时卖出，或在看跌吞没形态形成的第二天，确认反转形态成立时卖出。

图 7-11 所示为广博股份（002103）在 2015 年 2 月 12 日至 2016 年 2 月 16 日期间的股价走势。在经历持续上涨后，6 月 15 日股价小幅高开，经过短暂下探后快速冲高，收盘时收出光头大阳线。6 月 16 日股价平开后逐步走低，收盘呈光头光脚大阴线，K 线实体将前一根 K 线全部吞没，接下来的两个交易日股价逐步走低，预示股价已开始走弱，上涨趋势宣告结束，其后开始走出下跌趋势。当股价经过一段时间上涨后，出现看跌吞没的 K 线形态时，应及时清仓出局。

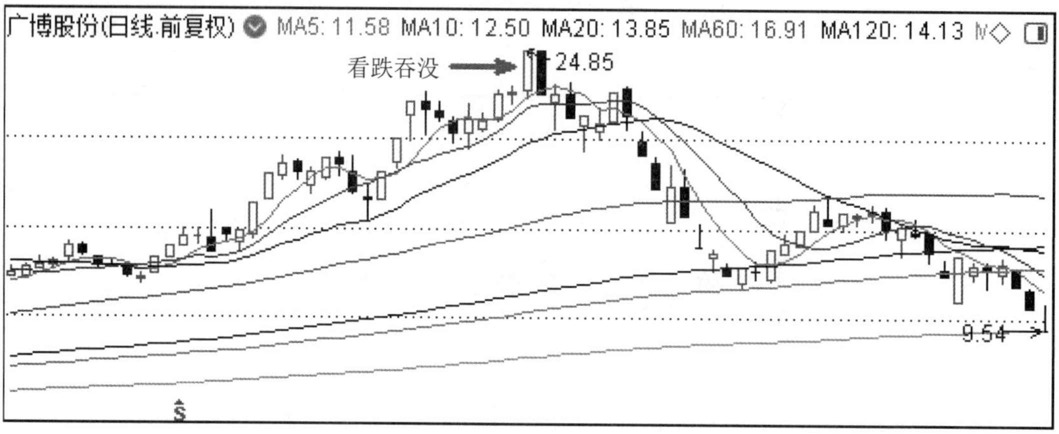

图 7-11

第八节　断头铡刀战法

断头铡刀战法是指股价经过一段时间的持续上涨后，某日出现一根大阴线将短期前面多日 K 线吞没，同时大阴 K 线自上而下穿越覆盖短期 5 日均线、10 日均线和 20 日均线，其后两个交易日股价逐渐走低。断头铡刀形态大多出现在股价顶部或阶段性顶部，是一种典型的见顶卖出信号。当股价出现断头铡刀这样的看跌形态时，应适当减仓或及时出局。

断头铡刀形态具有爆发突然、下跌迅速的特点，容易激发市场投资者的恐慌心理，同时也会刺激部分投资者盲目抄底或补仓。出现断头铡刀时，盲目抄底的风险远高于机会，所以宁可不做，切莫做错。

1. 断头铡刀战法的构成要点

（1）股价经过一段时间的上涨后，出现短期高位宽幅震荡走势。

（2）股价在某日出现一根大阴线，吞没前几日的全部 K 线。

（3）大阴 K 线自上而下穿越多条黏合的短期均线。

（4）股价下跌伴随着成交量的增加，量能越大则形态效果越有效。

（5）形成断头铡刀后的第二天，股价呈弱势下跌走势，确认断头铡刀顶部反转成立。

2. 断头铡刀的卖出时机

在股价下跌吞没前几日 K 线时卖出，或在股价跌破多条黏合的短期均线时卖出，也可在形成断头铡刀的第二天，确认顶部反转成立时卖出。

图 7-12 所示为新五丰（600975）在 2015 年 3 月 27 日至 8 月 26 日期间的股价走势。在经过持续上涨后，6 月 16 日股价低开低走，收盘时收大阴 K 线，大阴 K 线实体斩断 5 日均线、10 日均线和 20 日均线。接下来的两个交易日，股价逐步走低，均线走向死叉，预示股价已经开始走弱，上涨趋势宣告结束，其后股价开始走出下跌趋势。当股价经过一段时间上涨后，出现断头铡刀的 K 线形态时，应及时清仓出局。

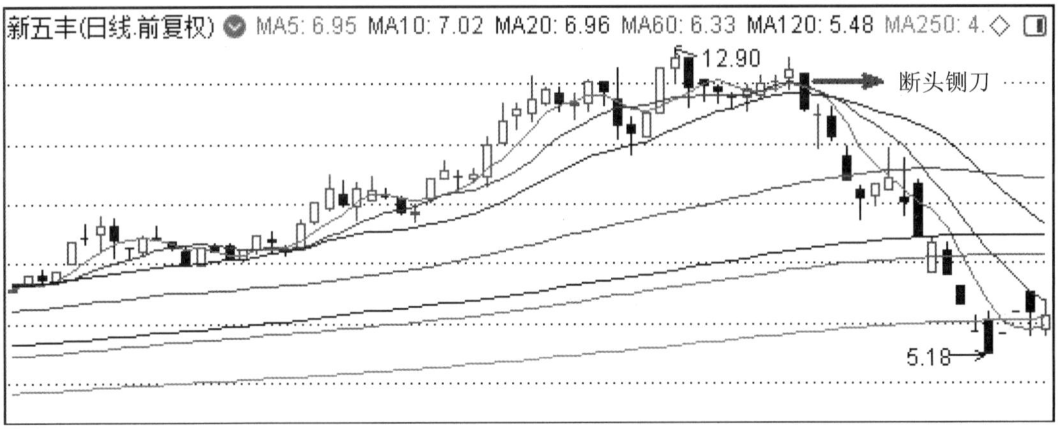

图 7-12

第九节　巨阴断魂刀战法

巨阴断魂刀战法与看跌吞没战法类似，但又不同。巨阴断魂刀战法是指股价经过一段时间的持续大涨后，某日大幅跳空高开，随后开始大幅杀跌，最后股价收盘收出光头光脚巨阴线。巨阴断魂刀形态一般出现在连续快速拉涨的个股中，主力获利盘较多，趁着持续拉升、市场热度较高时趁机出货。这种巨阴断魂刀形态大多出现在股价顶部或阶段性顶部，是一种典型的见顶卖出信号。当股价出现巨阴断魂刀看跌形态时，应及时出局。

1. 巨阴断魂刀战法的构成要点

（1）股价经过一段时间的连续强势拉涨，甚至连续出现涨停板。

（2）股价在某日大幅高开，甚至以涨停板高开，随后快速回落，截至收盘时股价大幅下跌，甚至跌停收盘，K 线呈光头光脚巨阴线。

（3）股价的大幅下跌伴随着成交量的大幅增加。

（4）巨阴断魂刀后的第二天，股价呈弱势下跌走势，确认巨阴断魂刀顶部结构成立。

2. 巨阴断魂刀的卖出时机

在巨阴 K 线形成高开低走的当天卖出，或在第二天弱势下跌，确认行情反转时卖出。

图 7-13 所示为浙大网新（600797）在 2015 年 1 月 30 日至 7 月 28 日期间的股价走势。经过持续大幅拉升后，6 月 16 日股价大幅高开，接下来大幅杀跌，收盘时收出巨阴 K 线，巨阴 K 线实体将前一日 K 线全部斩断，其后两个交易日股价逐步走低，预示股价已开始走弱，上涨趋势宣告结束，其后开始走出下跌趋势。当股价经过一段时间持续大幅拉升后，出现巨阴断魂刀的 K 线形态时，应及时清仓出局。

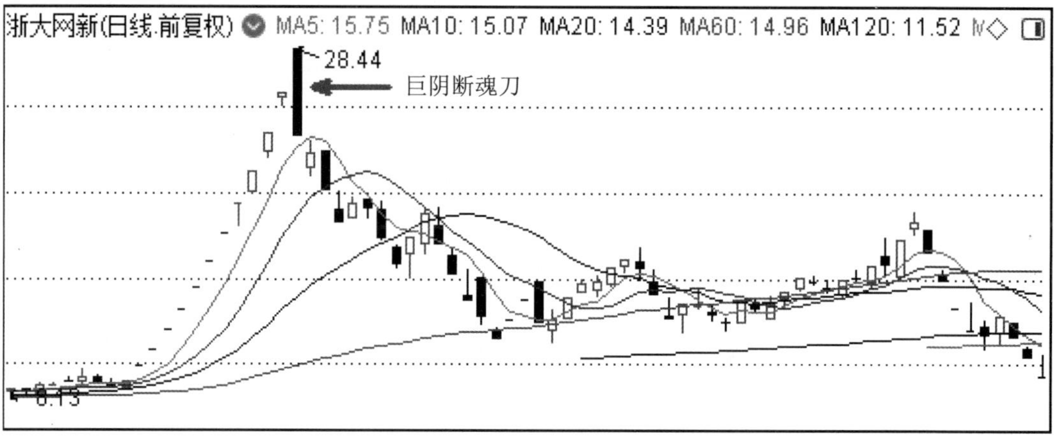

图 7-13

图 7–14 所示为国投中鲁（600962）在 2015 年 4 月 14 日至 8 月 4 日期间的股价走势。经过持续大幅拉升后，6 月 15 日股价大幅高开，接下来大幅杀跌，收盘时收出巨阴K线，巨阴 K 线实体将前一日 K 线全部斩断，其后两个交易日股价逐步走低，预示股价已开始走弱，上涨趋势宣告结束，其后开始走出下跌趋势。当股价经过一段时间持续大幅拉升后，出现巨阴断魂刀的 K 线形态时，应及时清仓出局。

图 7–14

第十节　双峰顶天战法

双峰顶天战法是指股价经过一段时间的持续大涨后，某日大幅跳空高开，随后开始大幅杀跌，最后收盘收出光头光脚巨阴线，接下来经过一段时间的下跌整理后，再次上涨至前高附近，之后某日股价再次大幅跳空高开，接下来开始大幅杀跌，最后收盘收出光头光脚巨阴线。这就像短时间内出现了两把巨阴断魂刀形态一样。

双峰顶天形态一般出现在连续快速拉升的个股中，主力资金深度介入。在第一波杀跌过程中，主力资金没有成功逃离，因此准备第二波拉升，诱导散户投资者接盘。这种双峰顶天形态是一种变异的 M 头形态，大多出现在股价前期出现过大涨，并且主力资金深度介入的个股顶部，是一种典型的见顶卖出信号。当股价出现双峰顶天看跌形态时，应及时出局。

1. 双峰顶天战法的构成要点

（1）股价前期经过一段时间较大幅度的强势拉升，甚至连续涨停。

（2）股价在某日出现大幅高开，甚至涨停板高开，随后快速回落，截至收盘时股价以大幅下跌甚至跌停收盘，K线呈光头光脚巨阴线。

（3）股价经过一段时间的弱势下跌后，形成第二波震荡上涨，上涨至前一波强势拉升的高点附近。

（4）股价在前高点附近再次大幅高开后，强势下跌，收盘再次收出光头光脚巨阴K线。

（5）两次巨阴断魂刀下跌的走势，都伴随着成交量的大增。

（6）双峰顶天走势形成后，股价呈现弱势下跌走势，确认双峰顶天形态成立。

2. 双峰顶天战法的卖出时机

在股价第二根巨阴线形成的当天，高开低走时卖出，或者在第二天弱势下跌确认形成时卖出。

图7-15所示为三六零（601360）在2017年11月17日至2018年5月18日期间的股价走势。经过持续大幅拉升后，2018年1月5日股价大幅高开，随后大幅杀跌，收盘时收出巨阴K线，巨阴K线实体将前一日K线全部斩断。接下来股价在一段时间逐步走低后再度上涨，当上涨至前高点附近时，2月28日再度大幅高开，随后再度大幅杀跌，收盘时收出巨阴K线，后来几日股价逐渐走弱，预示股价上涨趋势宣告结束，其后开始走出下跌趋势。当股价经过一段时间持续大幅拉涨后，出现双峰顶天的K线形态时，应及时清仓出局。

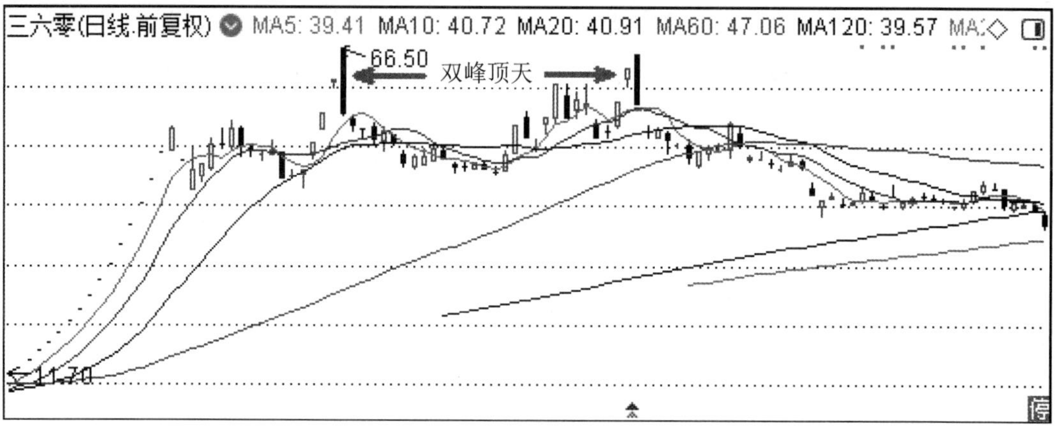

图7-15

第十一节　双针推顶战法

双针推顶战法与双峰顶天战法类似，都是在较短时间内出现两个顶峰。只不过，双峰顶天是股价高开低走收出巨阴 K 线，由两把巨阴断魂刀组成，而双针推顶是股价冲高回落收出长上影 K 线，由两根单针推顶组成。

双针推顶战法主要是指股价经过一段时间的持续大涨后，某日开盘后大幅拉升，随后逐步盘跌，最后收盘时收出长上影 K 线，接下来股价经过几天小幅回落休整后，再次开盘后大幅拉升，随后进入盘跌走势，收盘收出长上影 K 线，从而在短期内接连形成两根长上影 K 线筑顶。

这种形态一般也是主力资金深度介入。在第一波冲高回落过程中，主力资金没有成功逃离，因此准备第二波拉升，诱导散户投资者接盘，这种双针推顶形态大多也出现在股价前期出现过大涨，并且主力资金深度介入的个股顶部，是一种典型的见顶卖出信号。当股价出现双针推顶看跌形态时，应及时出局。

1. 双针推顶战法的构成要点

（1）股价前期经过一段时间较大幅度的强势上涨，甚至连续涨停。

（2）股价在某日开盘后大幅冲高，随后受市场抛盘压力影响逐渐回落，形成长上影线。

（3）股价经过几天短暂的小幅震荡休整后，在某日再次开盘后大幅冲高，随后股价逐渐回落，再次形成长上影线。

（4）股价在形成两根长上影线双针的交易日都会伴随成交量的增加，中间几天震荡休整时，成交量会减少。

（5）双针推顶走势形成后，股价呈现弱势下跌走势，确认双针推顶形态成立。

2. 双针推顶战法的卖出时机

在股价形成第二根单针推顶形态时的尾盘卖出，或在双针推顶完成的第二天，确认形态成立时卖出。

图 7–16 所示为光正集团（002524）在 2015 年 4 月 27 日至 8 月 24 日期间的股

价走势。经过持续大幅拉升后，6 月 15 日股价冲高回落，收长上影 K 线。其后经过两天横盘震荡后再度上涨，6 月 18 日再度冲高至前高点附近回落，收长上影 K 线，此时双针推顶正式形成。随后几日股价逐渐走弱，预示股价上涨趋势宣告结束，其后股价开始走出下跌趋势。当股价经过一段时间持续大幅拉升后，出现双针推顶的 K 线形态时，应及时清仓出局。

图 7-16

第十二节　高空抛物线战法

高空抛物线战法是指股价经过一段时间的持续稳健上涨后，上涨速度逐渐放缓，高点呈现缓慢走高状态，股价在上涨中完成筑顶后开始出现缓慢下跌、高点逐步降低的走势，股价向下穿越短期均线后开始加速下跌，整体形态看起来就像一样东西抛向空中，经过空中高点的一个弧形后又快速下坠，其顶部走势类似于圆弧顶形态。

高空抛物线走势在顶部区域通常会有一个滞涨和逐渐走弱的过程，是典型的看跌形态。当股价出现高空抛物线形态时，在加速下跌前要及时清仓出局。

1. 高空抛物线战法的构成要点

（1）股价前期经过一段时间的持续稳健上涨。

（2）股价在顶部阶段出现滞涨，上涨的高点逐步放缓，随后逐步降低。

（3）股价顶部结构类似于圆弧顶形态。

（4）股价加速下跌时，会伴随量能的明显增加。

2. 高空抛物线战法的卖出时机

在股价高点逐步走低时卖出，或在股价自上而下穿越短期均线下行时卖出。

图 7-17 所示为迪威迅（300167）在 2017 年 8 月 26 日至 2018 年 2 月 14 日期间的股价走势。在经过一段时间的上涨后，股价缓慢向上爬升，当爬升到高点筑顶后，接下来几日股价又开始逐渐走弱，当股价向下穿越均线后，开始加速下跌，同时也预示着股价上涨趋势宣告结束，其后开始走出下跌趋势。当股价出现高空抛物线的K 线形态时，应及时清仓出局。

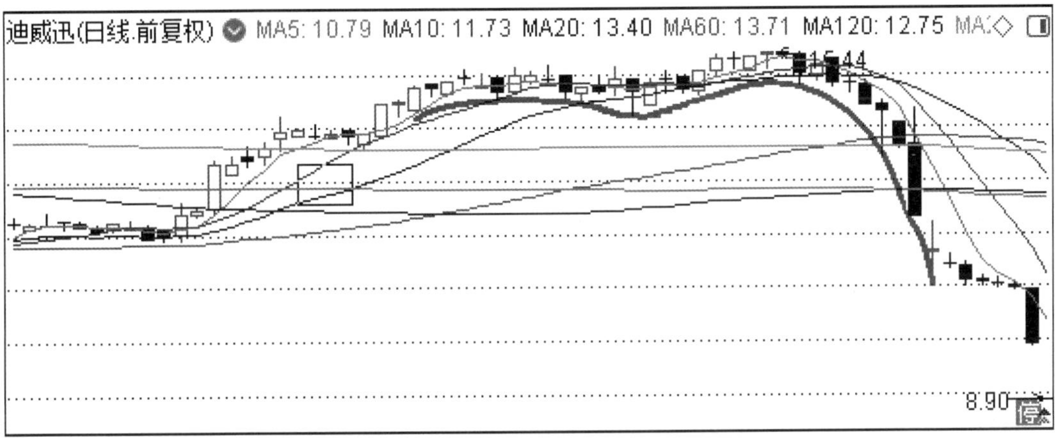

图 7–17

第十三节　空方炮战法

空方炮形态是由两根较长的阴线和一根较短的阳线构成，三根 K 线呈跌落趋势，阳线夹在阴线当中，形成两阴夹一阳的 K 线形态，三根 K 线的顶部逐步降低，阳线实体较小。当股价在持续上涨一段时间后的高位区域出现空方炮时，表明空方力量较强，股价在短期下跌的可能性极大，是卖出信号。

出现空方炮主要是股价持续上涨一段时间后多空双方力量的对比中，空方取得了支配地位，多方虽有反抗，但是力量较弱，明显被空方压制，从而使得股价持续看跌。

空方炮中出现第一根阴线时可能是庄家开始大量出货，使得股价承压回落。由于股价前期一直处于上涨趋势中，股价回落促使很多投资者逢低买入，因此形成第二天的买盘涌入，股价反弹收阳线。第三天庄家继续大量出货，投资者无力继续接盘，致使股价再次回落并收出阴线。

1. 空方炮战法的构成要点

（1）股价前期经过一段时间的持续上涨或股价有了很大涨幅。

（2）第一根为阴 K 线，股价在上涨趋势中受压回落下跌，收盘时 K 线形成中阴线或大阴线。

（3）第二根为阳 K 线，股价因买盘涌入出现反弹，收盘时 K 线收小阳线或中阳线。

（4）第三根为阴 K 线，在第三天时由于抛盘增加，股价再次承压下跌，收盘时 K 线呈中阴线或大阴线。

2. 空方炮战法的卖出时机

在股价第一根阴线出现的尾盘卖出，或在第二天股价反弹至尾盘不能反包第一根阴线时卖出，也可在第三天股价继续承压下跌时卖出。

如图 7–18 所示，奥马电器（002668）的 K 线图中，股价经过一段时间的上涨后，开始出现下跌走势。股价在 2018 年 4 月 9 日出现下跌中阴线，其后经过几天的反弹走势后，于 4 月 17 日再次出现大阴线下跌，形成空方炮形态。其后经过两天的小幅反弹，股价再度下跌，形成新的空方炮形态，其后股价呈持续下跌走势。

图 7–18

第十四节 死亡孕星战法

死亡孕星战法是指股价经过一段时间上涨后，某天出现一根中阳线或大阳线，第二交易日出现一根十字星孕育在前一根阳K线中，第三交易日再次冲高不破第一交易日新高，随后股价开始回落。这种高位出现孕育十字星的状态，通常是股价见顶的标志。当股价出现高位死亡孕星时应及时减仓，其后交易日如果股价持续走弱，则应清仓出局。

1. 死亡孕星战法的构成要点

（1）股价经过一段时间的持续上涨或股价短期内出现大幅上涨。

（2）第一天股价上涨收中阳线或大阳线。

（3）第二天股价全天都在第一天的阳K线中运行，K线以十字星收盘，成交量较小。

（4）第三天股价上涨不破第一天新高，随后股价下跌，收盘以阴线为最佳，成交量较小。

（5）第四天股价弱势下跌，并伴随成交量的增加。

2. 死亡孕星战法的卖出时机

在第二天股价形成孕线十字星时卖出，或在第三天股价上涨不破新高回落时卖出，也可在第四天股价放量下跌时卖出。

图7-19所示为八菱科技（002592）在2015年5月11日至9月23日期间的股价走势。在经过持续上涨后，8月12日股价上涨冲高回落收阳线。随后第二交易日股价在前一交易日K线内震荡，收十字星。第三交易日冲高回落，未创新高，随后股价开始逐步走低，预示上涨趋势已经结束。当遇到股价高位死亡孕星时，应适当减仓或清仓出局。

图7-20所示为上海贝岭（600171）在2018年2月12日至5月18日期间的股价走势。在经历持续上涨后，4月24日股价低开高走收大阳线。随后第二交易日股价在前一交易日K线内震荡，收十字星。第三交易日冲高回落，未创新高，随后股

价开始逐步走低，预示着上涨趋势已经结束。当遇到股价高位死亡孕星时，应适当减仓或清仓出局。

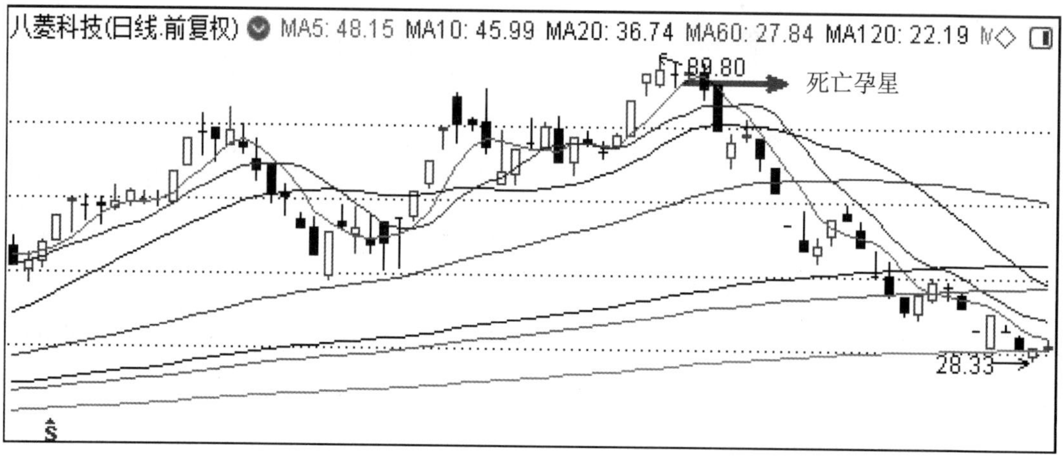

图 7–19

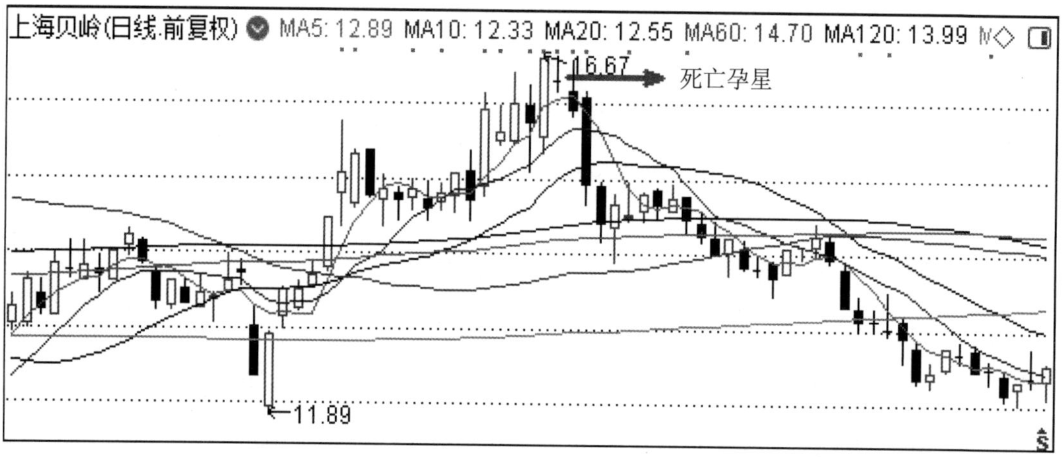

图 7–20

第十五节　高空钓鱼线战法

高空钓鱼线战法是指股价经过很长一段时间的持续缓慢上涨后，上涨速度逐渐放缓，甚至出现停顿，其后经过一段时间的横盘整理后，股价开始快速跳水下跌，下跌的速度非常快，就像钓鱼时，鱼儿上钩后用力拉杆而形成的鱼线一样陡峭。其走势与高空抛物线类似，但区别在于高空抛物线刚开始下跌时很缓慢，而高空钓鱼线刚开始下跌就非常迅猛。

高空钓鱼线走势的顶部阶段有一段明显的弱势横盘，且横盘阶段成交量减少，是典型的看跌形态，并且是急跌形态。当股价出现高空钓鱼线形态时，在股价下跌前横盘整理阶段就要及时清仓出局。

高空钓鱼线形态经常出现在长时间走慢牛上涨的股票中，股价长时间维持缓步爬升，越是上涨抛盘压力会越大，主力也就越难控制股价的稳定。当主力难以控制股价平衡时，便会率先启动抛盘，导致股价快速下跌。

1. 高空钓鱼线战法的构成要点

（1）股价前期经过一段时间的持续缓慢上涨。

（2）股价在顶部阶段出现涨势明显放缓的滞涨走势。

（3）股价在顶部阶段出现一段时间明显的横盘整理走势。

（4）在顶部弱势横盘阶段成交量急剧减少。

（5）当股价加速下跌时，会伴随量能的明显增加。

2. 高空钓鱼线战法的卖出时机

在股价高位横盘整理时卖出，或在股价自上而下穿越短期均线下行时卖出。

图 7-21 所示为达华智能（002512）在 2017 年 7 月 24 日至 2018 年 3 月 7 日期间的股价走势。在经过一段时间的缓慢上涨后，股价开始出现高位横盘整理，随后开始跳水。当股价开始走出杀跌行情时，预示股价上涨趋势结束，其后将快速下跌。当股价出现高空钓鱼线的 K 线形态时，在出现高位横盘整理阶段就应及时清仓出局。

图 7-22 所示为华仁药业（300110）在 2017 年 10 月 10 日至 2018 年 2 月 23 日期间的股价走势。在经过一段时间的缓慢上涨后，股价开始高位横盘整理，随后开始跳水。当股价开始走出杀跌行情时，预示股价上涨趋势结束，其后将快速下跌。当股价出现高空钓鱼线的 K 线形态时，在股价出现高位横盘整理阶段就应及时清仓出局。

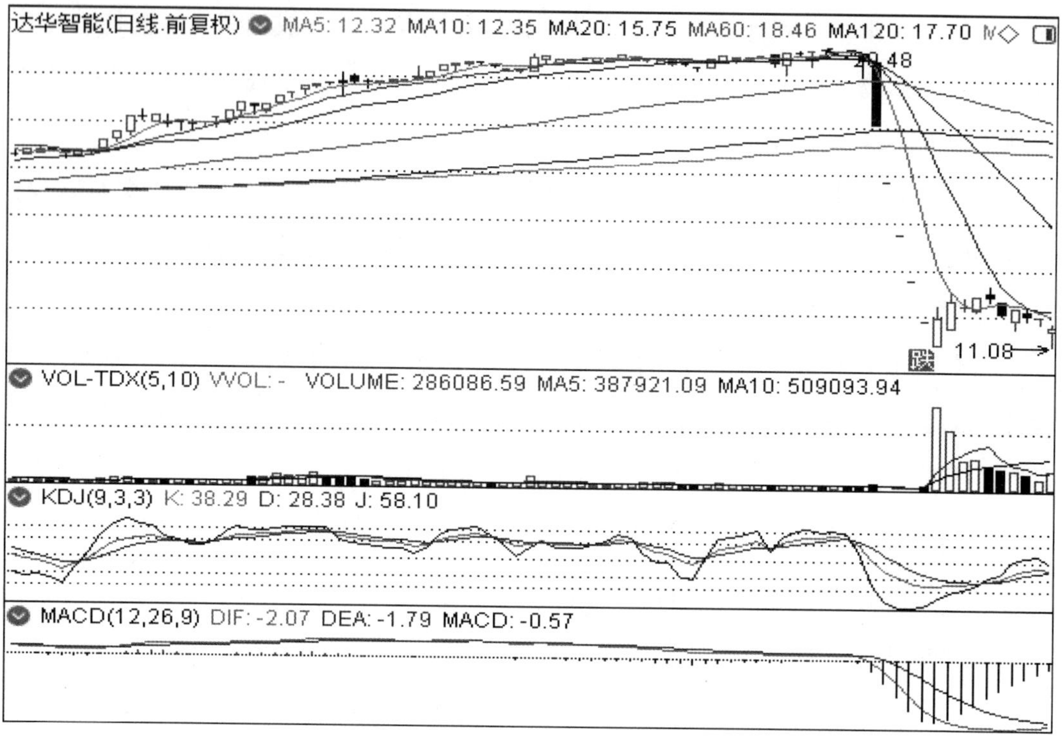
达华智能(日线.前复权) MA5: 12.32 MA10: 12.35 MA20: 15.75 MA60: 18.46 MA120: 17.70
20.48
11.08
跌
VOL-TDX(5,10) VVOL: - VOLUME: 286086.59 MA5: 387921.09 MA10: 509093.94
KDJ(9,3,3) K: 38.29 D: 28.38 J: 58.10
MACD(12,26,9) DIF: -2.07 DEA: -1.79 MACD: -0.57

图 7-21

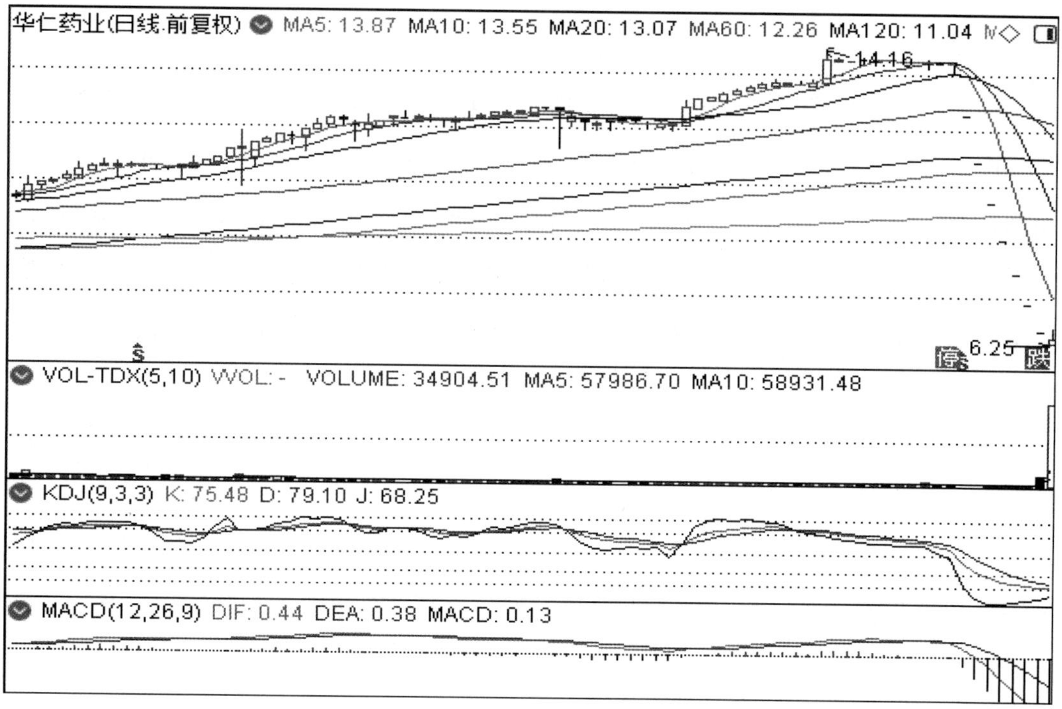
华仁药业(日线.前复权) MA5: 13.87 MA10: 13.55 MA20: 13.07 MA60: 12.26 MA120: 11.04
14.16
6.25
停
跌
VOL-TDX(5,10) VVOL: - VOLUME: 34904.51 MA5: 57986.70 MA10: 58931.48
KDJ(9,3,3) K: 75.48 D: 79.10 J: 68.25
MACD(12,26,9) DIF: 0.44 DEA: 0.38 MACD: 0.13

图 7-22

第十六节　穹顶战法

穹顶战法又叫宝塔顶战法，指股价经过一段时间的上涨后，在高位震荡上涨，高点逐步抬升，随后在高位筑顶完成后开始震荡走低，当股价破位震荡区域后开始加速下跌，整体形态犹如一个宝塔顶部。

在实际操作中，穹顶形态类似倒V形态。一旦股价出现穹顶形态，后市就会下跌，股价通常会回到起涨原点，甚至更低。在股价走势出现穹顶形态，高点逐步降低时，应及时减仓。当股价破位震荡区域时，需及时清仓出局。

1. 穹顶战法的构成要点

（1）股价前期经过一段时间持续上涨，后期股价震荡上涨，涨势放缓。

（2）在震荡上涨冲高回落后，股价呈逐步震荡走低、弱势下跌走势。

（3）震荡上涨的低点和震荡下跌的低点，几乎在一条支撑线上受到支撑。

（4）股价震荡上涨至高点时放量，随后成交量减弱。

（5）在跌破震荡的低点支撑位时，股价呈现放量加速下跌走势。

2. 穹顶战法的卖出时机

在股价震荡冲高后呈逐步走低时卖出，或在股价跌破震荡的低点支撑位时卖出。

图7-23所示为宏大爆破（002683）在2015年3月4日至2016年1月26日期间的股价走势。在经过一段时间的上涨后，股价开始震荡上涨，高位逐步抬升。接下来股价在2015年4月13日筑顶后，开始震荡走低，高点逐步降低。当股价跌破震荡区间后开始加速下跌，当穹顶形态形成时，预示股价上涨趋势结束，其后将开启快速下跌趋势。股价出现穹顶K线形态，在出现高点筑顶，震荡走低时，应及时清仓出局。

图7-24所示为南风股份（300004）在2015年3月31日至7月30日期间的股价走势。在经过一段时间上涨后，股价开始出现震荡上涨，高位逐步抬升。接下来股价在6月3日筑顶后，开始震荡走低，高点逐步降低。股价跌破震荡区间后开始加速下跌，当穹顶形态形成时，预示股价上涨趋势结束，其后开启快速下跌趋势。股价出现穹顶K线形态，在股价出现高点筑顶，震荡走低时，应及时清仓出局。

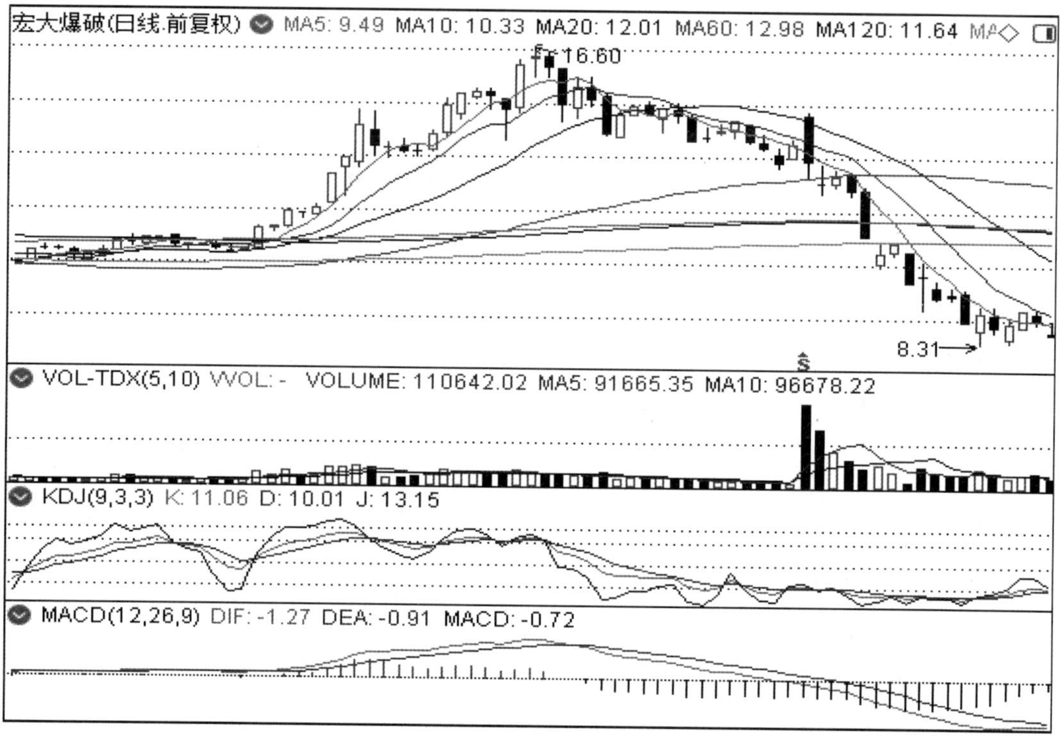
宏大爆破(日线.前复权) MA5: 9.49 MA10: 10.33 MA20: 12.01 MA60: 12.98 MA120: 11.64
16.60
8.31
VOL-TDX(5,10) VVOL: - VOLUME: 110642.02 MA5: 91665.35 MA10: 96678.22
KDJ(9,3,3) K: 11.06 D: 10.01 J: 13.15
MACD(12,26,9) DIF: -1.27 DEA: -0.91 MACD: -0.72

图 7-23

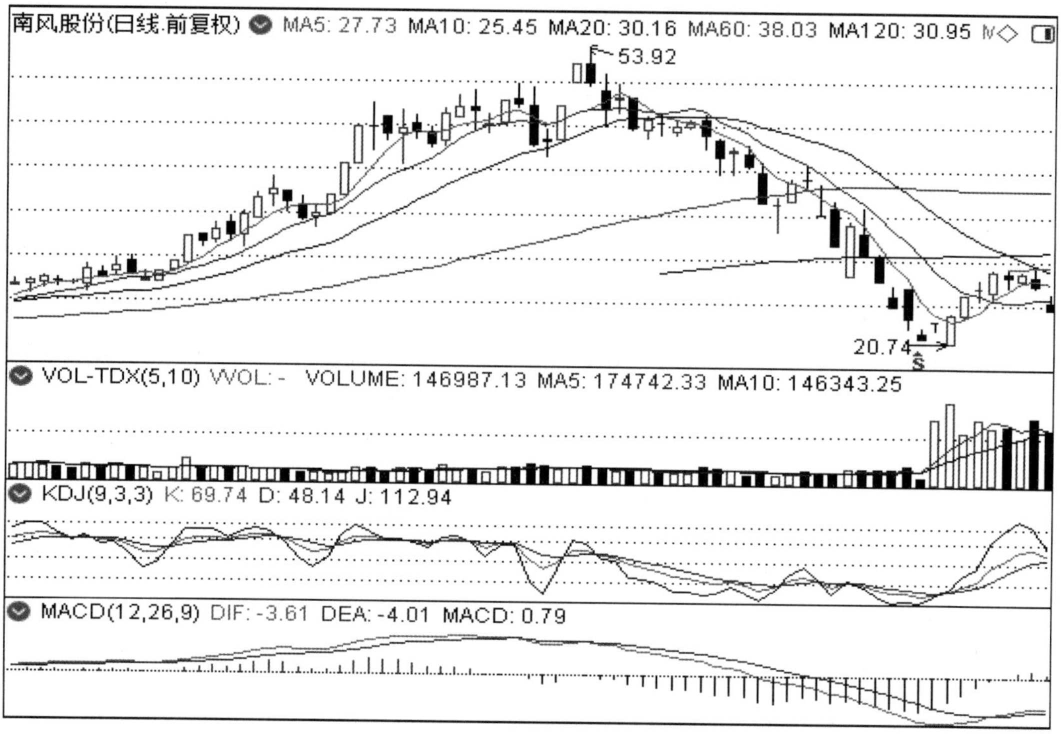
南风股份(日线.前复权) MA5: 27.73 MA10: 25.45 MA20: 30.16 MA60: 38.03 MA120: 30.95
53.92
20.74
VOL-TDX(5,10) VVOL: - VOLUME: 146987.13 MA5: 174742.33 MA10: 146343.25
KDJ(9,3,3) K: 69.74 D: 48.14 J: 112.94
MACD(12,26,9) DIF: -3.61 DEA: -4.01 MACD: 0.79

图 7-24

第十七节 一阳顶天战法

一阳顶天战法是指股价经过一段时间的持续上涨后，开始加速上涨，股价在某天出现光头中阳线或大阳线，第二交易日却出现大幅低开低走的中阴线或大阴线杀跌的情况，看起来只有一根光头中阳线或大阳线竖立在顶峰。当股价出现一阳顶天时，预示股价已经见顶，后市将开启下跌趋势，因此应及时清仓出局。

一阳顶天的形态走势通常出现在强势股突然出现利空消息时，利空消息可能来自上市公司，也可能来自行业环境或国家政策。

1. 一阳顶天战法的构成要点

（1）股价前期经过一段时间的持续上涨，且股价出现加速上涨走势。

（2）股价第一天大幅上涨，甚至涨停，以光头中阳线或大阳线收盘。

（3）股价第二天大幅低开，并且低开低走，以阴线收盘。

（4）股价第一天的上涨走势和第二天的下跌走势，都伴随着成交量的增加。

（5）第三天股价继续弱势下跌，确认一阳顶天形态成立。

2. 一阳顶天战法的卖出时机

股价经过一段时间的持续上涨后，当股价出现加速上涨，并且以光头中阳线或大阳线收盘时，在当天尾盘减仓，第二天低开低走放量下跌时卖出。

图 7-25 所示为好想你（002582）在 2015 年 2 月 27 日至 8 月 6 日期间的股价走势。在经过一段时间上涨后，股价开始加速上涨，随后在 5 月 27 日以光头大阳线强势涨停。第二交易日股价低开低走，并快速封死跌停。在短短两日内，股价出现从上涨到下跌的快速反转，随后持续下跌，预示股价上涨趋势结束，其后将开启下跌趋势。当股价出现一阳顶天 K 线形态时，在股价出现一阳顶天后第二交易日，应及时清仓出局。

图 7-26 所示为普路通（002769）在 2018 年 2 月 3 日至 5 月 18 日期间的股价走势。在经过一段时间的上涨后，股价开始加速上涨，随后在 3 月 12 日以光头光脚大阳线强势涨停。第二交易日股价低开低走，并最终封死跌停。在短短两日内，股价出现从上涨到下跌的快速反转，随后持续下跌，预示股价上涨趋势结束，其后将开

启下跌趋势。当股价出现一阳顶天K线形态时，在股价出现一阳顶天后第二交易日，应及时清仓出局。

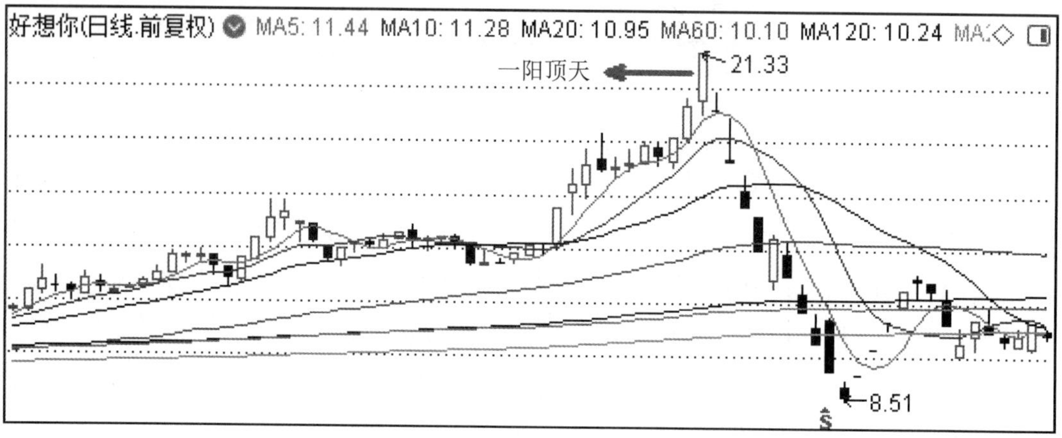

图 7-25

图 7-26

第十八节　死亡交叉战法

死亡交叉战法是指标和K线的组合型战法，主要指股价经过一段时间的持续上涨后，上涨趋势开始逐步放缓，短期均线开始走平，KDJ指标和MACD指标都出现高位超买状态，随后股价逐步破位均线下行，均线形成死叉、KDJ和MACD均形成死叉，多指标同时形成死叉共振，预示股价上涨趋势即将结束，下跌趋势即将开始，是重要的卖出信号。

1. 死亡交叉战法的构成要点

（1）股价前期经过一段时间的上涨，短期内出现弱势横盘震荡走势。

（2）股价逐渐下跌，向下突破短期均线，使得短期均线形成死叉。

（3）KDJ 指标和 MACD 指标都相继出现死叉下行。

2. 死亡交叉战法的卖出时机

通常出现死叉时，KDJ 指标会先行死叉，随后是 MACD 死叉，再往后是均线死叉。因此，倘若指标都处于高位，KDJ 率先形成死叉时就要留意股价上涨趋势可能即将终结，需要密切注意风险的来临，需要适当减仓操作。当股价破位均线下行，均线形成死叉时，预示股价下行趋势即将展开，应及时清仓出局。

图 7–27 所示为诺普信（002215）在 2015 年 2 月 27 日至 7 月 16 日期间的股价走势。经过一段时间的上涨，股价筑顶后逐步走低，下方 KDJ 早在 K 线出现滞涨时就已经开始死叉下行，与股价形成背离。随后，股价筑顶完成，MACD 死叉形成，股价逐步走低并破位短期均线下行，短期 5 日、10 日和 20 日均线死叉下行，股价开始走下跌趋势。股价经过一段时间的上涨后，出现死叉形态时，应及时清仓出局。

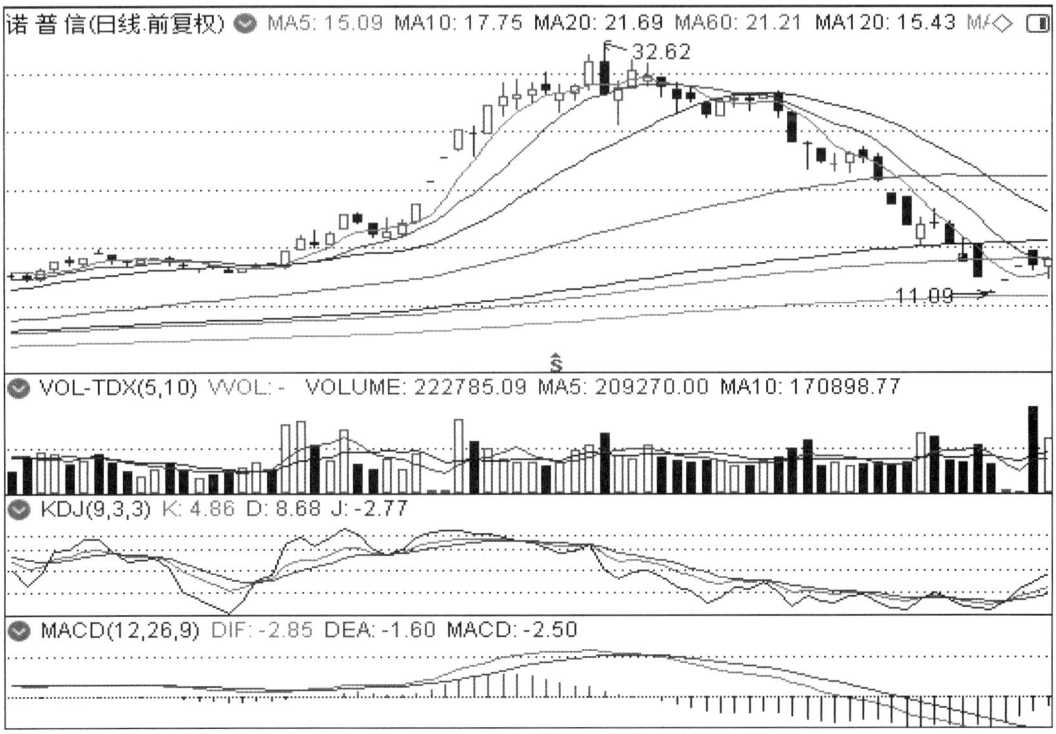

图 7–27

第八章　与庄共舞

第一节　庄家的预谋

在股市中，大家经常听到“庄家”一词，并且散户投资者大都对此比较反感。因为股市中常说，庄家便是主力，散户就是韭菜，庄家时不时地出来割一茬韭菜，散户就是庄家收割的对象。由此看来，貌似散户天然就与庄家对立，认为庄家专门以操纵股价来谋取散户手中钱财。

其实，这种观点有一些偏颇。不可否认，在股市零和游戏中，庄家的主要对手是散户，所以大都认为庄家和散户是天然的敌对关系。在股市中确实存在操纵股价的现象，但并不一定都是庄家所为，有些可能是部分贪婪的机构或大资金持有者为获取暴利在铤而走险。

庄家主要是指能够影响证券市场行情的大户投资者。通常来说，庄家持有大量的流通股，他们通过持有的流通股和手里的资金优势，可以影响股票在二级市场上的价格，也就是可以影响股价的走势。

1. 庄家和主力的区别

在股市中，其实庄家和主力的含义并不相同。具体来讲，庄家一般是指具备一定资金实力的机构或个人，单独或联合买进一只或多只股票的一定筹码，在法律许可的范围内，根据自己的意愿，通过市场操纵，实现一定差额利润甚至超额利润的投资者。而主力一般是指一些资金实力强大的游资、机构或超级大户，利用手中的资金和股票，通过有计划地操盘，使股价能够形成一定趋势运行的主导力量。

可以说，目前市场上每只股票中都有主力，但并不是每只股票中都存在庄家。

因此主力并不是庄家，但只要有庄家存在，庄家就一定是主力。

2. 庄家的陷阱

庄家是股市中一群特殊的投资者，也是股市中最引人注目的角色。庄家拥有庞大的资金，持有的资金足够影响一只或多只股票的走向。庄家还有非常专业的操作团队，在执行交易前通常都会制订完善的操盘计划，并且在操盘过程中会严格按照设定的操盘计划执行。因此，庄家操作的股票大都具备较高的盈利能力。

在股市中，很多投资者都希望了解庄家的动向，希望能跟上庄家的步伐，从而获取利润。但绝大多数的投资者都存在盲目跟庄现象，经常听见一些小道消息就信以为真，以为捡到大便宜，即将获利腾飞，其实当他们真正买入后才发现，这里面并没有金凤凰，而是满满的陷阱。

如果多留意就会发现，很多走慢牛的个股在起涨阶段大都没有任何消息，股价在悄然间缓慢上涨，等涨到一定高度后市场上便会扩散出各种各样的利好消息，从而引起很多投资者的关注。当投资者看到个股走势非常漂亮时，便会争相买入。这个时期，庄家已经获利丰厚，趁投资者买入热情高涨，正好悄然出货。当主力出货结束，股价自然无法继续维持稳定，从而反转下跌。这就是为什么很多股票好消息满天飞，股价不但没有上涨，反而开始下跌的原因。其实，这是庄家利用利好消息给盲目的投资者制造陷阱，待投资者争相买入时，便顺势出货的一种手法。

3. 庄家的类型

股市中庄家可分为多种类型。根据操作周期的不同，可以分为短线庄家、中线庄家和长线庄家。

（1）短线庄家是指庄家在操作目标股票时的持仓周期较短，通常在几个交易日，最多不超过一周就完成买入、拉升和出货的整个流程。短线庄家是目前股票市场上比较流行的一种坐庄手段。这类庄家的特点是操作周期短、投入资金少、不追求控盘筹码，只为快速赚取收益。

短线庄家通常会在目标股行情即将走强时，快速并大量地买入目标股票。目标股因此出现强势上涨，给市场释放出行情明显走强的信号，从而吸引投资者跟风买入，推动股价上涨。庄家则趁机抛售自己持有的股票，完成本轮坐庄交易。

（2）中线庄家是指庄家在操作目标股票时的持仓周期较长，通常中线庄家对目标股的持仓周期会在几周至几个月期间。中线庄家的操作主要以短期波段的上涨趋势为主，操作时主张顺势而为，即顺应目标股上涨的趋势，顺应当前热点题材或热门概念，然后通过低点建仓、高点卖出获取收益。

中线庄家大都善于用一段时间来低点建仓。中线庄家通常配合目标股的上涨行情，在市场对热点题材的炒作热情中，制造利好消息来拉升目标股的股价。在股价拉升过程中累积市场投资者的买入情绪，促使投资者跟风买入，从而达到获利出局的目的。

（3）长线庄家是指庄家操作目标股票时的持仓周期很长，通常长线庄家对目标股的持仓周期会在一年以上甚至几年的时间。在选取目标股时，长线庄家一般会以上市公司的业绩和未来发展潜力作为参考依据。通常在选好目标股后会以投资的心态买入持股，长线庄家很少利用手中资金去主动干预股价的涨跌，一般会在股价相对低点买入，耐心等待股票行情走好后，再择机获利卖出。

目前市场上这种长线庄家依然存在，但大都是官方或半官方性质的资金，比如社保资金、保险资金等，普通机构很少使用长线庄家模式。普通机构之所以很少采用长线庄家模式，主要是因为股市具有不稳定性，并且普通机构的资金大都靠市场融资而来，需要承担的融资成本较高。如果在股市行情疲软的情况下采用长线庄家模式，很多机构会因承受不了成本压力而被市场消灭。

根据庄家控盘的程度不同，可分为绝对控盘庄家、中度控盘庄家、轻度控盘庄家和无控盘庄家。

（1）绝对控盘庄家是指庄家为追求高额的利润回报，高度控盘目标股，手中持有目标股的筹码会占据市场流通股 80% 以上的份额，完全能够控制目标股票股价的走势。

绝对控盘的庄家可以在规则范围内操纵股价。绝对控盘的庄家不仅能随意控制目标股的开盘价和收盘价，还能控制盘中股价的走势。绝对控盘的庄家能决定是否释放筹码给下方挂单想要承接的投资者，也能决定是否吸收上方投资者想要卖出的筹码。散户在操作绝对控盘的庄家股时，所有操作都在庄家的掌握之中。

绝对控盘的庄家对目标股的持仓时间一般较长，因为其手中持有大量的目标股份额，很难在短时间内全部出清。绝对控盘的庄家想要顺利地获利出局，通常会对目标股刻意制造出重大利好消息来刺激股价大幅上涨，然后通过对目标股的绝对控制来大幅拉升股价。当股价拉升足够高时，绝对控盘的庄家通常再次发布一些利好消息刺激投资者跟风买入。然后，便会趁机大量抛售手中筹码，以达到顺利完成出货的目的。

（2）中度控盘庄家是指庄家对目标股的持股比例虽然没有达到能绝对控盘的80%以上，但控制目标股的流通盘比例也已经达到50%以上。达到中度控盘程度后，庄家虽然不能随意地操纵股价走势，却能对目标股施以重大影响。庄家通过手中的筹码对目标股的上涨和下跌施加影响，在交易中利用高抛低吸获取差价利润。

中度控盘的庄家还可以在市场走强时，通过对手中的筹码进行对倒来抬高股价。同时配合市场上发布的利好消息，快速推动价格上涨，制造出目标股强势的信号，刺激投资者买入。当投资者跟风买入时，便会趁机抛售筹码获利出局。

（3）轻度控盘庄家是指庄家对目标股的持股比例较少，一般庄家的持股比例仅占流通股的20% ~ 30%。轻度控盘庄家因持仓比例较少，控盘程度较低，很难对目标股施以长期影响。因此，轻度控盘庄家通常会选择顺势而为或因势利导的方式来操作目标股。

在操作目标股的过程中，轻度控盘庄家无法控制和左右其走势。因此，轻度控盘庄家会尽量选择走出上涨趋势的股票作为目标股，然后顺势而为，在上涨趋势中拉升股价，在下跌趋势中打压股价。轻度控盘庄家通过高抛低吸的方式获取差价利润，有时也会利用一些特殊的技术形态来影响投资者，以达到坐庄的目的。

（4）无控盘庄家是指庄家对目标股只进行短线操作，并不考虑长期持有和有意控盘目标股，仅仅利用资金优势或利好消息的刺激集中买入目标股，然后在股价拉升后快速抛售手中的筹码获利出局。这类庄家通常不注重对目标股的持仓和控盘，只注重如何能快速地利用手中的资金优势或利好消息，将筹码变现为利润。

在看到个股机会时，无控盘庄家会利用手中资金优势大举买入目标股。随着资金涌入目标股，股价会持续上涨，从而刺激投资者跟风买入。当股价拉升后，庄家便会快速抛售筹码，从而达到获利出局的目的。

无论哪种类型的庄家，只要是坐庄一只股票，就不是简简单单的买入和卖出就能达到盈利目标的。庄家运作是一个庞大的系统，并不是随便买进一只股票，然后拉升出货那么简单。尤其对长庄而言，整个运作过程相当复杂，通常要经历低位吸筹、启动试盘、多次洗盘、逐步拉升、强势震仓、拉高出货等各个阶段。每个阶段的操作手法都不相同，因此要想真正跟上庄家的脚步，需要细心观察个股中庄家操盘的手法。只有了解庄家的手法并进行跟庄，才能大大增加操作的安全性。

第二节　庄家低位吸筹阶段

庄家在建仓前通常会做很多准备工作，包括选择、调研和分析目标股，并把握操作目标股的时机。

由于资金量大，庄家进出市场不像普通投资者一样方便，只要稍有动作就能引起盘面的剧烈波动。庄家建仓时，通常会有一段比较长的时间，并且尽量做得隐蔽，这样才会避免很多不必要的麻烦。庄家选择建仓的时机非常重要，如果时机选错了，就算是庄家也很容易导致建仓失败。

一般来说，庄家收集筹码的多少是庄家拉升股价高度的关键。庄家底部阶段收集的筹码越多，在拉升过程中就会越轻松，很难遇到大的抛盘压力，拉升的速度也会较快，很可能造就大牛股。庄家建仓时间的长短会对股价走势产生重要影响，庄家建仓时间和空间的选择非常重要，建仓时间太长成本会很高，建仓时间太短又难以洗清上方的浮筹。因此，在选择布局的时间和点位时，经过详细分析后，庄家才会付诸实施。

相比普通投资者，庄家更需要通过高抛低吸来获得差价，以便降低建仓成本，从而获取更多的利润。庄家在整个建仓过程，其运作成本比普通投资者高很多。不仅有建仓成本、拉升成本、出货成本等显性成本，还包括前期调研成本、资金运作成本、资金拆借成本、经营成本和人员费用成本等隐性成本。因此，当庄家完成建仓后，必定需要一定的拉升空间才能成功获利出局。

1. 庄家的建仓方式

当庄家选好目标股后，会根据目标股不同的走势，选择不同的建仓策略。一般来说，庄家的建仓方式主要有三种，即下跌趋势中建仓、横盘震荡趋势中建仓和上涨趋势中建仓。

（1）下跌趋势中的庄家建仓方式。

下跌趋势中的庄家建仓方式是指，在庄家决定建仓目标股时，目标股的走势还处于下跌趋势中。在下跌趋势中的庄家建仓分为老庄二次建仓和新庄进入建仓。

老庄二次建仓是指目标股原来就有的庄家，在目标股下跌趋势中仍然没有放弃，而是继续坚持，并选择适当的时机进行二次建仓，来增加持仓筹码，降低持仓成本。

新庄进入建仓是指股价在下跌进入末端位置时，庄家便开始逐步建仓。在下跌趋势中建仓，由于股价不断下跌，庄家收集的筹码价格会比较低。但由于庄家本身需要收集筹码的量比较大，在下跌阶段要想获得足够的筹码，会比较困难。

庄家在股价下跌阶段收集了部分筹码后，便会利用手中已有的筹码开始打压股价，从而使股价持续走低，庄家则趁机继续收集筹码。当其收集的筹码足够多时，往往还会进行一波行情加速下跌的打压，以股价快速下跌的方式来施压最后一批坚守者，让其中意志不坚定的投资者乖乖交出手中筹码。这时庄家建仓基本结束，同时股价也将随之见底。

（2）横盘震荡走势中的庄家建仓方式。

横盘震荡过程中的庄家建仓方式是指，在庄家决定建仓目标股时，目标股的走势正处于无明显上涨或下跌的横盘震荡趋势中。在横盘震荡趋势中建仓，一般是股价经过一段时间下跌后，呈现横盘震荡的走势，庄家此时建仓能很好地控制收集筹码的价格。但由于股价处于横盘阶段，上方套牢盘卖出股票的意愿较低，此时建仓，收集筹码的速度会很慢，建仓时间会很长。

庄家通过横盘震荡建仓时，通常是在股价处于中低位横盘时建仓。由于股价在下跌趋势中，无法预判下跌趋势何时结束，庄家建仓时通常会在下跌过程中逐步建仓。横盘震荡建仓方式是股价处于中低位横盘时，庄家开始逐步收集筹码。当庄家在中低位收集完筹码后，往往会进行一次快速破位式的下跌行为，主要目的还是为了施压最后一批意志不坚定的投资者，使其乖乖交出筹码。

（3）上涨趋势中的庄家建仓方式。

上涨趋势中的庄家建仓方式是指，在庄家决定建仓目标股时，目标股的走势已经处于上涨趋势中。在上涨趋势中的个股通常都是已经有庄家在运作的个股，但是有些个股本身质地非常优异，使得其他一些庄家看上此股，如此一来新庄家进入也是非常常见的。

在上涨趋势中建仓时，庄家收集筹码的速度会较快，但是收集到的筹码价格也相对较高。如果遇到多个庄家同时在操作目标股时，收集筹码的速度也会很慢。在上涨趋势收集筹码，庄家通常会通过强势推升股价的方式快速收集筹码，然后再通过手中已经收集到的筹码打压股价，使股价在上涨趋势中反复波动。同时，庄家通过这种反复波动来高抛低吸，降低手中所持筹码的成本。

庄家在上涨趋势中建仓时，如果遇到目标股同时有多个庄家在操作，容易导致建仓失败。当操作目标股的所有庄家形成合力拉升股价时，新建仓庄家会因股价的强势拉升而抬升建仓成本。当操作目标股的庄家产生分歧时，容易导致目标股走势的转变，原本上涨的目标股可能会因庄家的分歧转为下跌，新建仓庄家则可能会因其他庄家集中抛盘打压股价而建仓失败。

2. 庄家最常用的建仓手法

（1）打压式建仓。

每个投资者都想以最低的价格买入股票，然后再以最高的价格卖出，以此来获得暴利，在这一点上庄家也一样。在庄家选好目标股后，便会想方设法地压低建仓价格，以控制自己的成本，从低位收集筹码，以便获取更多利润。

庄家之所以进行打压建仓，是因为其在收集筹码时认为股价偏高，或无法收集到足够的筹码。在选定目标股后，庄家会先买入少量的筹码，然后再利用手中已有的筹码强势打压股价，造成目标股出现快速下跌走势，从而让市场投资者进行恐慌性抛盘，如此庄家便能以更低的成本快速收集到更多筹码。

（2）缓跌式建仓。

对于一些有耐心的庄家或做长线的庄家，其建仓时间比较充裕。在股价下跌至末端时，庄家便会悄悄建仓。当庄家手中持有部分筹码后，便利用手中筹码控制股价的走势，使股价呈现缓慢下跌的状态，迫使很多没有耐心的投资者选择抛盘，庄家则趁机收集筹码。

（3）利空式建仓。

很多投资者买入股票后会非常关心所买个股的基本面状况，大都希望自己买入的个股能有利好消息出台，从而刺激股价上涨。庄家则利用投资者的这种心理，挖掘目标股的利空信息，通过目标股的利空消息，使投资者对股价未来走势变得悲观。而庄家便趁利空消息出来时利用自己手中的筹码快速杀跌股价，造成资金大量出逃的错觉，使得大多数投资者跟风出逃，庄家则趁机收集筹码。

（4）反弹式建仓。

大多数股票在股价下跌过程中都不是一直下跌而没有反弹的。可能前期下跌时反弹比较少，因为股价刚开始下跌阶段很少有庄家去接盘建仓，股价下跌的速度和幅度会比较快。随着股价下跌一定程度后，庄家认为有利可图时，便会逐步建仓，股价便出现反弹，庄家利用手中资金在股价下跌过程中制造反弹走势。每次在股价反弹再次转为下跌时，股价便会再次创新低，使很多投资者见股价反弹后会主动卖出，庄家则不断通过制造股价反弹来收集筹码。

（5）缓涨式建仓。

当经过一段时间持续下跌后，股价逐步企稳，庄家开始逐步建仓。为了能在短时间内快速收集筹码，庄家经常会利用手中筹码和资金控制股价缓慢爬升，使得在底部建仓没有耐心的投资者选择微幅获利后抛盘卖出，还有部分上方套牢盘的投资者也会选择抛盘卖出，庄家则趁机收集筹码。待庄家收集到足够多的筹码时，股价便会加速上涨。

（6）拉高式建仓。

当股价在上升趋势或出现重大利好消息时，一般抢筹买入的投资者较多，而卖出的投资者较少，庄家依靠普通的建仓方式很难收集到筹码。为此，庄家选择不计成本地往上拉高股价，目的在于能够快速地收集到筹码。当庄家将股价快速拉升后，下方很多获利盘便会趁机卖出，庄家也就自然地接手他们手中的筹码。这种建仓模式，由于庄家建仓成本较高，当其收集到足够多的筹码时，便会持续拉升股价。这种建仓模式最容易在短期内出妖股。

（7）挖坑式建仓。

经过一段时间的下跌后，股价进入横盘整理走势，庄家在股价横盘整理过程中逐步建仓。当庄家在横盘整理区间很难再收集到更多筹码时，便会利用手中筹码对股价进行砸盘，让股价快速向下破位横盘整理区间，导致股价快速破位下跌。当市场投资者发现股价破位下跌时，大都会不计成本地抛出手中持有的筹码，而庄家则趁机收集筹码。

（8）扫盘式建仓。

这种建仓模式看起来非常暴力，是指庄家利用手中的大量资金，不计成本地对盘中所有筹码进行全盘式的扫货。通常在盘中出现持续的大买单将所有卖盘的挂单全部买入，不管上方有多少抛盘，庄家都照收不误，并且用大资金封死涨停。这种建仓模式经常出现在股价刚刚形成多头走势时，它的出现一般预示着后市股价将会持续走好。

第三节 庄家反复洗盘阶段

洗盘是庄家收集筹码最常用的一种方法。洗盘通常会贯穿于庄家运作的多个阶段，建仓、试盘、拉升过程中都会有洗盘。洗盘的主要目的是为了清除市场上多余的浮筹，以减少股价在拉升过程中的压力，从而实现成本最低化和利润最大化。

1. 庄家洗盘的目的

（1）洗掉意志不坚定的筹码。

在建仓过程中，庄家会尽力收集足够多的筹码。只有筹码收集得足够多，后市拉升股价才会更加轻松。但在庄家建仓过程中，一些投资者必定会跟随建仓。为了保证后市股价拉升时筹码更加稳定，并且不耗费更多资金，庄家通常会通过洗盘来获得那些意志不坚定的筹码。

这里意志不坚定的筹码包含两个部分。一部分是跟随主力在底部建仓的筹码，这部分筹码会伴随主力在洗盘阶段抬升股价的过程中获得利润。其中会有部分短线投资者在获得一定利润后卖出筹码，庄家就是利用这种心理洗掉这部分筹码。

还有一部分意志不坚定的筹码是前期上方的套牢盘筹码。原本投资者的套牢盘筹码处于亏损状态，庄家通过制造反弹或破位杀跌等方式对这部分筹码进行强行洗盘。如果投资者意志不坚定，便会在庄家强洗的过程中主动交出套牢的筹码。庄家不但趁机收走上方套牢盘筹码，还降低了未来股价拉升时高位的抛盘压力。

（2）降低自有持仓成本。

庄家经过一段时间的建仓，通常建仓成本不会在低点。但是由于庄家在收集部分筹码后，对股价的走势具有主动性，庄家会在不断洗盘过程中，利用高抛低吸手法来降低持仓成本。

当庄家控制股价上涨时，市场会有一部分投资者参与接力，庄家便会趁机抛出一定的筹码，同时又成功打压股价。当股价下跌到一定位置时，市场投资者的抛盘增加，庄家再次买入这些抛盘筹码，从而通过高抛低吸来降低成本。

这种高抛低吸手法贯穿庄家运作的整个过程。通过高抛低吸手法，庄家不断地降低成本，增加利润。

（3）抬高市场投资者平均持仓成本。

市场投资者是庄家布局和拉升时最大的不确定因素。庄家布局建仓目标股时，希望参与的投资者越少越好，但是难免会有一些投资者跟随建仓。庄家也不希望市场投资者的建仓成本一直保持在低位区域，那样会对庄家后期拉升目标股造成很大的压力或不确定性。因此，庄家会利用反复拉升和打压来洗盘，使市场投资者不断调换筹码，从而使其持仓成本越来越高。只有市场投资者的成本越来越高，股价上涨才会更加安全。

市场投资者的持仓成本跟庄家的拉升压力成反比关系。市场投资者的持仓成本越低，庄家拉升股价的压力会越大；反之，庄家拉升股价的压力会越小。

市场投资者的持仓成本与庄家拉升股价的收益成正比关系。市场投资者的持仓成本越低，庄家拉升股价需要付出的成本越高，收益就越低；反之，庄家拉升股价需要付出的成本越低，收益就越高。

（4）调整持仓结构。

拉升一只股票不是只有庄家就能完成的，需要市场投资者共同努力。这样，庄家会省下更多资金，拉升的压力也会减少很多。庄家建仓期间，如果庄家持仓的筹码过多，市场投资者参与较少，容易使股性过于平淡，无法吸引其他投资者前来跟风买进。同时，庄家一般不会只操作一只目标股，大都同时操作多只目标股。在不同阶段，庄家需要调整不同目标股的持仓结构，以达到获利最大化。

（5）调整资金比例。

庄家操作目标股时，如果建仓期间投入的资金比例过大，在拉升股价时剩余资金就难以从容地推动股价上涨。这时，庄家会通过洗盘的方式，逐步抛出一部分筹码，这样既能将后续拉升股价的资金调配充足，还能在洗盘过程中获取利润。当庄家操作多只目标股时，资金比例的调控尤为重要。如果一只目标股即将拉升，庄家会通过对其他目标股洗盘的方式抽调部分资金，这些资金的调配会向即将拉升的目标股倾斜。

（6）等待合适的时机。

操作股票讲究天时地利人和，只有把握好的时机，才会取得更好的效果。庄家完成吸筹后，一般不会直接拉升股价，通常会等待一定的契机，可能是政策性利好消息，也可能是上市公司公布的利好消息。当利好消息出来时，庄家便会主动地快速拉升股价，同时激活市场投资者的买入热情，使其不断地跟风买进目标股，从而推动股价上涨。如此一来，庄家便可以利用市场投资者抬轿，花费很少的成本坐享股价上升带来的收益。

（7）迷惑诱导市场投资者。

庄家在建仓和洗盘阶段的操作需要做得非常隐秘，会尽力不让市场投资者察觉。如果市场投资者察觉到有庄家在建仓，他们就会跟风抢筹。如此一来，庄家要想收集筹码，拉升股价，就会非常困难，很容易导致建仓失败。因此，庄家一般会通过洗盘打压股价，给市场投资者造成一种走势不好的错觉，使其抛出筹码。

在庄家拉升股价过程中，会有很多市场投资者跟风买入目标股。庄家想要将目标股拉升得更高，就需要通过洗盘来迷惑市场投资者，让其认为股价上涨乏力，后市可能要下跌，从而纷纷抛出手中筹码，庄家则趁机收回这些筹码，之后再稳步拉升股价。

2. 庄家常用的洗盘手法

（1）打压式洗盘。

打压式洗盘是指庄家通过向下打压股价，让前期有盈利的投资者损失利润，让上方套牢盘投资者感觉解套无望，让市场投资者持有股票失去耐心，从而选择抛售股票，庄家则趁机收集筹码。

庄家打压洗盘主要是通过释放手中筹码持续打压股价，使股价持续走低，让市场投资者感觉股票在持续走下跌趋势，如果不尽早抛售手中的持股，盈利的投资者其利润将会损失殆尽，被套牢的投资者则怕亏损持续扩大，而不得不选择抛售手中的股票。

（2）杀跌式洗盘。

杀跌式洗盘是一种强势的洗盘方式。庄家会在短时间内集中抛售大量筹码，造成股价快速杀跌，使投资者对股价下跌产生恐慌，纷纷抛售手中所持股票。庄家还经常在盘中快速突破下方支撑位，让投资者看到跌破支撑位，从而抛售股票。

杀跌式洗盘速度快，清洗浮筹比较彻底。通常来说，经过杀跌式洗盘后，剩下的投资者要么意志比较坚定，要么刚刚买进股票，短期内对股价拉升不会造成很大的抛盘压力，庄家可以比较轻松地拉升股价。

（3）横盘震荡式洗盘。

横盘震荡式洗盘也是庄家常用的一种洗盘方式，但这种洗盘方式需要的时间比较长。庄家通过操纵股价，将股价维持在很小的价格区间进行横盘整理。当市场投资者看到股价长时间横盘时，就会逐渐失去持股耐心，尤其已有盈利的投资者不甘忍受股价的长期横盘而选择抛售股票。还有部分套牢盘投资者看着手中持股长期被套，股价走势维持不温不火的窄幅横盘，其内心备受煎熬，很多意志不坚定的投资者会抛售股票。

庄家在操纵股价进行横盘震荡式洗盘时，如果大盘能持续上涨，这种方式洗盘的效果会非常好。大盘上涨说明绝大多数个股都在走上涨行情，投资者看到其他股票都在上涨，而自己持有的股票始终不涨，其内心就会着急难耐。很多投资者不想错过其他股票的上涨行情，从而选择抛售手中的股票。

（4）波段式洗盘。

波段式洗盘是指庄家在打压股价后，利用手中的资金将股价小幅向上拉升，制造出小级别的反弹走势，然后再通过抛售手中筹码将股价打压至更低的价格。其走势就像波浪一样下跌，每波的波峰高点和波谷低点都在逐步下降。

波段式洗盘是庄家利用每次小幅反弹后的下跌都创新低的方式来给投资者施压，让原本抱有一些希望的投资者一次又一次失望，最终忍受不住而选择抛售手中的股票。波段式洗盘通常出现在股票下跌趋势的末端。

第四节　庄家启动试盘阶段

庄家在完成建仓并操作洗盘后，通常不会直接拉升股价，而是在拉升股价前先做试盘操作。庄家通过拉升或打压股价来测试上方压力位和下方支撑位的操作即为试盘。庄家可以通过试盘操作了解到当前的市场状态，能明确地知道当前股价的阻力位在哪里、支撑位在哪里、跟风盘有多少、抛压盘是否严重。通过试盘操作了解到的信息，庄家制定后续拉升或打压的操盘计划。

庄家试盘的时间长短会根据庄家的不同操作风格而异。短庄通常试盘时间很短，长庄试盘的时间会稍微长一些，长庄经常会多次试盘，但每次试盘持续的时间也会很短。如果不细心观察，很难发现庄家的试盘行为。

1. 庄家试盘的目的

（1）测试是否有其他庄家介入。

股市中很多个股都存在不止一个庄家，庄家越多股价拉升越困难。市场投资者跟风买进之后发现股价始终不涨，这大都是因为个股里不止一个庄家，并且多个庄家没有形成合力，因此谁都不愿意为他人抬轿，从而使得股价始终无法上涨。

庄家完成建仓后，通常需要通过试盘来测试目标股内是否存在其他庄家。如果发现目标股内存在其他庄家，就要考虑对目标股后续的操作策略，是选择与其他庄家联合，还是选择抢庄，亦或是选择跟庄，甚至选择弃庄。

当庄家试盘发现目标股内还有其他庄家时，便会主动去调查和了解其他庄家的情况。如果发现是其他相熟的庄家，通常会选择相互联合共同拉升股价。如果发现是其他实力比较弱小的庄家，通常会选择通过强洗来抢庄。如果发现对方是实力比较强的庄家，通常会选择悄无声息地跟庄；如果发现对方是实力非常强大并且具有暴力操作的恶庄，通常会选择弃庄。

（2）测试阻力位和支撑位。

庄家在操作一只目标股时，需要对目标股有比较全面的了解，包括目标股的阻力位和支撑位，这样操作时才能更加得心应手。

庄家测试上方阻力位主要是为了试探上方阻力位的具体位置和抛压盘的强弱，以便帮助庄家更好地制订后续的拉升计划。具体来说，庄家测试阻力位时，通常利用手中资金逐步推高股价。当股价上涨到某一价位时，市场涌现很多抛盘，同时市场承接盘明显减少，庄家可以确定此处价位为阻力位。庄家测试阻力位的时间通常不会很长。当庄家测试完阻力位后，如果上方抛压盘较小，庄家可能会采取强势拉升的方式来吸引市场跟风盘买入。如果阻力位上方的抛压很大，庄家则可能会打压股价，使之回落休整，以此来消耗上方的套牢盘。

庄家测试支撑位主要是为了试探下方支撑位的具体位置和承接盘的强弱，以便帮助庄家更好地制订后续的打压计划。具体来说，庄家在测试支撑位时，通常利用手中筹码逐步打压股价，让股价逐步下行。当股价下跌到某个价位时，市场承接盘明显增加，抛盘明显减少，庄家可以确定此处价位为支撑位。当庄家测试完支撑位后，如果下方承接盘较小，庄家可能采取强势打压的方式，快速砸低股价来测试上方套牢盘恐慌抛盘情况，顺便收集筹码。如果下方承接盘较大，庄家则会选择在支撑位上方横盘震荡。

（3）测试上方抛盘压力。

庄家测试完压力位和支撑位后，还需要测试目标股上方的抛盘压力。抛盘压力主要来自两个方面，即获利盘的抛盘压力和套牢盘的抛盘压力。庄家在拉升前需要测试上方抛盘压力，试探上方的抛盘压力是否能够完全承接。如果不能完全承接，庄家通常会选择继续洗盘。如果上方抛盘压力不大，庄家能够完全承接，那么庄家可能会很快展开拉升行情。

（4）测试市场反应程度。

庄家在拉升目标股前，通常还会测试目标股的市场反应，测试股价上涨时的跟风盘强弱和下跌时的恐慌盘强弱。

测试上涨时跟风盘强弱，庄家一般会采取小幅高开然后放量拉升的手法，测试散户投资者是否会追高跟风买入。如果跟风买入目标股的投资者较多，说明市场对目标股的拉升反应强烈，庄家在后市拉升目标股时，可以利用投资者跟风买入来推动股价上涨，从而坐收渔翁之利。如果跟风买入目标股的投资者较少，则说明市场对目标股的拉升反应冷清，庄家后市拉升目标股时，更多的要靠自己的力量去拉升。

在测试下跌时的恐慌盘强弱时，庄家一般会采取高开后快速回落或低开后快速下跌的方式，测试一些意志不坚定的投资者。如果恐慌性抛盘较多，庄家则会选择继续打压的方式来收集更多筹码；如果恐慌性抛盘较少，庄家则会选择在股价回撤试探后持续拉升股价。

2. 庄家常用的试盘手法

（1）快速拉升股价试盘。

当庄家即将启动行情时，需要测试上方的阻力位和抛压盘的大小。因此，庄家经常会在盘中集中买入股票，致使股价在短时间内快速上涨。当股价快速上涨时，观察市场投资者对股价快速上涨时的反应，是否存在大量抛压。

当持股的散户看到手中的股票快速上涨，大都有逢高卖出股票的想法。当他们卖出手中股票时便会对股价形成压力，在这些散户的抛盘压力下，股价会逐渐回落至开始上涨的位置。如果股价回落很快，说明股价上涨至高位后，市场抛售股票的投资者很多，反映出市场抛压很大。如果股价回落很慢，说明股价上涨至高位后，市场抛售股票的投资者较少，反映出市场抛压较小。

（2）快速打压股价试盘。

当庄家在拉升股价前，通常会测试市场跟风盘的强弱。因此庄家经常会在盘中集中卖出股票打压股价，致使股价在短时间内快速下跌。当股价快速下跌时，观察市场上投资者对股价快速下跌时的反应，是否会出现大量承接单，同时观察是否会出现恐慌性抛售。

当想要逢低买入股票的投资者看到股价快速下跌时，会有主动买入的想法，当他们买入股票时便会对股价形成支撑作用。如果市场承接的投资者较多，那么股价会在投资者主动承接中逐步回升至下跌前的位置。如果股价回升很快，说明股价在快速下跌后，市场承接能力较强，反映出市场跟风盘较多。如果股价回升很慢，说明股价在快速下跌后，市场承接能力较弱，反映出市场跟风盘较少。

当庄家在盘中集中抛售股票打压股价时，还需要观察股价在快速下跌时上方套牢盘的反应，观察是否会出现恐慌性抛盘。当股价出现快速下跌时，有些心智不坚定的投资者或本身想要抛售股票的投资者，大都会恐慌性地跟风卖出，这样会对股价造成一定的打压。但是，原本庄家就是在结束建仓后进行试盘，庄家很乐意见到上方套牢盘的投资者跟风卖出，正好趁此机会接手他们抛售的筹码。

（3）突破关键点位试盘。

股价的上涨和下跌经常会遇到一些关键点位，这些关键点位大都是比较重要的阻力位和支撑位。形成这些重要阻力位和支撑位的，可能是重要的整数关口、重要的趋势线或均线、前期高点、技术分析理论点位等。市场投资者大都倾向于在关键位置附近集中交易股票。

当股价上涨到关键点位附近时，市场投资者倾向于卖出手中的持股，当股价向上破位关键点位时，市场投资者则倾向于买入股票。当股价下跌到关键点位附近时，市场投资者倾向于买入股票，当股价向下跌破关键点位时，市场投资者则倾向于卖出手中持股。

庄家通过测试关键点位，观察市场投资者在这些关键位置上的反应，从而了解到在关键点位上投资者交易力量的强弱，以及对交易方向的选择。如此一来，庄家能够清楚地了解到市场投资者在关键点位操作的倾向性，以便更好地制订后市的操作计划。

（4）构建技术形态试盘。

技术形态是技术分析中的一项重要内容，市场上绝大多数投资者对技术形态有所了解。庄家在试盘时，除了利用手中筹码和资金操纵股价的上涨和下跌外，还可能会故意操纵股价走势，使其形成一定的看涨或看跌形态。在构建完技术形态后，庄家通过观察市场投资者对技术形态的反应，可以了解到他们对未来行情的态度和看法，从而可以根据市场反应的状态来制订后市的操作策略。

第五节　庄家快速拉升阶段

当庄家完成建仓、洗盘和试盘后，已经基本掌控目标股的走势，并且十分了解目标股的状态，接下来就是庄家等待一个最佳时机来拉升股价了。

庄家选择目标股拉升的时机非常重要。如果运用得当能起到四两拨千斤的效果，如果时机选择不对，庄家对目标股的拉升效果将会大打折扣。就像在牛市中庄家要拉升股价非常容易，而在熊市中就会相对比较困难。其实，在选择拉升股价的时机时，庄家通常会顺势而为，因势利导，利用一些对目标股向好的影响因素来激发市场的活力，从而吸引更多投资者参与到目标股中来。

庄家拉升目标股时，最重要的是要吸引更多的市场投资者参与跟风交易。如此一来，庄家拉升股价就会更加轻松，获利也会更加容易。

1. 庄家对拉升股价的时机选择

（1）牛市行情中的拉升。

在牛市行情中，股价大都易涨难跌。同时市场资金参与量大，市场投资者对行情普遍乐观，参与热情高涨，成交非常活跃，绝大多数股票都会走上涨趋势。只要涨势稍强就会有大量跟风盘涌入，因此庄家对目标股的拉升相对会轻松很多。

在牛市行情中，借助牛市的东风，庄家拉升目标股会比较轻松。只要在牛市中快速启动目标股拉升行情，让市场投资者关注到目标股异动，自然会有很多投资者前来承接，然后再通过他们的相互抬轿来拉升股价。在投资者相互抬轿的过程中，庄家能坐享其成，只在关键压力区或市场承接出现疲弱时，出手继续拉升股价即可。

在牛市行情中，股价在拉升过程中，庄家更多的是在扮演维护股价稳定上涨的角色。庄家不用动用太多资金，市场投资者会自然形成合力推动股价上涨。

（2）重大利好消息出台前后。

消息是刺激股价大幅波动的重要因素。当个股出现利空消息时，市场投资者的情绪会偏向负面，股价容易出现下跌。当个股出现利好消息时，市场投资者的情绪会偏向正面，会有更多的做多热情，股价容易上涨。

庄家经常会利用重大利好消息的发布来启动个股的拉升。当个股出现重大利好消息时，个股会受到众多的市场投资者关注，当市场投资者买入情绪高涨时，他们便会形成合力推动股价上涨。如此一来，庄家便可轻松地拉动股价上涨，并且随着利好消息刺激和股价的拉升，市场投资者的做多情绪会更加亢奋，从而增加目标股的做多人气。一般来说，某只股票出现重大利好消息后，庄家会快速地启动目标股的拉升行情，其拉升速度会非常快。

庄家经常利用的市场利好消息一般分为两类。一类是外部市场利好消息，即政策性利好或行业性利好消息等；另一类是内部市场利好消息，即上市公司的业绩大幅提升、并购重组、送转分红、重大合作等。

（3）板块成为超级热点时。

板块联动是中国股市的一大特点，尤其是当有政策性利好消息出台时，板块联动效应尤为明显。在拉升股价时，庄家经常会看板块所处的状态。

如果在没有任何消息刺激的情况下，整个板块处于回调或横盘弱势整理阶段，那么庄家要想单独拉升某只个股的股价，相对而言会困难很多。因为没有板块的联动效应很难吸引大量的资金注意。

当板块处于超级热点时，通常整个板块会出现联动拉升，市场资金也会疯狂地涌入该板块中。这时，庄家利用板块的超级热点和联动效应拉升股价，制造股价异动，会很容易吸引投资者的注意，从而引导更多的市场资金涌入目标股，以此推动股价上涨。

（4）周期性节点到来时。

市场上很多产品都存在季节性需求或周期性需求，同样，股市中的很多板块或题材也存在周期性特点。当板块或题材的周期性到来时，市场上大量资金便会涌入周期股中，周期股便会因资金的大量涌入而推动股价上涨。庄家有时会利用周期股具有周期性的特点，建仓完成后等待目标股出现周期性时机。一旦周期性时机来临，庄家便会主动拉升股价，制造股价异动，从而引导大量投资者买入目标股，以此推动股价上涨。

（5）庄家完成绝对控盘后。

有些有实力的庄家在建仓阶段吸收大量的筹码，当完成建仓时，已经基本完成对目标股的绝对控盘，这样建仓的庄家一般图谋深远，追求的股价空间会比较大。

因此，这类庄家一般不会在意简单的抛盘压力，只要庄家完成绝对控盘，便会开启快速拉升过程，并在前期拉升过程中非常迅猛，通常都是以连续涨停板拉升。当市场投资者将目光都聚焦在目标股上时，股价可能已经上涨了很大空间，这时庄家再逐步地释放筹码，边拉边洗。庄家的这种操作方式很容易出大牛股。

2. 庄家常用的拉升手法

（1）直线式拉升。

直线式拉升手法是指庄家利用手中的资金优势直线拉升股票价格。这种手法通常出现在市场行情非常强势、目标股有重大利好消息出台、目标股成为市场超级热点或庄家已经完全控盘目标股时。直线式拉升是一种简单粗暴的拉升手法，具体来说，就是庄家利用手中的资金在短期内大量买入目标股票，致使股价在短时间内出现大幅上涨，从而使庄家买入的筹码有足够的盈利空间。

使用这种手法拉升股价，股价上涨会很快，很容易吸引市场上的人气，很多投资者会追高买入。前期持有股票的投资者会趁机抛售手中股票，兑现利润，从而增加股票的交投活跃度，成交量大增。在交投活跃度强劲时，庄家则会趁机抛售手中股票，完成获利出局操作。

直线式拉升操作的周期一般比较短，而且风险也比较大，庄家为了强势拉升股价通常会不计成本地买入目标股。如果市场反应并没有预期的强烈，市场承接意愿不强，导致市场承接能力不足，庄家很难短时间内完成获利出局操作。

（2）温和式拉升。

直线拉升方法多用于市场环境出现突发性利好消息，在时间上已经不允许庄家用更多时间稳步拉升股价，只能以这种比较暴力的方式拉升股价。如果庄家有足够的时间去拉升股价，通常会采用温和式拉升方式，对庄家来说，这种拉升方式会安全很多。

庄家在温和式拉升股价的过程中，股价一般会在较长一段时间内沿着某条均线、趋势线或角度线持续缓慢地上涨。股价会一直以推土机模式保持稳健的上涨形态，在盘面上的表现一般是股价每天的涨幅都会很小，但一直在持续上涨，就算偶尔会有下跌，很快就会被拉回到上涨轨迹上来。在这个过程中，股价上涨十分稳健，很难出现大幅上涨或下跌。在看到这种形态时，会有很多投资者争相买入股票，从而协助庄家推升股价持续上涨。

将股价温和拉升到目标价位时，庄家便会逐步抛出手中筹码，这时原本稳健上涨的股票就会逐渐走平，呈现震荡状态。当庄家快要抛完手中筹码时，股价便会走出下跌行情。

（3）阶梯式拉升。

阶梯式拉升与温和式拉升类似，都属于缓慢拉涨的模式，在盘面形态上的表现却不一样。温和式拉升是股价持续温和上涨，中间很少停下来横盘整理。阶梯式拉升则是指庄家在拉升股价的途中走走停停，每向上拉升一段空间便停下来横盘整理，接着再向上拉升，然后再横盘整理的一种拉升手法，其形态表现就像一步步向上的阶梯。

庄家拉升股价的空间越大，前期买入股票的投资者盈利空间越大，庄家继续拉升的压力也就越大。为了减少继续拉升时的压力，庄家便会采用阶梯式拉升手法。庄家采用这种拉升手法，主要是为了应对不断增加的抛盘压力。具体来说，庄家每拉升一段空间的股价，前期买入股票的投资者都有盈利，为了抬升他们的买入成本，同时迫使他们卖出手中持股，庄家便会在股价拉升一段空间后，利用手中筹码打压股价，使股价持续维持横盘整理走势。在横盘整理过程中，一些前期买入的投资者看见股票滞涨，通常会抛售手中持股，落袋为安。

当前期买入股票的投资者抛出手中持股后，新买进的投资者在较高价位买入前期投资者抛售的筹码，其成本自然就高了。经过筹码的置换，庄家在后市继续拉升股价时，上方的抛压和阻力会大大减少。

庄家经过横盘整理置换完筹码后，股价便会向上突破横盘震荡区间。市场投资者见股价突破横盘区间上涨，便会买入股票，从而协助庄家继续推动股价上涨。

（4）波段式拉升。

波段式拉升是指庄家在拉升股价一段时间后，再利用手中的筹码打压股价，使股价出现短暂的回落，之后再进行新一波的拉升，其走势就像波浪一样上涨，每波的波峰高点和波谷低点都在逐步抬升。波段式拉升中的回调是庄家为诱导前期投资者的获利盘和上方不稳定的套牢盘卖出，这样可以减轻后续拉升时的压力。

庄家之所以采用波段式拉升手法，是因为其在拉升股价一段时间后，认为仅用横盘整理的方式很难诱导前期投资者抛售获利盘。因此，庄家打压股价，造成股价走势下跌，使投资者认为股价趋势可能出现反转，他们为保住已有盈利抛售手中持股，庄家则趁机收集筹码。

庄家打压股价使其下跌，当市场松动筹码大都已被新进入的投资者买进或被庄家接手后，庄家便开始新一波拉升股价。直到庄家持续拉升股价使上方抛压大增时，便会再次打压股价来置换或收集筹码，以减轻后市持续拉升股价时的压力。

（5）复合式拉升。

复合式拉升是指庄家在拉升股价过程中，至少会用到两种或两种以上前面讲述的拉升方式。由于市场环境随时都在不停地变化，因此在操作过程中不能死守一种操作方式。当市场环境发生变化时，庄家的拉升手法也要根据市场变化做出调整。

第六节　庄家拔高出货阶段

庄家前期所有的运作，都是为了最后出货。对于庄家来说，坐庄很容易，但由于资金量庞大，想要将手中筹码全部出尽却很难，尤其在股价拉升到高位时想要投资者接盘会更难。因此，对于庄家来说，出货阶段主要有两个目标：一是将持有的股票全部卖出，二是将持有的股票在高价位卖出。

出货是庄家将手中筹码兑现为利润的关键步骤。只有在高位将手中筹码全部抛出，才能将盈利落袋为安。如果不能在高位将筹码成功抛出，那么庄家手中的筹码依然只是筹码，无法获取利润。由于庄家从建仓阶段到拉升阶段收集了大量筹码，因此要想将手中筹码全部抛出，则需要一定的时间和特别的操作手法。

庄家想要将手中筹码全部卖出，就要吸引大量投资者前来接盘。但由于庄家要抛盘时，股价大都已经上涨一段空间，想让投资者前来接盘难度很大，毕竟他们不会随便在高位接盘。因此，有时庄家需要刻意制造利好消息或用一些技术骗线故布疑云，给投资者制造一种股价还会持续上涨的错觉，才能顺利将手中筹码出尽。

俗话说，“会买的是徒弟，会卖的是师傅”。在股市中，只要手中有钱，买股票是很简单的事情，但要买在好的点位又很难。买完股票后能抓住最好的时机卖出，才是股市投资成功盈利的关键。庄家在运作目标股过程中，出货阶段是最为关键的一个环节，也是难度最大的一个环节。如果没有操作好出货，可能导致整个运作过程功亏一篑，原本可以盈利的操作，最后也会变成亏损。

庄家对出货时机的选择是决定出货成败的关键。如果选择出货的时机过早，则庄家获利的空间便会减小。如果选择出货的时机过晚，则可能因行情走势变坏或获利盘提前集中抛盘，致使投资者的跟风盘急剧萎缩，从而使庄家难以出货。

庄家选择出货时机时，需要考虑市场人气状况。市场追高热情高涨时，是庄家出货的最佳时机。另外，有些庄家还会制造利好的基本面信息，来刺激市场投资者进行做多，从而在其跟风盘涌入时趁机出货。

庄家常用的出货手法如下。

（1）推土机拉升出货法。

推土机拉升出货法是指庄家将股价拉升到一定阶段后，在准备出货时缓慢推升股价，制造股价走势良好且不断上涨的虚假信号，让市场投资者竞相参与买入，庄家利用手中的资金一边缓慢推升股价，一边抛售手中持有的筹码，以多卖少买的方式出货。

庄家使用推土机出货方式，一般需要花费较长的时间才能将手中筹码出尽。一旦庄家的筹码出尽，必定会使股价大跌，对承接筹码的散户风险极大。

（2）横盘震荡出货法。

横盘震荡出货法是指庄家将股价拉升到一定高度后，手中筹码已有明显获利，在准备出货时，选择通过高位震荡模式来吸引投资者进入接盘，在高位震荡过程中，股价上涨阶段庄家会少量买入拉升股价，当股价拉升到震荡高点时便会大量抛出手中筹码来打压股价，以此达到少买多卖的出货目的。

股价在高位横盘震荡时，有买入意愿的投资者并不是很多，因此这种出货方法需要的时间也比较长。

（3）先拉后砸出货法。

先拉后砸出货法是指庄家将股价拉升到一定阶段后，准备出货时，通过手中的资金推动行情加速上涨，让市场投资者认为目标股十分强势，争相买入目标股，庄家在强势将股价拉高后，便开始逐步地将筹码抛出。如果市场投资者承接比较好，庄家会大笔砸盘卖出，导致股价快速上涨后又快速下跌。如果市场投资者承接偏弱，庄家会制造多次快速拉升，同时在股价拉升后以逐步盘跌的形式吸引更多投资者前来接盘。

（4）打压砸盘出货法。

打压砸盘出货法是指庄家将股价拉升到一定阶段后，在准备出货时，直接抛售筹码打压股价，当股价快速下跌后，再用小单将股价拉升，吸引市场投资者买入，当成功吸引投资者买入筹码的挂单较多时，庄家会再次用大单抛售打压股价继续下跌。庄家用反复打压砸盘的方式以达到快速出货的目的。

（5）涨停板出货法。

涨停板出货法是指庄家将股价拉升到一定阶段后，在准备出货时，庄家用资金快速将股价拉升至涨停板，并以大单封死涨停板，造成股价异动，从而引起大量的抢板跟风盘涌入，当跟风盘涌入足够多时，庄家便会悄悄撤掉前面自己的涨停板挂单，然后顺势快速抛售手中的筹码，以达到快速出货的目的。

庄家以涨停板出货法进行抛盘时，如果有其他大资金接力则涨停板会有封死的可能。如果没有其他大资金接力，通常涨停板都会烂板，并且其后走势大都会逐步走弱。

（6）跌停板出货法。

跌停板出货法是指庄家将股价拉升到一定阶段后，在准备出货时，直接用大单砸跌停，并以大单封死跌停，然后以自有资金小单买入，如果市场跟风买入的投资者较多，庄家便会将大部分跌停板挂单撤掉，然后再用资金将跌停板打开拉升股价，以此来吸引市场投资者抢跌停板买入，庄家以小单控制股价上涨，当市场投资者抢筹明显时，再用大单将手中筹码抛出。

盘中庄家可能多次利用在跌停板附近拉升的方法来吸引更多投资者，但通常尾盘时庄家会再度抛出大单封死跌停，这样的操作方法第二天股价一般都会低开低走。

（7）诱多出货法。

诱多出货法是指庄家通过刻意制造多头强势的错觉，让市场投资者蜂拥买入的方法。

诱多出货主要有以下两种模式。

一种是制造利好消息。庄家需要在高位出货时，通常会集中发布利好目标股的研报或报道，让市场投资者普遍看好目标股未来预期，使其争相买入目标股，庄家则趁机抛出手中筹码。这就是为什么很多个股明明报道出利好消息，股价却不涨反跌。

另一种是通过在技术层面制造多头强势效应，引诱投资者积极买入。庄家利用目标股创新高的方式，让市场投资者认为股价创新高了，上方拉升没有压力，股价应该会快速上涨，因此大都会积极买入，庄家便会趁机抛售手中筹码。另外，庄家也经常利用股价突破关键压力位，让市场投资者对后市看涨，因此积极买入目标股，庄家便在此时趁机抛售手中筹码。

第七节　识破庄家的骗线术

庄家在运作整个目标股的过程中，为了实现预期的结果，通常也会使用骗线的手法。骗线是指庄家利用市场投资者经常使用的一些分析方法，进行反向操作。

如果市场投资者能在操作过程中识别庄家的骗术，就能够洞察到庄家的操作策略，实现跟庄获利。如果没能识别庄家的骗术而被陷其中，那么他们就会成为庄家操控的对象，从而造成资金亏损。

庄家使用骗线手法的目的就是想诱骗市场投资者按照自己的意愿买入或卖出股票，从而达到成功获利出局的效果。

庄家最常用的骗线手法如下。

（1）K 线理论骗线术。

K 线骗线术是庄家充分利用投资者的心理弱点，通过手中资金和筹码刻意制造出的让投资者误判的走势，来实现自己想要的结果。在运用 K 线骗线术时，庄家会将其贯穿于建仓、洗盘、试盘、拉升、出货各个环节。庄家在建仓、洗盘、试盘和拉升环节利用 K 线骗线术，通常是为了获取更多的筹码、抬高市场投资者的成本和清除不稳定的浮筹，在出货环节利用 K 线骗线术通常是为了掩饰其出货的目的。

K 线骗线术中最常出现的 K 线形态是长下影 K 线和长上影 K 线。庄家在需要收集筹码时，通常会用长下影 K 线先制造快速下跌行情，诱导市场投资者抛盘，然后再快速拉升股价回到原来位置。

庄家试盘时通常会用长上影 K 线，先制造快速上涨行情，看市场跟风效应和上方的抛压情况。当测试完上方抛压后，庄家再将股价压回至原来震荡位置。

在股价拉升途中，庄家为了能够更轻松地拉升股价，会利用长上影 K 线和长下影 K 线洗盘。庄家之所以这样操作，是为了洗出意志不坚定的获利盘和套牢盘，同时垫高投资者的平均持仓成本。庄家通常会在拉升途中先制造长上影 K 线，然后再制造长下影 K 线。

在出货阶段，为了隐蔽出货，庄家会在高位快速拉升股价来吸引投资者跟风买入，然后再顺势出货，将股价砸回，形成长上影 K 线。当庄家手中筹码较多时，通常会操作多根长上影线来达到出货的目的。

有时，庄家也用十字星、两阳夹一阴、阳包阴或阴包阳的方式来诱骗市场投资者。

（2）均线理论骗线术。

均线是股票行情分析和交易过程中非常重要的参考指标，很多投资者在交易时都会将均线作为重要的参考标准。于是，庄家便利用这一点刻意制造均线走势，来迷惑市场投资者，达到其需要的效果。

在实际操作中，均线理论起着重要的参考作用，很多投资者会把均线金叉作为买入点，把均线死叉作为卖出点。上涨趋势中，有的投资者会把5日、10日和20日均线分别作为保护线、减仓线和平仓线。正是因为很多投资者在实战中形成了这样的固定思维，庄家才会利用均线骗线来反向操作。

在使用均线骗线时，庄家经常利用假金叉或假死叉，还经常利用假破位来迷惑投资者。在底部吸筹阶段，庄家经常利用均线假死叉来诱导投资者抛售手中筹码。在拉升股价途中，庄家有时会利用均线假死叉进行震仓，洗去浮筹，让后市能够更稳健地拉升。在拉升出货阶段，庄家经常利用均线假金叉诱导市场投资者买入，从而趁机抛货。

在股价上升途中，庄家经常利用股价回调，快速下破5日、10日或20日均线的方式，来诱骗投资者，让他们认为行情可能即将下跌，从而抛出手中筹码，庄家则趁机将筹码收集到手中，以达到震仓收集筹码和垫高投资者平均成本的目的。

在股价下跌途中，庄家经常利用股价反弹，快速上破5日、10日或20日均线的方式，来诱骗投资者，让市场投资者认为行情可能即将反转上涨，从而争相买入，庄家则趁机抛出手中筹码，以达到出货的目的。

（3）技术形态理论骗线术。

形态在股票交易中十分常见，包括顶部形态、底部形态和中继形态等，很多投资者喜欢根据这些K线形态进行交易。通常情况下，形态交易成功率还是非常高的，很多投资者很信赖形态交易方法。正因如此，庄家便利用技术形态的骗线手法来诱导投资者做出错误判断和操作。

底部形态有头肩底、W底、圆弧底等，是庄家建仓时通常会做出的形态。形成底部形态后，投资者能从K线形态中判断出，因此会有大量市场资金买入目标股，这样一来庄家筹码就会被稀释，并且在未来拉升目标股时其压力也会增大，因此庄家经常利用底部形态进行反向操作。当所有投资者认为出现底部形态时，庄家通常再次打压股价，让他们认为底部形态构建失败，纷纷抛出手中筹码，庄家则趁机大量收集筹码，后续拉升就会更加轻松。

中继形态骗线术，也叫空中加油骗线术，是庄家经常使用的骗线手法。股价拉升或下跌一定空间后，市场已有部分投资者跟风买进或卖出目标股。庄家为了后期更稳健地拉升或出货，便在拉升或下跌途中构建一些中继K线形态，中继K线形态通常有上升三角形态、旗形形态、矩形形态、菱形形态等。在构建完成中继形态后，庄家通常会利用反向假破位的方式制造股价要反转的假象，诱导投资者抛售或买入筹码，庄家则趁机收集或卖出筹码。当庄家收集或卖出筹码后，股价便会再次拉升或下跌。

顶部形态骗线术是指庄家将目标股股价拉升到顶端准备出货时，为了出货故意制造一些向上形态破位来迷惑市场投资者，以期投资者跟风买入进行接盘的行为。顶部形态通常有头肩顶、M头、圆弧顶等。庄家构建完顶部形态后，往往会再次做向上破位动作，诱使更多投资者能够跟风买入，以便趁机抛售筹码。

（4）趋势理论骗线术。

趋势理论是股票交易中的经典理论。趋势理论认为，股价总会沿着一定的趋势运行，在交易过程中要顺势而为。在上升趋势中买入持有，在下跌趋势中卖出空仓，在震荡趋势中观望寻找机会。对趋势的判断通常要用趋势线来进行分析，趋势线的运用方法是：在上升趋势中，用一条直线连接股价每波上涨的波谷，让尽可能多的波谷低点能在这条直线上面。在下跌趋势中，用一条直线连接股价每波下跌时反弹的波峰，让尽可能多的反弹波峰的高点能在这条直线上面。震荡趋势中，用两条直线分别连接每波上涨或下跌的高点和低点，让尽可能多的高点或低点能在这两条线上。

很多投资者尤其是中长线投资者，喜欢做趋势交易，喜欢用趋势线来判断行情，并且以趋势线作为持仓或出局的参考依据。庄家就利用这一点进行反向操作，以便达到其所预期的目的。

在上升趋势中，股价每次回调至趋势线时，趋势线都起重要的支撑作用。当股价回调到趋势线附近时，很多市场投资者会踊跃买入目标股。庄家为了后市能够更轻松地拉升股价，便会故意打压股价，制造股价破位趋势线的信号。这样，投资者就会以为，股价已经出现趋势破位，可能要走反转行情，于是纷纷抛售手中筹码，庄家则趁机收集筹码。当庄家收集完筹码后，便会再次快速拉升股价。

在下跌趋势中，股价每次反弹至趋势线时，趋势线对股价都起着重要的压力作用。当股价反弹至趋势线附近时，很多投资者便开始抛售手中筹码，这时庄家想要抛售筹码就会比较困难。庄家为了能够更好地完成出货，便会利用手中资金快速拉升股价，制造破位趋势线上涨的假象。这样，投资者就会以为，股价已经突破趋势线上涨，行情可能反转，于是纷纷买入股票，前面准备在趋势线附近卖出筹码的投资者也会选择观望或跟随买进，庄家则趁机抛售手中筹码。当庄家抛售完手中筹码后，股价便会再次下跌。

在横盘震荡趋势中，庄家经常会通过制造假上破位来出货或者假下破位来吸筹。利用趋势线假破位的骗术，可能会在股价的底部阶段，也可能在趋势中段，还可能在股价的顶部阶段。

（5）技术指标骗线术。

很多投资者将技术指标视为在交易中获胜的法宝，喜欢用其来指导交易。经典技术指标对判断股市行情确实具有很重要的参考价值，但是就单纯某一指标来讲，并不能完全反映股市的真实走势。很多投资者单纯用一两个指标的金叉或死叉来判断行情，是有很大风险的。

很多技术指标，比如 KDJ、MACD，之所以被奉为经典指标，是因为这些指标在大多数情况下能为市场行情带来有效的参考价值。所以，很多投资者会不遗余力地用这些指标作为交易的参考标准，这也为庄家做技术指标骗线提供了良好机会。

比如 KDJ 指标骗线法。KDJ 指标的参考标准通常是金叉、死叉、顶背离、底背离、超买、超卖等。庄家利用对这些指标的反向操作来迷惑市场投资者，导致他们做出错误的判断和操作。

先来看一下庄家利用 KDJ 金叉和死叉进行骗线的行为。很多时候，明明看着股价在逐步上涨，KDJ 却出现了高位死叉走势，并且有时还会出现连续多次死叉，这时 KDJ 的状态对参考指标的投资者来说，应该是一个重要的卖出信号。但是，股价在不停地上涨，这时往往就是庄家在利用假死叉来清洗意志不坚定的投资者。

同样有的时候，明明看着股价在逐步下跌，KDJ 却出现低位金叉走势，甚至连续出现多次金叉，这时的 KDJ 状态对投资者来说，应该是一个重要的买入信号。但是，股价在持续下跌，这时往往是庄家在利用假金叉强势洗盘或出货。

再来看一下庄家利用 KDJ 顶背离和底背离进行骗线的行为。很多时候，股价在持续上涨，KDJ 指标却在逐步下行，很多投资者都认为出现顶背离，因此抛售手中筹码，庄家则趁机吸收筹码。当投资者认为出现指标顶背离，股价处于高位风险区时，顶背离的 KDJ 指标可能再次出现金叉，走出与股价顺势上行的走势。

同样有的时候，明明看着股价持续下跌，KDJ 指标却在逐步上行，很多投资者认为这是底背离现象，因此买入目标股，庄家则趁机抛售手中筹码。当投资者认为出现底背离，股价已经处于底部位置时，KDJ 指标可能再次出现二次死叉，并与股价同向顺势下行。

接下来再看一下庄家利用 KDJ 超买和超卖进行的骗线行为。很多时候，股价在持续上涨，KDJ 进入 80 以上超卖区时，很多投资者已经开始留意股价可能存在高位风险，会逐步减持手中筹码。之后股价还在持续上涨，KDJ 很快进入 90 以上区域，绝大多数依靠 KDJ 超卖指标买卖股票的投资者卖出手中持股，庄家则趁机收集筹码继续拉升股价。随后投资者会发现 KDJ 超卖后股价不但没有下跌，反而还在持续上涨，甚至有时 KDJ 会进入 100 顶端位置形成顶部钝化。当 KDJ 形成钝化时，指标数据失真导致股价后市能上涨多高或持续多久都很难预判。

同样有的时候，股价在持续下跌，KDJ 进入 20 以下超买区域时，很多投资者会关注股价可能存在的低吸机会，开始买入目标股筹码。之后股价持续下跌，KDJ 进入 10 以下，绝大多数依靠 KDJ 超买指标买卖股票的投资者会继续买入目标股筹码。但当他们买入目标股时，庄家则趁机抛售手中筹码打压股价。随后投资者会发现 KDJ 超买后股价不但没有上涨，反而还在持续下行，甚至有时 KDJ 会进入 0 底端位置形成底部钝化。当 KDJ 形成底部钝化时，指标数据失真导致股价后市会下跌多深和持续下跌多久都很难判断。

庄家利用指标做骗线主要是通过上面几种方式进行。使用 MACD、RSI 等其他指标时，庄家也是通过相同的模式做骗线，从而诱导市场投资者做出错误的判断和操作。

（6）成交量骗线术。

成交量是股市交易中非常重要的参考指标，成交量的大小往往反映市场交易的活跃程度。有些投资者会把成交量作为市场变化的参考标准，他们普遍认为指标可以骗人，但成交量不会骗人。成交量本身确实不会骗人，因为成交的数据是确实存在和发生了的，但是操作者可以通过制造成交量来骗人。

对敲是庄家常用的制造成交量骗术的方法。很多时候，看到的成交量都是不真实的成交量，是庄家通过对敲筹码形成的，庄家通过对敲筹码来制造市场的虚假繁荣或萎靡，诱导投资者对行情做出错误的判断和操作。市场上投资者常说的“天量见天价，地量见地价”是不完全准确的。有时，股价在上涨过程中出现天量之后依然会持续上涨，在下跌过程中出现地量之后也依然会持续下跌。

股价经过持续横盘之后，庄家经常使用成交量骗线法。股价经过一段时间的横盘整理后，如果庄家不看好目标股的未来走势，就会通过购买大量股票来制造量价齐升的走势，使股价上涨并破位横盘整理区间。当投资者发现目标股出现量价齐升并且向上突破横盘整理区间时，就会大量买进股票，这时庄家则会不断抛出手中筹码，致使股价反转下跌。

当股价经过一段时间的横盘整理后，如果庄家十分看好目标股的未来走势，而其收集筹码又非常困难时，就会通过卖出大量股票来制造放量下跌走势，并使股价下跌破位横盘整理区间。当投资者发现目标股出现放量下跌并且向下破位横盘整理区间时，就会大量抛售筹码，这时庄家则会趁机买入投资者抛售的筹码，致使股价很快反转拉升。

第八节　战胜庄家，我为王者

在操作股票的任何一个阶段，庄家的目的都是不断地设下陷阱、制造迷雾，来诱导或迷惑投资者，让投资者在一次次失误和后悔中完成交易。在股市中，普通投资者要想稳定获利实属不易。庄家会用各种各样的手法来诱骗普通投资者，让他们防不胜防。因此，要熟悉并仔细分析庄家运用的方法和设下的陷阱，做到知己知彼，这样才能增加投资获利的概率。

股市中有“剩者为王”的说法，新进市场的投资者对此不会有什么感觉，但长期奋斗在股市中的投资者则会感触颇深。股市中既充满机会，又存在风险。从事股票交易经常如履薄冰，稍有不慎就会赔得很惨。不管曾经收益多高，交易多厉害，最终也会在短时间内血本无归。在股市中博弈的投资者非常多，最终真正能获利的却寥寥无几。

对绝大多数市场投资者来说，庄家是他们最大的敌人。他们普遍认为庄家就是来坑他们钱的，因为他们无法识别庄家的操作，无法把握庄家的操作逻辑，所以经常被庄家迷惑和诱导。

很多庄家经常会跟一些上市公司合作。在与上市公司谈好条件后，庄家便会制定一个完整的操盘计划来协助上市公司拉升股价，在拉升股价之后掩护上市公司股东减持股票，同时自己也完成出货。严格说来，这样的操作属于违规行为，但当他们做得十分隐蔽时是很难被市场投资者发现的。

1. 庄家操作中市场投资者的交易死循环

很多市场投资者都在庄家操纵的股票中走入了一个死循环。这个死循环就是，庄家在让股价起涨时，通常会快速拉升股价，这时投资者大都进行观望。

在投资者观望过程中，庄家会继续拉升股价，使股价持续上涨。这时投资者有些坐不住了，后悔之前没有买进，看见股价还在不断上涨，大都会跟风追入。当投资者跟风买进时，庄家已将股价拉升到一定高度，这时庄家就会利用投资者的蜂拥买进来派发自己手中的筹码。

当庄家派发手中筹码时，股价就会开始下跌，这时市场投资者则会被套其中。通常，投资者会选择加仓来降低成本，而在投资者加仓时，庄家便继续卖出手中筹码，导致股价持续下跌。投资者买入的股票被套后只能等待，希望股价能够早点上涨。这时，大多数投资者心中都在想，只要能回本就立马卖出，但是股价在庄家持续派发筹码下不断下跌。

股价不断下跌，市场投资者通常不再奢望能回本，只希望股价能够有个反弹便卖出手中筹码，以降低部分亏损。在这个时候，庄家一般不会给投资者任何机会，继续利用手中筹码加速打压股价，制造股价快速下跌走势，以至于投资者心里极度不安，焦急难耐。

市场投资者眼看着自己买入的股票被深套，资金不断被股价的下跌所吞噬，心理压力越来越大。庄家则通过打压控制股价，制造股价恐慌性下跌，来击溃市场投资者最后的心理防线，迫使他们主动卖出股票。

当市场投资者在急剧恐慌的情况下卖出股票时，庄家则利用手中资金逐步收集筹码。这些投资者总算舒了一口气，认为自己不用再受股价下跌带来的煎熬。当他们刚刚准备放下时，却发现卖出的个股股价出现反弹，这时他们又会非常懊恼，责备自己没能再坚持一下。

当市场投资者还在懊恼自己提前卖掉手中被套的股票时，庄家再次利用手中筹码打压股价，导致股价再次下跌，并且逐步创出新低，这时他们又会庆幸自己之前已经卖出股票。

当市场投资者正在庆幸自己尽早卖出个股时，庄家经过多次压低股价和制造恐慌性下跌后，已经在低位收集到足够多的筹码，这时会发动新一轮上攻行情。为了不给市场投资者低位买进的机会，庄家会快速拉升股价。当股价快速上涨时，前期卖出该股的市场投资者看到股价快速上涨，心中又会充满懊悔和迷茫，不知道此时股价上涨是否具有持续性，是否应该参与，因此他们通常选择先观望。

当市场投资者在观望的时候，庄家会继续拉升股价使其持续上涨。市场投资者眼看股价不断上涨，心里越发焦急，懊悔自己之前卖出股票，而且还卖到了最低点附近。但是懊悔是没用的，他们此时在想：现在参与是否还来得及?

看着股价持续不断上涨，市场投资者再也坐不住了，选择追入该股，寄希望于该股能继续上涨，以便挽回之前操作错误导致的损失。当市场投资者刚买入时，股价通常还会继续上涨，他们觉得自己买入是正确的，看见股价还在上涨他们大都不会获利出局，反而继续加仓。当他们再次加仓时，便是庄家派发筹码之时。庄家开始派发筹码后，新一轮下跌行情便会开始，而追高买入的投资者则会再度被套。

在股市交易中，绝大多数市场投资者会长期陷入这样一种由庄家制造的死循环。如果不能识破庄家的诡计，市场投资者很难逃脱被庄家洗劫的下场。

2. 识破庄家操作方法，分享庄家利益盛宴

庄家利用手中筹码和资金优势控制股价，把市场投资者玩得晕头转向。绝大多数市场投资者很苦恼却毫无应对措施，只能在庄家的操作中走入套牢、亏损、割肉的死循环。仅有很少一部分投资者能看清庄家的操作手法，跟着庄家小赚一笔。

其实股价涨不涨，主要看庄家如何操作。对市场投资者而言，最重要的是了解和识别庄家的建仓阶段。只要识破了庄家的建仓阶段，市场投资者在庄家拉升股价前买进，只要不是资金量特别大，不会对庄家拉升股价造成影响，庄家就不会太在意，这样就能搭上庄家的顺风车，跟着庄家一起获利。

识别庄家建仓何时进入尾声，对市场投资者来说，是非常困难的，因为庄家的建仓操作通常会非常隐蔽，如果不仔细跟踪观察是很难发现其建仓痕迹的。但是不论庄家建仓时做得多么隐蔽，终究会留下一些蛛丝马迹，只要细心观察，找到方法，就能够把握庄家的建仓情况。

3. 如何判断庄家建仓进入尾声

股市不是强买强卖的市场，庄家的胜利完全建立在市场投资者的错误判断之上。市场投资者要想战胜庄家，就要了解庄家暗中建仓完成时股价运行的状态，如此才有机会吃定庄家。

（1）用少量资金就能拉高股价。

当庄家建仓进入尾声时，大部分的浮筹都已经被庄家吸收，此时市场流通的筹

码大多数是不动的套牢盘或下方买入持股的筹码。因此，庄家可以很轻松地利用手中资金和筹码拉升股价。当发现股价很轻易就被少量资金拉升时，通常是庄家吸收了大部分筹码，完成了建仓，后市可能将逐步拉升股价，此时买入跟庄安全性会很高。

（2）股价走势不受大盘影响。

当大盘上涨时，股价不跟随大盘上涨，反而还有可能下跌；当大盘下跌时，股价也不跟随大盘下跌，反而还有可能上涨。股价完全走出独立行情，不受大盘的影响，这样的情况通常是庄家已经吸收了大部分筹码，在利用手中筹码和资金按计划完成自己的操作。股价产生这种不受大盘影响的走势，一般是在庄家建仓的中后期，如果在这个阶段买入跟庄也很容易获利。

（3）股价开始在低位剧烈波动。

股价在持续下跌后，经过一段时间的横盘整理，开始在底部剧烈波动，大涨大跌来回切换。这种情况通常是庄家不愿意继续花费时间来洗盘，要通过连续大涨大跌来做最后的强势洗盘行为。如果庄家成功洗净浮筹，并且吸收到足够的筹码，那么后市股价便会逐步走强。如果能在股价低位剧烈波动时跟随庄家买入，也是很好的获利机会。

（4）遇到利空消息时，股价不跌反涨。

当个股遇到利空消息时，大多数市场投资者都会有一种看空的悲观情绪，而这种情绪会使很多投资者在收到利空消息后卖出手中持仓。当股价遇到利空消息时不跌反涨，这种情况通常是庄家已经完成大部分吸筹，最后利用利空消息来强势洗盘。当市场投资者接收到利空消息而抛售筹码时，庄家则趁机强势收集筹码，这便是庄家利用利空消息来强势洗盘的方法。当股价出现利空不跌反涨的情况时，经常会是庄家建仓到了尾声阶段，此时跟庄成功率也是非常高的。

（5）股价放量突破重要压力位。

在下跌后经过持续横盘整理，股价逐步上涨突破重要压力位，并伴随成交量持续上涨时，说明庄家已经建仓完成，即将开始拉升股价。此时跟庄买入安全性极高。虽然没有买在庄家建仓的底部，但买在了庄家拉升股价的启动初期。

股价放量突破重要压力位时，一定要是前期经过持续下跌并横盘整理后的破位上涨。如果股价是在高位出现破位横盘区间重要压力位上涨，有可能是庄家在诱多出货，需要防范风险。

第九章　历史牛熊转换的规律

第一节　第一轮牛熊转换

第一轮牛市是从1991年5月17日的104点开始启动的，至1992年5月26日，上证指数最高点飙升至1429点，这是中国股市中第一轮大牛市顶峰，上证指数在一年时间暴涨1300多点。在这轮暴涨中主要是股票数量比较少，投资者数量增加速度快，导致股票供不应求，所以价格不断被推升，使得股票市盈率过高。

当指数上涨到高点时，机构投资者纷纷开始抛售股票获利出局，市场上跟风抛售增加，使得上证指数快速下跌，仅用半年时间，上证指数在1992年11月17日下跌至386点。

第二节　第二轮牛熊转换

第二轮牛市的起点是第一轮熊市的终点，即1992年11月17日，上证指数从386点开始启动，至1993年2月16日，上证指数最高暴涨至1558.95点，这时上证指数刚经历完第一次熊市之后便立即开启第二轮暴涨模式。这一轮暴涨仅用了3个月时间，上证指数就上涨了1100多点。这一轮牛市上涨主要因为熊市低点位置的政府救市和券商自救，推动行情出现暴涨。

上证指数在高位仅仅几天时间后便开启一段长达17个月的熊市下跌走势，1994年7月29日下跌到最低位325.89点。出现这一轮熊市主要因为股价暴涨后，市盈率过高，泡沫太大，政府抑制通货膨胀，以至于机构投资者纷纷抛售股票获利出局，导致市场投资者出现羊群效应，跟风抛售股票。

第三节　第三轮牛熊转换

第三轮牛市的起点在第二轮熊市结束后的第一个交易日，即 1994 年 8 月 1 日，上证指数从 325.89 点开始启动，至 1994 年 9 月 13 日，上证指数最高暴涨至 1052.94 点，这是上证指数经历最短的一轮暴涨行情，仅仅用了不到一个半月的时间就走完一轮牛市行情。这一轮牛市上涨主要是因为熊市后股价超跌，政府救市和券商自救，加上投资者继续扩容，从而推动行情出现暴涨。

上证指数上涨到 1052.94 的高点后就开始一路下跌，开启长达 16 个月的熊市行情，直至 1996 年 1 月 19 日，上证指数最低下跌至 512.82 点。出现这一轮熊市主要也是因为股价暴涨后，市盈率过高，泡沫太大，政府抑制通货膨胀，以至于机构投资者纷纷抛售股票获利出局，导致市场投资者出现羊群效应，跟风抛售股票。

第四节　第四轮牛熊转换

第四轮牛市的起点开始于第三轮熊市的终点，即 1996 年 1 月 19 日，上证指数从 512.82 点开始启动，开启第一次长牛走势，这一轮牛市长达 5 年多，直至 2001 年 6 月 14 日，上证指数最高点上涨至 2245.42 点，自此宣告第一轮长牛走势结束。这一轮牛市行情上涨主要是因为熊市之后多数股价超跌，政府救市和券商自救，加上机构投资者和市场投资者继续扩容，从而推动行情出现暴涨。

上证指数上涨到 2245.42 高点后开始震荡下跌，开启长达 4 年的熊市行情，直至 2005 年 6 月 6 日，上证指数最低下跌至 998.23 点。出现这一轮熊市下跌主要是因为股价暴涨后，市盈率过高，泡沫太大，股票扩容速度太快，以至于机构投资者纷纷抛售股票获利出局，导致市场投资者出现羊群效应，跟风抛售股票。

第五节　第五轮牛熊转换

在第四轮熊市结束后，上证指数开启一段时间的低位震荡行情。在2005年下半年，上证指数也有两个月的冲高上涨行情，但在同年10月份之后的两个月，上证指数行情回撤超过前一波上涨的1/2，所以这段时间不作为第五轮牛市的开端。

第五轮牛市的起点是2005年12月6日，上证指数从1078点开始启动，之后一路狂飙，持续上涨，接连突破新高点，在2006年上涨趋势还比较温和，一年时间上证指数上涨突破2000关口，进入2017年上证指数开启快速飙升行情，仅仅用了10个月的时间接连上破3000点、4000点、5000点、6000点大关，并于2007年10月16日创下6124.04点的历史最高纪录。这一轮牛市上涨主要是因为熊市之后多数股价超跌，政府救市和券商自救，机构投资者和市场投资者大幅扩容，加上股改大题材加速实施，从而推动行情出现暴涨。

上证指数上涨到6124.04点后便一路狂跌，开启熊市行情，直至2008年10月28日，上证指数最低下跌至1664.93点，这一波下跌导致非常多的投资者被套牢在高高的山岗上。出现这一轮熊市下跌是因为股价暴涨后，市盈率过高，泡沫太大，股票扩容速度太快，国际金融危机影响，以至于机构投资者纷纷抛售股票获利出局，导致市场投资者出现羊群效应，跟风抛售股票。

第六节　第六轮牛熊转换

上证指数在6124.04点下跌至1664.93点之后，股价经过一段时间的反弹和再回落的休整，这一波反弹和回落可以看成一波小牛熊转换，因为反弹级别没有达到前次熊市下跌的1/2。但是上证指数在2009年8月4日上涨至3478.01高点，这波相比前一轮熊市的低点也反弹了1倍的空间，所以定义为反弹小牛市。这一轮反弹上涨主要是因为熊市之后多数股价超跌，政府救市和券商自救，从而推动行情反弹。

上证指数上涨到 3478.01 高点后，再次开启缓慢的熊市下跌之路，直至 2013 年 6 月 25 日，上证指数最低下跌至 1849.65 点。出现这一轮小熊市下跌是因为金融危机后的次贷危机，市场泡沫挤压，机构投资者抛售股票获利出局，导致市场投资者投资热情下降，纷纷跟风抛售股票。

第七节　第七轮牛熊转换

在第六轮熊市结束后，上证指数开启了一段时间的低位震荡行情。上证指数于 2014 年 7 月 22 日开启第七轮牛市行情，从 2050 点开始启动，用时 10 个多月，再次接连上破 3000 点、4000 点、5000 点大关，于 2015 年 6 月 12 日到达最高点 5178.19 点。这一轮牛市上涨主要是因为熊市之后多数股价超跌，政府救市和券商自救，机构投资者和市场投资者大幅扩容，从而推动行情出现暴涨。这一轮牛市上涨，创业板和中小板表现更为强势。

上证指数上涨到 5178.19 高点后便出现持续暴跌行情，导致很多投资者再度被深深套牢。这一轮熊市截至目前还没有结束，主要是因为股价暴涨后，市盈率过高，融资杠杆太高，泡沫太大，股票扩容速度太快，市场投资者大多已经失去理性，以至于机构投资者纷纷抛售股票获利出局，导致市场投资者出现羊群效应，跟风踩踏式抛售股票，下跌途中政府多次救市和券商自救依然无果，还在寻找底部之中。

从以上 7 次牛熊转换能够明显地看出一个规律，即每次牛市都是以多数股价超跌、政府救市和券商自救作为开端，而每次熊市都是由股价暴涨之后，市盈率过高，泡沫太大引起的。

后　　记

股市是没有硝烟的战场，危机四伏。在股市中交易就像在悬崖上走钢丝，稍有不慎就会粉身碎骨。

无论是在强势市场还是弱势市场，股价的上涨或下跌是投资者每天都会遇到的事情。在交易股票时，很多投资者都是不明就里地进行买卖操作，压根就不清楚股价涨跌的原因，因此无法做出正确和及时的操作。

“早下跌，晚下跌，早晚下跌；早套牢，晚套牢，早晚套牢；早割肉，晚割肉，早晚割肉。”股市中很多人这样来形容散户投资者。实际上，在实战交易过程中，大多数散户的经历确实如上面所形容的，早晚都会被迫割肉走掉。这句话最初是用来形容熊市行情的，但是很多人发现用在散户身上反而更贴切。从中不难看出，现在市场上散户投资者的境地是非常不容乐观的。

股市中所有投资者都希望自己能够无风险获利，但这是绝对不可能的。在股市中机会总是伴随着风险，没有谁能逃脱风险只获得机会，就算是庄家也不能。

在股市中，所有的技术分析都在追求高概率获胜，不过目前市场上没有一种技术能保证每次交易都会获利。所以，投资者要学会技术分析，但不能盲目相信技术分析，要根据实际情况做出客观判断。

良好的心态固然能够促使交易成功，却不是投资者交易成功的绝对因素。所以，投资者出现亏损时不要抱怨自己心态不好。投资者开始抱怨时就已经证明心态出了问题，因此要学会坦然面对每次交易。

股市总是变幻莫测，股价刚刚出现大涨，可能随后就会大跌，K 线的真真假假让市场投资者难以分辨。在股市投资中，要想长期战胜庄家，让自己立于不败之地，就要不停地学习和研究股市的规律和庄家操作的手法。只有真正懂得了、悟透了，交易起来才会得心应手。

股市中没有神，没有谁能完全准确地判断行情走势。在实战操作中都是以大概率取胜，就算是庄家也不能保证每次操作都能获利。因此，投资者不要因一时的失误而慌乱，时刻保持心态平静比完成交易本身更重要。

谢　锐

2019 年 5 月